KB272009

끝까지 해내는 마음은 어떻게 탄생하는가

끝까지 해내는 마음은

어떻게 탄생하는가

칭찬, 경쟁, 끌어당김이
인생을 바꾼다는
착각에 관하여

웬디 그롤닉 · 벤저민 헤디 · 프랭크 워렐 지음 ― 정지현 옮김

현대
지성

사람들은 흔히 성취동기를 의지력의 문제로 여긴다. 어떤 사람은 타고 난 열정으로 세상을 밀고 나가고, 어떤 이는 길을 잃은 채 머뭇거린다. 그러나 이 책은 그 익숙한 이야기의 틈을 조용히 벌려 보인다. 보상, 경 쟁, 칭찬, 시각화 등 우리가 동기부여라고 믿는 것들이 사실은 오해에 가까웠다는 사실이, 심리학 연구와 일상의 장면들이 엮여 차분히 보여 진다. 그동안 우리가 당연하게 믿어온 방법들이 실제로는 동기를 약화 시키거나 왜곡할 수 있음을, 저자들은 오래된 지도를 다시 그리듯 서술 한다. 그 과정에서 인간 행동의 지형이 새롭게 드러난다. 책을 읽다 보 면 독자는 어느 순간 깨닫게 된다. 우리에게 없었던 것은 의지가 아니 라, 인간 마음이 움직이는 방식이 적혀 있는 지도였다는 사실을. 대개 의지력이 부족하다고 스스로를 자책하거나, 의욕이 너무 없다고 누군 가를 질책하지만 이 책은 조용히 묻는다. 진짜 문제는 의지일까, 아니 면 인간 마음에 대한 우리의 이해일까.

뇌과학자의 눈으로 보면 이 책은 또 다른 층위에서 읽힌다. 인간의 행동을 움직이는 것은 단순한 의지나 결심이 아니라 기대, 가치, 자기 효능감 그리고 작은 성공 경험이 만들어내는 신경적 순환이다. 우리는 행동하기 때문에 동기가 생기고, 성공을 경험하기 때문에 다시 행동하게 된다. 저자들이 말하는 "작은 실행의 시작"은 사실 뇌의 학습 시스템이 작동하는 방식과 정확히 맞닿아 있다. 동기는 머릿속에서 갑자기 솟아나는 불꽃이 아니라, 행동과 피드백이 반복되며 형성되는 신경생물학적 습관에 가깝다. 그래서 이 책은 동기부여에 관한 조언을 넘어 인간 행동이 어떻게 형성되고 지속되는지를 보여주는 하나의 조용한 뇌과학 이야기로도 읽힌다.

끝까지 해내는 마음은 어느 날 갑자기 생기는 특별한 재능이 아니다. 그것은 작은 행동과 환경 그리고 올바른 이해가 만들어내는 결과다. 동기는 만들어지길 기다리는 감정이 아니라, 행동하면서 만들어지는 뇌의 과정이다. 동기가 생겨서 움직이는 것이 아니다. 인간 행동에 대한 이해를 갖추고 첫걸음을 내딛는 순간, 동기는 그 위에서 저절로 자라난다.

_정재승(KAIST 뇌인지과학과 + 융합인재학부 교수)

동기부여에 대한 일반적인 가정을 재고해볼 준비를 하라. 이 책은 명확한 증거와 생생한 예시를 통해 왜 당신이 자신의 잠재력을 종종 잘못 판단하는지, 왜 시각화가 목표 달성에 도움이 되지 않는지, 왜 동기가 부여될 때까지 기다리지 않고 즉시 시작해야 하는지 알려준다.

_애덤 그랜트(와튼스쿨 조직심리학과 교수, 『히든 포텐셜』 저자)

누구에게나 매우 도움이 되는 책이다. 저자들은 동기를 어떻게 끌어올리고 활용할 수 있는지 보여주면서, 우리가 잠재력을 발휘하도록 도와준다. 그 과정에서 수십 년 동안 사람들을 가로막은 고정관념도 깨뜨린다. 강력 추천한다!

_캐롤 드웩(스탠퍼드 대학교 심리학과 교수, 『마인드셋』 저자)

앞으로 나아가려는 모든 개인과 팀, 조직이 꼭 읽어야 할 책이다. 동기부여의 과학을 철저하게 파고들어 높은 성과뿐만 아니라 인간 존재 자체에 대한 새로운 시각을 제공한다.

_**다니엘 핑크**(『후회의 재발견』, 『드라이브』 저자)

내가 가장 좋아하는 세 가지 주제, 과학, 동기부여, 잘못된 신화 바로잡기가 모두 들어 있는 책이다! 간결한 문체와 공감 가는 사례로 무엇이 동기를 유발하는지 설명하고 사실과 허구를 구별한다. 개인, 학생, 부모, 교사에게 유용한 조언을 제공하는 이 책은, 동기부여에 스스로 어려움을 겪고 있거나 다른 사람에게 동기를 부여하고 싶다면 꼭 읽어야 한다.

_**게일 시나트라**(서던 캘리포니아 대학교 로시어 심리학과 교수)

매우 영리한 방법으로 고정관념을 깨고 독자의 흥미를 자극하며 교사, 코치, 부모에게 유용하고 즐거운 지식을 제공한다. 나는 이 책을 교사 교육 과정에 활용할 계획이다.

_**재클린 에클스**(캘리포니아 대학교 어바인 캠퍼스 교육학과 명예 교수)

심리학 분야의 전문가들이 쓴 이 책은 우리가 타인은 물론 자신에게 동기를 부여하는 방식에 대한 잘못된 지식과 구시대적인 과학을 바로잡는다. 누군가를 행동하게 만들고 싶은 사람이라면 꼭 읽어야 할 훌륭한 책이다.

_**리처드 라이언**(호주 가톨릭 대학교 심리학과 교수, 이화여자 대학교 교육학과 석좌 교수)

이 책은 동기부여 심리학 분야에서 최근에 이루어진 발전을 흥미로운 관점으로 소개한다. 우리가 목표를 달성하면서 워라밸을 유지할 수 있는 검증된 10개 이상의 구체적인 방법이 포함되어 있다. 나뿐 아니라 타인을 동기부여해서 이끄는 방법도 알려준다.

_리처드 코스트너(캐나다 맥길 대학교 심리학 교수, 인간 동기부여 연구소 소장)

차례

1장 무기력한 사람 vs 의욕이 넘치는 사람

2장 인센티브가 사람을 움직인다는 오해

3장 성과를 내려면 경쟁이 답이라는 통념

4장 왜 나는 항상 생각만 하고 말까?

5장 목표를 생생하게 그리면 성공한다고? 진짜?

오늘도 운동을 하지 않은 당신에게

누구나 한 번쯤 이런 의문을 떠올려본 적이 있을 것이다. 나는 왜 비싼 돈을 들여서 등록한 헬스장에 가지 않는 것일까? 왜 우리 아이는 제 물건을 방으로 가져가지 않고 아무 데나 던져놓는 것일까? 배우자가 절반 정도 하다가 그만둔 주방 벽 칠하기를 끝내게 하려면 어떻게 해야 할까?

당신이 대부분 사람과 다르지 않다면 자신과 타인에게 동기를 부여하려고 오만가지 방법을 다 써보았을 것이다. 백번째 윗몸 일으키기를 하는 순간을 상상해보기도 하고, 집 안을 어지르지 않으면 보상을 주겠다고 아이들을 꼬드기거나, 비싼 돈을 내고 사람을 불러서 페인트칠을 마저 끝내겠다고 배우자를 협박하는 등의 방법 말이다. 이런 전략이 통했을지도 모르지만 그렇지 않을 가능성이 더 높았으리라.

만약 그동안 반복되었던 문제의 원인이 동기부여에 대한 잘못된 생각 때문이라면 어떻게 해야 할까? 당연하게도 대부분의 사람은 동기부여에 대해 배운 적이 없다. 동기부여에 대한 오해를 바로잡는다면 생산성을 높이는 것은 물론이고, 주변 사람들과 더 긍정적인 관계를 맺고 더 행복해질지도 모르는 일이다.

너무도 많은 사람들이 과학적으로 뒷받침되지 않는 생각을 믿으며 스스로를 가로막고 있다. 잘못된 신념에서 벗어나 과학적 원리로 무장

한다면 이도 저도 못하고 꽉 막힌 상태에서 벗어나 목표를 향해 뚜벅뚜벅 나아갈 수 있을 것이다. 이 책의 목표 또한 바로 그것이다. 때문에 먼저 그동안 우리가 알고 있었던 동기부여에 관한 모든 것을 되짚어볼 필요가 있다.

동기를 부여할 때 우리가 흔히 저지르는 실수

동기는 우리가 일상에서 흔히 사용하는 단어다. 누군가를 묘사할 때나("그 사람은 동기가 부족한 사람이야!") 명령할 때 사용하며("동기를 좀 가져봐!"), 직장에서도 사용한다("판매팀에 어떤 식으로 동기를 부여하고 있나요?"). 그렇다면 과학자들은 동기를 어떻게 정의하고 연구할까? 과학자들에게 동기는 두 가지 뜻을 지닌다. 첫째, 동기는 사람들이 어떤 일에 투입하는 에너지다. 둘째, 동기는 그 에너지가 향하는 방향이다.[1]

잘못된 이해는 잘못된 믿음을 가져온다. 이를테면 사람들에게 동기를 부여하려는 시도와 그들을 설득하려는 시도는 엄연히 다른 일인데 동일시하는 오류를 범하는 것이다. 설득에는 누군가를 특정 방식으로 행동하게 만들려는 외부의 압력이 포함되지만, 동기는 행동하는 사람의 내면에서 나오는 것이다. 즉, 동기는 안에서 나오므로 애초에 타인에게 동기를 부여할 수 없다. 다만 동기부여의 가능성이 높아지는 조건을 설정해줄 수 있을 뿐이다.

사라의 예를 살펴보자. 사라가 아침에 운동을 해야 할지 고민하면서 아래층으로 내려가면 남편은 '지시 모드'로 말한다. "운동은 꼭 해야 해. 막상 하면 기분이 좋아질 거야. 얼른 준비하고 나가!"

남편의 행동에 대해 사라는 이렇게 말한다. "남편이 도와주려고 그런다는 건 저도 잘 알아요. 하지만 오히려 압박감이 느껴져서 정반대로 행동하고 싶어진다니까요." 다시 말해 동기부여는 밀어붙이고 설득하는 것이 아니라, 사라가 스스로 무엇을 원하는지 찾도록 도와주거나, 마음 편히 운동할 수 있으려면 어떤 도움이 필요한지("설거지는 내가 해놓을 테니까 그 시간에 당신은 운동해!") 물어보는 것에 가깝다. 타인에게 최적의 방법으로 동기를 부여하려면 설득이 아니라 다른 식으로 말해야 한다. 그들 내면의 자원을 활용하는 법을 알아야 한다.

축구를 그만두고 싶다는 아이의 마음을 돌리려면?

그렇다면 무언가를 하고 싶은 마음이 들게 하려면 어떻게 해야 할까? 연구에 따르면 내면의 동기적 자원inner motivational resource을 활용하면 된다. 내면의 동기적 자원에는 개인의 가치관, 욕구, 관심사, 목표, 인간관계 등이 포함된다. 해당 과제가 개인의 동기적 자원과 어떤 관련이 있는지 알면 행동 동기를 높일 수 있다.

내(벤저민) 딸은 축구를 썩 잘한다. 어떤 아이의 부모가 나에게 와서 "그 집 딸은 언젠가 TV에 나오는 축구 선수가 될 거예요!"라고 말할 정도다. 하지만 실력보다 중요한 것은 딸아이가 축구를 즐거워한다는 것이다. 아이는 축구를 정말 좋아한다. 그런데 어느 날 축구 연습이 끝난 후 아이는 이제 축구가 재미없어졌다면서 그만두고 싶다고 말했다. 물론 부모로서 아이가 좋아하지도 않는 스포츠를 계속 시킬 생각은 없지만 의아했다. 실력도 뛰어나고 그렇게 좋아했는데 불과 몇 주 만에 마음이 바뀐 이유가 무엇일까? 나는 딸아이가 축구를 그만두지 않도록 설득하기 위해 몇 가지 전술을 시도했다. 미아 햄Mia Hamm(미국의 전 여자 축구 선수로 세계 여자 축구 역사상 가장 위대한 선수로 여겨진다―옮긴이)이나 메간 라피노Megan Rapinoe 같은 유명 선수가 될지도 모르는데 그만두는 건 너무 아까웠다.

첫째, 보상을 시도했다. 축구 연습이 있는 날마다 데어리 퀸Dairy Queen(미국의 패스트푸드 기업―옮긴이)에서 파는 블리저드를 사주겠다고 했다. 초콜릿과 쿠키가 섞인 맛있는 아이스크림을 먹을 수 있다니 당연히 혹할 만하지 않을까? 그렇지만 이 전략은 단 2회만 효과가 있었다. 주말쯤 되자 딸아이는 더 이상 블리저드를 먹고 싶어 하지 않았다. 아이스크림을 얻기 위해 축구를 하는 것이 아이에게는 가치 있는 일이 아니었다. 보상 전략은 실패로 돌아갔다.

보상 전략이 효과를 거두지 못하자 나는 다른 전략을 마련했다. 아이의 재능에 초점을 맞추기로 했다. 아이의 축구 실력이 얼마나 뛰어난지를 칭찬하는 것이다. 아이에게 말했다. 너는 축구에 아주 뛰어난 재능이 있고 큰 재능에는 재능을 계속 발전시킬 책임이 따르는 거라고. 스파이더맨에게도 통한 말이니까 축구 소녀에게도 통하지 않을까? 뒤에 나올 9장에서도 알게 되겠지만, 재능이 뛰어나다는 말이 항상 동기를 부여하는 것은 아니었다. 딸아이는 그 말을 들은 후 오히려 기량이 떨어졌다. 골을 하나도 넣지 못했다. 내가 그렇게 재능을 강조했으니 어쩌면 아이는 '경기에서 잘하지 못했으니까 내 재능이 그렇게 뛰어난 것도 아니야'라고 생각했을지도 모른다. 재능이 있다는 말은 역효과를 내기도 한다. 만약 실패하면 재능이 없어서라고 판단할 수 있다. 역시나 두 번째 설득 계획도 실패로 돌아갔다.

접근 방식을 바꿔보기로 했다. 새로운 계획은 딸아이에게 축구에 대해 부정적인 감정이 생긴 이유가 무엇인지 물어보는 것이다. 직접 물어 답을 들어보니 유용한 정보를 얻을 수 있었다. 아이는 축구를 하는 것에 대해 스스로 아무런 선택권이 없다고 느끼고 있었다. 우리 부부는 아이에게 일 년 내내 축구를 시켰는데 아이는 다른 스포츠도 하고 싶다고 했다. 우리는 아이가 정말로 재능이 있는 것 같아서 실력을 더 키울 수 있도록 최대한 많은 시간을 축구에 할애하고 있었다. 결국, 축구를 얼마나 할지부터 할지 말지에 이르기까지 스스로 선택할 수 있는 권리를 아예 없애버렸기 때문에 딸의 동기가 줄어들었던 것이다.

우리는 새로운 전략을 세웠다. 딸아이가 다른 스포츠도 하고 축구는 한 시즌만 하도록 했다. 또한 취미용 축구 리그에서 할지, 다른 지역의 팀들과 원정 경기를 치르는 축구 클럽에서 할지도 직접 선택하도록 했다. 한 시즌을 쉬고 가을에 다시 합류했을 때는 축구에 대한 딸의 동기가 커져 있었다. 딸은 친구들과 같이 취미용 리그에서 뛰기로 했다. 갑자기 아이는 다시 축구를 사랑하게 되었다. 누가 시키지 않아도 스스로 축구를 했다. 물론 유명한 선수가 될 수도 있고 되지 못할 수도 있다. 중요한 것은 축구를 하겠다는 의욕과 활기가 생겼다는 것이다.

어떻게 된 일일까? 무엇이 딸아이의 동기에 변화를 일으켰을까? 아이 내면의 동기적 자원을 활용한 덕분이었다. 더 구체적으로는 자율성 욕구를 활용한 것이다. 아이는 축구를 언제, 어떻게 하느냐에 대해 압박감을 느끼지 않고 자신이 원하는 방식으로 할 수 있게 되었다. 동기부여 연구자들은 자율성 욕구의 충족이 최적의 동기부여를 일으킨다고 말했다.[2] 이는 누군가가 무언가를 하게 만들려면 설득보다는 그 사람이 행동하는 내적 과정을 활용하는 것이 훨씬 더 효과적이라는 사실을 알려준다. 이를테면 유능감의 욕구, 선택권이 있다고 느끼고 싶은 욕구, 소속감의 욕구 등을 이용하는 것이다. 개인의 가치관과 목표, 관심사도 동기부여에 이용할 수 있다.

이 책에서 소개하는 동기부여 이론들

동기는 좀처럼 규정하기가 힘든 개념이다. 우리를 가장 혼란스럽게 하는 것은 동기에 실체가 있다는 믿음이다. 동기는 있거나 없거나 둘 중 하나라고 믿는다. 하지만 동기는 실체가 아니라 과정이다. 어떤 시도를 할 때 에너지를 사용하는 법 혹은 그 이유가 나타나는 과정이다. 즉, 동기부여에는 많은 하위 과정이 따른다. 여러 가지 요인의 영향을 받으며, 또 다른 과제를 수행할 에너지에 영향을 미치기도 한다. 바로 이 지점에서 혼란이 발생한다.

따라서 동기를 연구하는 과학자들의 목표는 하위 과정이 제각각 어떻게 기능하고, 상호작용해 동기에 영향을 미치는지 알아내는 것이다. 연구자들은 동기부여의 과정을 설명하는 이론을 고안하고, 각 이론에서 중요한 요소를 제안했다. 이 책에서는 이러한 중요한 동기부여 요인을 활성 성분active ingredient(의약품에서 실제로 치료 효과를 내는 물질을 가리키는 말-옮긴이)이라고 부를 것이다. 한마디로 활성 성분은 동기를 예측하고 촉발하는 핵심 요인을 말한다.

자기결정성 이론Self-Determination Theory은 로체스터 교수인 리처드 라이언Richard M. Ryan과 에드워드 데시Edward L. Deci가 창시한 것으로, 동기에 기여하는 요인을 설명하는 이론이다. 이론에 따르면 인간은 유능감과 자율성, 다른 사람들과의 관계성을 느끼고자 하는 욕구가 있으며 이 욕구가 충족되는 정도로 동기를 예측할 수 있다. 이 욕구가 충족될수록 과제를 수행하려는 동기가 강해진다. 다시 말해 유능감, 자율성, 관계성은 자기결정 이론에서 동기를 예측하는 활성 요인이다.[*]

동기부여에는 다른 유용한 이론들도 많다. 미국의 교육심리학자 재클린 에클스Jacquelynne Eccles와 앨런 위그필드Allan Wigfield가 제안한 기대-가치 이론도 유명하다.[**] 기대-가치 이론을 간단하게 요약하면, 특정 과제의 성공을 어느 정도로 예상하는지와 과제에 참여했을 때 얻는 가치에 대한 인식이 동기를 예측하는 핵심 요인이라는 것이다. 누군가에게 도움을 받든 받지 않든 성공할 수 있다고 믿을수록 동기도 커진다. 또한 과제에 많은 가치를 부여할수록 동기가 커진다. 따라서 기대-가치 이론의 활성 성분은 성공에 대한 기대와 활동의 가치라고 할 수 있다.

그 밖에도 귀인 이론, 성취 목표 이론, 자기규제 이론, 흥미 이론 등이 있고 각 이론마다 활성 성분이 존재한다. 이 책에서 다루는 몇 가지 동기부여 이론을 표1에 요약하고 각각의 활성 성분을 정리해놓았다.[***]

이 책에서는 실용적인 접근 방식을 취할 것이다. 한 가지 이론에 집중하지 않고 여러 가지를 활용해, 동기부여를 둘러싼 고정관념에서 오는 문제에 해결책을 제시할 것이다. 여러 이론의 활성 성분을 이용해 동기부여의 어려움을 해결할 것이다. 또한 직접적으로 동기부여를 말

---

[*] 이 책에서 다루는 주요 동기부여 이론의 하나이자 심리학 이론인인 자기결정성 이론에 대해서는 2장에서 자세히 설명한다.

[**] 기대-가치 이론은 1장에서 자세히 설명한다.

[***] 동기부여 이론이 왜 그렇게 많은지, 동기가 왜 그렇게 복잡한지, 왜 우리가 동기부여에 어려움을 겪는지에 대해서는 보너스 챕터A에서 자세히 살펴볼 수 있다.

이론	내용	활성 성분
자기결정 이론	• 동기의 수준과 유형이 중요 • 동기는 외재적이거나 내재적일 수 있음 • 욕구 충족을 통해 보다 자율적인 유형의 동기가 촉진	• 유능함의 욕구 • 자율성의 욕구 • 관계성의 욕구 • 내재적 동기 • 외재적 동기
기대-가치 이론	동기는 성공 가능성과 참여의 가치에 따라 결정	• 성공에 대한 기대 • 유용성의 가치 • 달성 가치 • 내재적 가치 • 비용
귀인 이론	• 성공과 실패의 원인은 사람마다 각기 다름 • 인과 귀인은 동기부여에 영향을 미침	• 인과 귀인 • 통제 가능성 • 안정성
성취목표 이론	• 동기는 목표에 의해 시작되고 유지 • 목표의 유형은 여러 가지이며, 유형은 동기에 영향	• 숙달 목표 • 수행 접근 목표 • 수행 회피 목표 • 미래 유용성 목표
자율규제 이론	• 인간은 자신의 행동, 학습, 동기부여의 능동적인 주체 • 목표와 전략을 스스로 규제 가능	• 계획 • 자기 감시 • 자기 판단 • 자기 반응
자기 효능감 이론*	능력에 대한 믿음은 동기부여에 필수	• 과거 성공 경험 • 간접 성공 경험 • 사회적 설득 • 감정
흥미 이론	관심사는 환경에 따라 촉발 및 지속되어 개인적이고 기질적인 흥미로 발전	• 촉발된 상황적 관심 • 지속된 상황적 관심 • 새로운 개인적 관심 • 계발된 개인적 관심

하고 있지는 않지만 그에 영향을 미치는 관련 이론들도 살펴볼 것이다. 여기에는 사회 인지 이론[3], 생태학적 시스템 이론[4] 등이 포함된다.

---

* 이것이 동기 이론인지, 동기 구성 요소인지에 대해서는 논쟁이 있다.

우리 주변에는 동기부여를 포함한 수많은 주제와 관련된 고정관념이 넘쳐난다. 이를테면 어떤 음식을 먹어야 하는지("유전자 변형 식품은 해롭다"), 뇌가 어떤 식으로 작동하는지("인간은 뇌의 10퍼센트만 사용한다")에 대한 고정관념이 존재한다.*

동기부여에 관한 고정관념을 믿으면 목표 달성에 도움이 되지 않는 행동이 유발된다. 자신과 타인에게 동기를 부여하는 최고의 전략을 사용하지 못하게 된다. 반면 동기부여의 과학을 배우고 고정관념에서 해방되면, 자신의 목표를 향해 나아가고 다른 사람들을 도와줄 수 있는 전략도 자유자재로 사용할 수 있다. 이 책의 목적은 가장 널리 퍼져 있고 문제가 많은 동기부여의 신화를 깨부수고, 최첨단 과학 지식과 그에 기반한 전략으로 동기부여에 대한 인식을 대체하는 것이다.

각 장에서는 어떤 신화가 왜 틀렸는지를 설명하는 '반박 텍스트'[5]를 사용해 잘못된 믿음을 파괴할 것이다. 믿었던 신화가 깨지고 나면, 그 자리는 이해하기 쉬운 과학적인 지식으로 대체될 것이다. 이렇게 기존의 생각을 대체하는 새로운 정보는 흥미로운 방식으로 제공될 때 효과를 발휘한다. 따라서 필자들은 독자가 친근감을 느낄 수 있게 학교나 직장에서 일어나는 일상적인 경험을 예시로 들며 설명할 것이다. 재미를 위해 진부한 농담이 불쑥 등장할 수도 있다.

각 장은 동기부여와 관련된 에피소드로 시작한다. 이 책에 담긴 에

---

* 이와 같은 신화가 틀렸음을 밝히기가 왜 어려운지, 어떻게 깨야 하는지 등 좀 더 자세한 내용은 책의 끝부분에 수록된 보너스 챕터 B에서 다룬다. 읽으면 깜짝 놀랄 수도 있다.

피소드에는 많은 인물이 등장하는데, 공인이나 유명 인사가 아닌 한 개인 정보를 보호하기 위해 가명을 사용했고 세부적인 내용을 수정하거나 허구를 가미했다. 일부는 당사자의 허가를 받아 그대로 실었다.

이 책은 동기부여에 관한 10가지 통념을 다룬다. 필자들은 여러 방식을 이용해 그 신화를 발견했다. 첫째, 인터넷에서 자신과 타인에게 동기를 부여하는 방법에 대한 조언을 검색했다. 정보가 넘쳐났다! 인터넷에서 부모들은 이런 조언을 받았다. "유난히 동기가 약한 아이들이 있다", "아이에게 보상으로 사용할 수 있는 것을 찾아라", "또래 압력은 나쁜 것이 아니다. 아이가 친구들을 따라잡고 싶어서 더 잘하게 된다." 한편 코치들은 "선수들에게 개별적인 목표를 정해주어라"는 가르침을 받고 있었다. 선수들에게는 "꿈이 이루어진 것처럼 시각화하면 실제로 꿈이 이루어지는 속도가 빨라진다"라는 메시지가 일상적이었다. 자신을 위한 동기부여 방법으로는 "자신에게 보상을 주어라"라는 말이 슬로건처럼 어디에나 퍼져 있었다.

필자들은 관련 연구 자료를 검토하고, 동료들과 동기부여가 안 되는 사람들을 도운 경험을 나누기도 했다. 또한 동기부여의 과학을 가르친 필자들의 경험을 바탕으로 학생들이 믿고 있는 상식도 파헤쳤다. 그 결과로 나온 10가지 신화를 이 책에서 다룬다.

우리는 그렇게 찾은 신화에 대해 추적 조사를 실시하고, 일반 대중에게 얼마나 널리 퍼져 있는지 확인하고자 미국 성인 약 500명을 대상으로 설문조사를 실시했다.[6] 참가자들은 각 신화에 대한 설명을 읽고 동의하거나 동의하지 않는 정도를 수치로 답했다. 정도에 약간의 차이는 있었지만, 응답자의 대다수가 이 책에 담긴 10가지 신화를 믿는 것으로 나타났다.

10개 중 6개가 참가자의 50퍼센트 이상으로부터 지지를 받았다. 심지어 한 가지 신화는 설문조사에 참여한 거의 모두(95.5퍼센트)가 동의하는 것으로 나타났다. 지지도가 약하지만 분명히 일반 대중에 퍼져 있고 직장에서도 작동해 매일 사람들의 노력을 방해하고 있는 것도 있었다(2개는 참가자의 4분의 1 미만).

각 장에서 설명하는 내용
:

1장에서는 누군가는 동기가 강하게 있고 누군가에게는 동기가 없다는 고정관념에 대해 살펴본다. 매우 흔하게 퍼져 있는 이 고정관념은 동기를 성격적인 특징으로 본다. 만약 동기가 개인의 특성이라면 바꾸기가 어렵다. 이 관점은 자신과 타인을 포기하게 만든다. 그러나 과학적 시각에 따르면 누구나 동기를 지니고 있다. 가령 하루 종일 게임을 하는 모습이 한심하게 보일지라도, 이는 게임을 하려는 강력한 동기가 부여된 것이다. 모두의 내면에 이미 존재하는 동기를 올바른 목표로 향하도록 바꿔주어야 할 뿐이다.

2장에서는 보상이 동기를 촉진한다는 널리 퍼져 있는 고정관념에 대해 다룬다. 필자들의 연구에서도 응답자의 95퍼센트가 믿는 것으로 나타났지만 사실 보상은 단기적으로 위력을 발휘할 뿐 시간이 지날수록 오히려 동기를 약하게 만든다. 그 감소 효과가 어떻게 일어나는지, 보상을 언제 어떻게 사용할 수 있는지 살펴본다. 나아가 보상보다 유용한 다른 방법들도 소개한다.

3장에서는 경쟁이 동기를 부여한다는 고정관념을 다룬다. "난 경쟁심이 강해! 난 경쟁할 때 동기가 부여돼!"라는 말을 들어본 적 있을 것이다. 경쟁은 보상과 마찬가지로 올바르게 사용한다면 단기적으로 효과가 있을 수도 있다. 하지만 오히려 동기를 해치는 결과를 가져오기도 한다. 동기 요인으로서 경쟁의 미묘하고 복잡한 측면에 대해 설명할 것이다.

4장에서는 동기만 있으면 성공할 수 있다는 고정관념을 다룬다. 많은 사람들이 동기가 있으면 성공할 수 있다고 믿는다. 하지만 동기만 지니고서는 절대 성공할 수 없다. 필요한 지식과 기술, 목표 달성 전략도 따라야 한다.

5장에서는 시각화가 성공을 가능하게 한다는 보편적인 신화에 대해 살펴볼 것이다. 요트를 타고 바다를 항해하는 모습을 몇 년 내내 상상해도 실제로 그 순간에는 조금도 가까워지지 않는다. 결과를 시각화하는 것만으로는 원하는 꿈을 이룰 수 없다는 사실은 과학적으로 충분히 증명되었다. 원하는 결과에 이르기 위해서는 필요한 단계를 떠올리고, 하위 목표를 설정하고, 전략을 설계해야만 한다. 이 장에서는 목표 달성을 위한 자기 조절 과정에 대해 살펴볼 것이다.

6장에서는 동기가 부여될 때까지 기다려야 한다는 고정관념을 탐구한다. 이것은 사람들이 가장 많이 믿는 생각은 아니지만, 명시적으로 믿지 않더라도 이 말을 따르는 이들이 많은 것으로 보인다. 동기부여가 번쩍하고 계시를 내릴 때까지 감감무소식 상태로 언제까지나 기다리는 사람들이 많다. 그러나 기다리기만 하다가는 마침내 그런 순간이 오더라도 다른 일로 바빠서 기회를 활용하지 못할 수도 있다. 그보다는 목표를 설정하고 생산성에서 창의성을 끌어내는 편이 낫다. 이 장에서는 일단 시작하고 앞으로 계속 나아가도록 목표를 설정하는 전략을 알려줄 것이다.

7장에서는 우리가 자신의 지식이나 능력을 예측하는 데 그리 뛰어나지 않다는 사실을 다룬다. 일반적으로 사람들은 자신의 능력에 대해 잘 안다고 생각한다. 하지만 이 또한 잘못된 생각에 불과하다. 자신의 능력을 정확하게 알지 못하면 목표 달성에 실패할 수 있다. 자기 효능감을 높이고 자신의 능력을 정확히 이해하고, 다른 이들 역시 그렇게 할 수 있도록 도와주는 과학적으로 검증된 방법을 알려준다.

8장에서는 시스템이 동기를 방해한다는 널리 퍼져 있는 믿음을 다룬다. 많은 사람이 시스템이 자유를 제한하고 결과적으로 동기를 억누른다고 믿는다. 하지만 시스템이 성공에 대한 정보를 제공함으로써 동기의 촉진에 중요한 역할을 한다는 것을 설명할 것이다. 시스템은 통제감과 함께 유능함, 자율성을 느끼도록 한다. 이 장에서는 시스템을 마련해 자율성을 지원하는 방법을 알려줄 것이다.

9장에서는 칭찬이 강력한 동기가 된다는 고정관념을 다룬다. 우리는 좋은 성과를 거두는 사람을 보면 "와, 정말 똑똑하다!" 또는 "와, 정말 잘하는구나!"라고 말한다. 능력이 뛰어나다는 메시지로 동기를 재생산하기 위함이지만, 능력에 대한 피드백이 지속적으로 주어지면 오히려 실패로 이어질 수 있다. 단 한 번의 실패로 자신감이 약화되고 결과적으로 동기가 감소할 수 있다.

이렇게 9장까지는 동기에 영향을 미치는 요인을 하나씩 살펴본 뒤, 10장에서는 동기부여가 전적으로 개인적 의지에 달려 있다는 고정관념을 파고든다. 특히 구조적 불평등이 어떻게 동기에 부정적인 영향을 미치는지, 불평등과 싸우는 방법은 무엇인지, 최적의 동기를 촉진하는 환경을 어떻게 설계할 수 있는지 살펴볼 것이다.

  결론에서는 각 장에서 다룬 핵심적인 내용을 합쳐서 최적의 동기부여를 위한 모델을 제시한다. 동기부여가 되지 않는 상황에서 빠져나오는 '동기부여 알고리즘'도 제공한다. 이 알고리즘을 활용하면 자신의 동기부여에서 무엇이 문제인지 찾고 해결 방법을 즉시 실행으로 옮길 수 있다.

이 책을 쓴 사람들에 대해

모든 고정관념이 그러하듯 동기부여에 대한 고정관념도 널리 퍼져 있고 끈질기게 변화를 거부한다. 하지만 심리학에는 그것을 깨는 방법이 있다. 이 책을 쓴 사람들이 바로 그 임무를 위해 결성된 팀이다. 우리는 제각각 그 임무에 도움이 되는 전문 기술을 갖추었다. 심리학의 여러 하위 분야를 다루고 동기부여의 다양한 측면을 연구해왔다.

  첫 번째 저자 웬디 그롤닉 박사는 임상 심리학자이고 미국 매사추세츠주의 클라크 대학교에서 심리학 교수로 재직 중이다. 동기부여의 모든 영역에 대한 전문 지식을 갖추었으며 특히 육아에 중점을 둔다. 육아에 관한 두 권의 책을 썼는데, 부모 통제와 경쟁을 비롯한 여러 개념을 강조했다. 이 책에서 그롤닉 박사는 동기부여 전문가 역할을 맡아 발달 심리학과 임상 심리학의 접근법을 보탠다.

  두 번째 저자 벤저민 헤디 박사는 교육심리학자이고 오클라호마 대학교의 교수다. 교육심리학자로서 학습 분야의 동기부여를 전문적으로 다룬다. 구체적으로 지식, 태도, 감정, 인식을 바꾸는 동기를 연구한다. 헤디 박사는 고정관념 깨기 전문가 역할을 맡아 학교 수업 중심의 관점을 보탠다.

세 번째 저자 프랭크 워렐 박사는 교육심리학자이자 캘리포니아 대학교 버클리 캠퍼스 교수다. 이 책이 쓰인 당시에 미국심리학회 회장을 맡고 있었다. 그는 학교 심리학자로서 학교라는 환경에서 아이들의 동기부여와 평가를 전문적으로 다룬다. 영재 교육과 인재 개발에 관한 책을 여러 권 편집했으며, 위기 청소년 그리고 학생의 학습 및 동기부여에 있어서 사회적·문화적 정체성의 역할에 초점을 맞춘 연구를 진행한다. 최적의 성과, 인재 개발 그리고 동기부여 과정에 영향을 끼치는 문화적 요인에 대한 전문가로 이 책에 참여했다.

우리는 전문 분야가 다른 만큼 개인의 선입견이 끼어들지 않도록 서로의 지식을 확인하고 균형을 맞추기 위해 노력했다. 오직 목표는 동기부여에 대한 최신의 과학적 이해를 독자들에게 제공하는 것이었다.

우리가 찾은 동기부여의 과학을 따라가다 보면 간절히 원하던 목표를 달성하는 일도 어려운 일이 아니게 될 것이다.

1장

무기력한 사람 vs 의욕이 넘치는 사람

남편 마이크와 딸 소피에 대한 이야기를 나누는 자넬은 무척 화가 난 표정이다. "그 애는 너무 의욕이 없어! 대학에 들어가면 어떤 동아리 활동을 하고 싶냐고 스무 번은 물어봤어. 도시 현장 학습, 음악 밴드, 기업가 동아리까지 흥미가 있을 법한 것들을 알려주기까지 했고! 그런데 동아리엔 들어가지 않을 거래. 그 애 나이로 돌아갈 수만 있다면 난 전부 다 할 텐데! 어떻게 우리 딸이 이렇게 의욕이 전혀 없는 사람일 수가 있지?"

자넬은 소피가 의욕이 전혀 없는 사람이라고 말했다. 하지만 과연 이것이 옳은 말일까? 의욕이나 동기는 사람에 따라 있거나 없거나, 혹은 강하거나 약한 것일까? 또한 동기가 없는 사람으로 취급하면 영영 동기를 잃게 될까?

(신화) 동기가 있는 사람도 있고 없는 사람도 있다

자넬은 동기의 수준, 즉 과제를 수행하고 지속하는 힘이 개인의 특징이며, 사람마다 다르다는 믿음을 지니고 있다. 동기가 시간이나 상황에 상관없이 일관적으로 유지되는 개인적인 특성이라는 관점이다. 우리는 하나의 영역에서 그 사람의 동기가 어떤지 알면 다른 영역에서의 동기도 일반화할 수 있다고 믿는다. 이를테면 특정 과제 또는 학습에 대한 그 사람의 동기에 대해 알면 그 분야의 다른 과제와 학습에서도 어떻게 행동할지 예측할 수 있다고 생각하는 것이다.

많은 사람들이 동기에 대해 이러한 관점을 지닌다. 실제로 미국에서는 495명을 대상으로 한 필자들의 연구에서[1] 무려 87.3퍼센트가 "어떤 사람은 동기가 있고 어떤 사람은 없다"라는 항목에 다소 또는 강하게 동의했으며, 동의하지 않는 이들은 4.2퍼센트에 불과했다. 하지만 연구에 따르면 한 영역에서 동기가 부여되었다고 해도 다른 영역에서도 똑같이 작용하지는 않는다. 특정 영역에 대한 동기부여는 그 분야에 대한 개인의 관심만큼 또는 그 이상으로, 개인이 놓인 상황에 의해 좌우된다. 그렇다면 왜 우리는 동기가 개인에 따라 있거나 없다고 믿는 것일까?

인간의 행동(또는 행동하지 않는) 이유를 파악하는 것보다 더 흥미롭고 복잡한 과제가 있을까? 이를테면 우리는 수업 시간에 질문을 많이 하는 학생을 보았을 때 이런 생각을 한다. 저 학생은 동기가 있는 학생인가? 저 수업이 매우 재미있는가? 그 이유가 개인에 관한 것이든(능력 또는 노력) 상황에 관한 것이든(교사, 수업 내용), 우리가 생각하는 행동 원인이나 행동에 대한 우리 자신의 믿음을 귀인이라고 한다.[2] 인간은 자신과 타인의 행동을 항상 귀인한다.

예를 들어 당신이 암석의 종류에 대한 강의를 듣는다고 해보자. 웅얼거리는 듯한 강사의 단조로운 목소리 때문에 집중하기가 힘들다. 눈꺼풀이 무거워지기 시작한다. 혹은 윗선으로부터 생산성이 뒤처진다는 질책을 들은 상사가 당신을 포함한 모든 팀원에게 새로운 생산성의 기준을 제시하고 따를 것을 요구한다고 해보자. 당신은 그 기준을 충족하는 것이 불가능하다고 생각한다. 기운이 빠지고 포기하고 싶은 기분이 든다. 다음 날 출근도 간신히 한다.

또 다른 사례를 생각해보자. 당신은 TF팀에 참여해 프로젝트를 어떻게 진행할지 구성원들과 브레인스토밍을 하고 있다. 그중 한 명은 아무런 생각도 없는 듯 침묵하며 핸드폰만 본다. 당신은 그 사람을 보면서 이렇게 생각한다. '동기부여가 전혀 안 되어 있군. 저런 사람이 우리 팀이라니 정말 재수가 없네!'

이와 같은 상황은 누구나 흔히 겪는 일이다. 첫 번째 사례에서는 동기부여가 되지 않는 이유를 수업 내용 자체가 흥미를 불러일으키지 않으며 수업 방식도 지루하기 때문이라고 생각한다. 직장 내 상사의 요구가 과도한 사례에서는 현실적이지 않은 요구 사항을 충족해야만 하는 압박감 때문이라고 여긴다. 절망감으로 인해 의욕이 떨어진다고 생각하는 것이다. 두 경우 모두, 동기부여가 부재하는 원인을 수업 내용, 강사, 요구 사항 등 외부에서 찾고 있다.

반면 TF팀의 사례에서는 기본적 귀인 오류라는 흥미로운 심리 현상을 볼 수 있다.[3] 타인의 행동 원인을 행위자의 기질로 설명하려는 것이다. 자신의 행동을 평가할 때는 자신이 처한 상황 때문이라고 생각하지만, 타인을 평가할 때는 기질 탓을 하는 경향이 있다. 우리의 관점 때문이다.

다른 사람에 대해 생각할 때는 그가 어떤 사람인지에 집중해서 바라본다. 그의 내면이나 동기에 접근할 수 없기 때문이다. 타인, 특히 모르는 사람의 행동 원인은 그들의 성향이나 특성에 집중하는 가장 단순

명료한 방법이다. 반면 자신의 행동에 대해서는 외적인 요인에 집중한다. 평소에 늘 하는 행동이나, 늘 느끼는 감정이 아니므로 행동의 원인을 밖에서 찾는 것이다. 문제는 동기를 개인의 기질로 바라보는 시각은 매우 거대하고 부정적인 영향을 가져올 수 있다는 사실이다.

동기를 개인의 특성 또는 일반적인 기질로 보면, 동기가 있거나 없거나 둘 중 하나라고 규정짓고 그에 따라 반응한다. 예를 들어 동기가 없는 사람을 보면 '어떻게 이 사람의 가슴에 불을 붙여서 행동하게 만들 수 있을까'라고 생각할 것이다. 그래서 곧바로 보상이나 요구, 기타 압력 같은 외부 수단에 의존해서 행동을 유도하려고 할 것이다. 여기에는 동기가 없어 보이는 사람을 부정적인 관점에서 바라볼 위험까지 존재한다. 이때 부정적인 관점이란 상대방을 미묘하게 게으른 사람으로 취급하는 것으로, 이는 동기부여에 악영향을 끼칠 뿐이다. 이것을 자기 충족적 예언이라고 한다.[4]

반대로 누구나 동기가 있다고 생각하면 사람을 다른 관점으로 바라볼 수 있다. 구조적 측면에서 동기부여에 영향을 끼치는 상황과 맥락의 힘을 즉각 인식하고 다른 질문을 던질 수 있게 된다. 예를 들어 누군가가 특정 상황에서 의욕이 없다면 이렇게 생각할 수 있다. '그 사람의 참여를 유도하지 못하는 상황 요인이 무엇일까?', '어떻게 해야 동기를 높일 수 있을까?', '이 사람의 행동을 막는 사회적 또는 경제적 장벽은 무엇일까?' 이것들을 한마디로 말하자면 이렇다. "어떻게 하면 그들의 관심사를 활용하고 동기를 부여하는 환경을 제공할 수 있을까?"

동기를 개인의 특성으로 보는 시각은 자신의 동기에 대한 생각에도 문제가 된다. 우리는 기본적 귀인 오류에 따라 자신의 동기를 이해할 때 환경에서 원인을 찾으려 하지만, 힘든 상황에 놓여 반복적으로 포기하게 된다면 스스로를 동기가 없는 사람으로 여기기 시작한다. 그리고 끝내 자신과 자신의 능력에 대한 믿음을 잃는다.

그렇다면 과학적인 사실은 무엇일까? 서론에서 살펴본 것처럼 동기는 무언가를 하고 싶다는 내적 움직임을 설명하는 용어다. 동기는 여러 단계로 나누어 생각할 수 있다. 이를테면 "지금 단어 퍼즐을 풀려는 열정이 있는가"와 같은 질문으로 답하는 특정 순간의 동기가 있다. 혹은 특정 과제에 대한 동기도 있다. 이때는 "나는 단어 퍼즐이 재미있고 할 기회가 있으면 곧장 달려드는가?"와 같은 질문에 예, 아니오로 대답할 수 있을 것이다. 마지막으로 전반적인 동기를 측정할 수도 있다.

캐나다의 사회심리학자 로버트 발레런드Robert Vallerand는 위쪽 단계의 동기가 아래쪽 단계의 동기에 영향을 미친다면서 계층 구조로 설명했다.[5] 예를 들어 스포츠에 대한 동기가 매우 강하다면 테니스, 축구 등에 흥미를 느낄 것이다. 수학을 좋아한다면 큰 관심을 지니고 수학 수업을 들을 것이다.

그릿에 대한 잘못된 이해

한편 과학자들은 한 영역에서 누군가의 동기를 아는 것이 다른 영역에서의 동기 수준을 보여주는지에 대해서도 조사했는데, 결론적으로 한 영역에서의 동기가 다른 영역에서의 동기와 일치하지는 않았다. 다시 말해 동기는 영역 특수적, 즉 특정 분야에 매우 구체적이라는 것이다.[6] 한 연구에서는 사람들에게 스포츠, 학교, 예술, 직장 등 자신이 참여하고 있는 두세 가지 분야를 지명하도록 요청했다.[7] 참가자들은 각 분야마다 자신의 동기 경험(자신이 유능하다고 느끼는지, 자율성을 느끼는지, 타인과 연결되어 있다고 느끼는지)에 대해 보고했다. 그 결과, 연구자들은 분야 간 동기 경험 사이의 상관관계가 매우 낮은 것을 발견했다. 다시 말해 동기는 사람마다 각기 다른 분야에서 특정적으로 나타난다는 것을 알 수 있다. 따라서 사람들의 전반적인 동기에 대한 일반화는 과학적으로 입증할 수 없다.

동기를 개인의 특성으로 보는 시각은 대중적인 개념인 '그릿Grit'에서 두드러진다. 앤절라 더크워스Angela Duckworth가 내놓은 그릿은 "장기적인 목표에 대한 인내와 열정"이라는 특성으로 정의되었다.[8] 다시 말해서 어떤 사람들은 장기적인 목표를 달성하기 위해 버티고 인내하는 특징을 지니고 있고, 열심히 노력하며 도전과 좌절에도 흥미와 열정을 잃지 않는다는 것이다. 더크워스는 그릿을 측정하는 척도를 고안했는데 "나는 성실하다", "나의 관심사는 해마다 바뀐다", "나는 뭐든 시작한 일을 반드시 끝낸다"와 같은 항목이 포함되었다.[9] 그녀는 그릿이 중요한 성격적 특성이며 성취도가 높은 사람과 낮은 사람의 차이를 만든다고 했다. 따라서 성공하려면 그릿을 키워야 한다는 것이다. 그러나 이 개념과 측정에 대한 질문이 제기되었고[10] 그릿이 모든 영역에서 일관적인가에 대한 논란도 있었다. 한 연구에서는[11] 학생 운동선수들을 대상으로 다양한 맥락에서 그릿을 측정했는데, 그들의 그릿은 여러 영역에서 일관적으로 나타나지 않았다. 학과 공부에는 그릿이 강할 수 있지만 스포츠에서는 그릿이 약할 수 있으며 그 반대도 마찬가지였다.

이처럼 그릿과 같은 개인의 특성이 여러 상황에서 동일하다는 것은 사실이 아니다. 그것은 영역마다 개인적인 맥락이 다를 수 있다는 점을 무시하는 일이기도 하다. 따라서 이 장에서는 맥락적 고려 사항에 초점을 맞춘다. 그 후 뒤의 10장에서는 더 큰 맥락(구조적 불평등), 특히 역사적으로 소외받은 인구 계층에게 학교와 직장 같은 다양한 환경의

동기부여가 미치는 영향까지 살펴볼 것이다.[12]

동기는 일관적이지 않다

같은 과제라도 어떤 날은 의욕이 샘솟다가 또 다른 날은 의욕이 사라지는 경험을 누구나 해본 적 있을 텐데도, 같은 과제에 대해서는 비슷한 동기가 있다고 생각할 것이다. 예를 들어 직장에서 동기가 강한 사람은 항상 열정적일 것이라고 믿는다. 하지만 정말로 그럴까? 이를 연구하기 위해 독일 튀빙겐 대학교의 코라 파리시우스Cora Parrisius 박사는 9학년 학생들을 수학 수업에 다섯 번 참여시키고 수업마다 얼마나 유능감을 느끼는지, 수업 내용이 얼마나 유용하고 가치가 있는지(중요한 동기 요인 두 가지)를 질문했다.[13] 그리고 연구자들은 학생들의 답변이 수업마다 다르며 시간의 흐름에 상관없이 일관적으로 나타나지 않는다는 사실을 발견했다. 같은 수업이라도 매일 부여된 동기가 달랐던 것이다.

독일 훔볼트 대학교 베를린에서 교육심리학 박사 학위를 받은 차이Tsai와 동료들도 비슷한 접근 방식을 취했다.[14] 그들은 수학, 독일어, 외국어 수업에 참여하는 독일 학생들을 3주 동안 관찰했다. 수업마다 학생들의 흥미와 참여도를 알아보았는데, 파리시우스의 연구와 마찬가지로 학생들의 관심이 매 수업마다 다르게 나타났다. 즉, 동기는 개인의 일반적인 특성이라기보다는 분야에 따른 특수성이 강한 듯하다.

동기부여가 모든 영역에서 또는 한 영역 내의 여러 과제에서 일관적으로 나타난다는 것이 과학적으로 뒷받침되는 사실이 아니라면 그 이유를 어떻게 설명할 수 있을까? 그것은 주변 사람들과의 상호작용을 포함해 우리가 놓인 맥락이 동기부여에 큰 영향을 미친다고 볼 수 있다. 파리시우스의 연구에서 학생들은 수업에서 교사가 어땠는지에 대해서도 답했는데, 교사에 대한 경험이(특히 교사가 학생들에게 선택권을 주고 그들의 의견에 귀 기울임으로써 자율성을 부여하고 수업의 의미를 제공했는지) 수업에 대한 학생들의 동기와 참여도를 가장 잘 예측할 수 있는 지표인 것으로 나타났다.

다른 동기부여 연구에서도 비슷한 결과가 나왔다. 학생이 긍정적인 동기부여 자질을 갖추었는지보다 교사가 그날의 수업에서 지원적인 환경을 제공했는지, 특히 수업의 의미를 제공하고 학생들의 자율성을 지원했는가가 더 중요했다. 마찬가지로 교사에 대한 인식은 그날 수업에 대한 학생의 흥미뿐만 아니라 해당 과목에 대한 전반적인 흥미에도 영향을 끼쳤다.

동기가 상황과 특정한 순간에 따라 달라진다는 사실은 이런 질문을 제기한다. 동기가 부여되는 순간에 어떤 요소들이 작용할까? 우리를 적극적으로 달려들게 하는 것은 두 가지다. 첫 번째는 흥미를 느낄 때, 두 번째는 가치 있거나 중요하다고 느낄 때다. 이 두 가지 요인 모두 우리가 놓인 환경, 특히 주변 사람들에게 큰 영향을 받는다.

관심 있는 일일 때 우리는 만족, 행복, 흥분 같은 긍정적인 감정을 느끼고 집중과 몰입이 커진다. 즐거운 나머지 다른 깊은 생각을 할 필요도 없이 그 활동에 참여한다. 그렇다면 언제 우리는 무언가에 흥미를 느낄까?

뮌헨 군사 대학교의 교육심리학 교수인 크랩Krapp은 우리가 특정 상황에 지니고 있는 개인적인 요소들에 의해 흥미가 결정된다고 했다. 그는 이를 개인적 흥미라고 불렀다. 즉, 우리가 그 과제나 활동에 대해 지닌 지식이나 경험이 그것에 대한 선호를 일으킨다. 예를 들어 모든

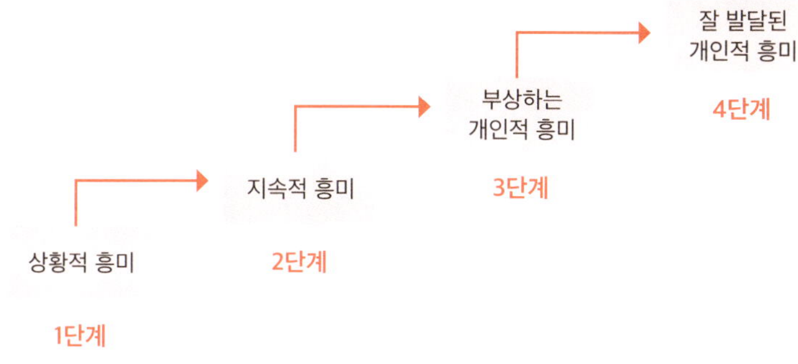

가족 구성원이 악기를 연주하는 가정에서 자랐다면 음악에 대한 흥미가 생길 수 있다는 것이다.

크랩은 상황에 따라 흥미에 큰 차이가 생길 수 있다는 점도 강조했다.[15] 어떤 분야에 지속적인 관심이 없더라도 상황에 의해 관심이 촉발될 수 있다. 이를테면 콘퍼런스에서 전에 접해본 적 없는 주제에 관한 훌륭한 강연을 들었을 때가 그렇다. 멋진 벽화를 보고 그것을 그린 화가에 관심이 생길 수도 있다. 이 관점은 개인의 흥미가 양육 환경이나 생물학적 기질에서 비롯된 고정적인 특징을 띤다는 시각과 어긋난다. 만약 흥미가 고정적이라면 어차피 어떤 분야에 대한 관심 여부는 이미 정해져 있으니 바뀔 수 없을 것이다. 그러나 과학자들은 흥미는 변화하고 발달할 수 있으며 주변 사람들이 그 발달에 영향을 끼칠 수 있다고 본다.

흥미 발달 이론에 따르면 흥미는 단계별로 나타난다.[16] 그림 1.1에서 보듯 첫 번째 단계는 환경 요인이 가져오는 상황적 흥미다.

잡지를 훑어보다가 명상에 관한 기사를 발견했다고 해보자. 당연히 명상에 대해 들어본 적은 있지만 "명상의 집중력 향상 효과"라는 제목이 당신의 흥미를 확 잡아끌었다. 기대감으로 기사에 빠져들기 시작했다. 이 상황적 흥미는 단기적이다. 기사를 읽고 나서 그것으로 끝나기도 한다.

하지만 순간적으로 확 타오르는 1단계의 흥미가 2단계 지속적 흥미로 이어질 수도 있다. 지속적 흥미는 잠시 타오르는 불꽃으로 그치지 않고 주제를 더 깊이 파고들거나 과제를 계속 수행하는 것이다. 과제에서 개인적인 의미와 연관성을 발견하는 것이다. 명상 기사를 예로 들면, 명상이 그동안 찾고 있던 집중력 개선 방법일지도 모른다고 생각하는 것이다. 그래서 기사를 다 읽고 나서 이 주제에 관해 참고할 만한 다른 기사들도 확인하는 것이다. 그러나 흥미 발달 2단계에서도 환경의 지원이 있어야만 흥미가 지속될 수 있다. 예를 들어 명상에 대해 자세히 알아볼 수 있는 쉬운 접근법이 없다면 흥미가 떨어진다.

흥미 발달의 3단계인 부상하는 개인적 흥미는 그 주제에 대한 긍정적인 감정이 지속되며, 계속 알아보고 시도함으로써 지식을 늘려가고 그 활동의 가치를 명확하게 파악하는 단계다. 특징적인 행동은 정보나 접근법을 다른 사람들에게 의존하지 않고 스스로 찾으려 한다는 것이다. 명상의 예시로 돌아가면 이제는 스스로 명상과 집중력에 대해 검색하고 명상 수업에 등록할 것이다.

흥미 발달의 마지막 단계는 잘 발달된 개인적 흥미다. 이 시점에 이르면 특정 주제에 대한 지속적인 흥미가 있어서 계속 그 주제를 파고든다. 그 분야에 깊은 지식이 쌓였고 큰 가치를 부여했다. 많은 힘을 쏟는데도 전혀 힘들지 않게 느껴질 수도 있다. 예를 들어 여러 명상 수업을 듣고 명상이 하루의 일과로 자리 잡고 가족과 친구에게 명상에 대한 정보를 공유하는 식이다.

흥미는 작업을 계속 수행하고 끈기를 기르는 데 분명 중요하다. 지속적인 흥미라도 처음에는 훌륭한 강사, 새로운 장소를 방문한 기회, 흥미로운 책 같은 것에 의해 갑자기 불이 붙었을 수 있다. 따라서 흥미는 처음부터 정해져 있는 것이 아니라 발달 가능한 것으로 보아야 한다. 나중에 환경에 대해 살펴볼 때 알게 되겠지만, 환경은 흥미를 쉽게 떨어뜨릴 수도 있다. 주제가 지루해지거나 압박감이 느껴지거나 적극적으로 관심사를 추구하지 못하게 될 수 있기 때문이다.

한편 동기부여에는 흥미도 중요하지만 그만큼 중요한 요소가 또 있다. 바로 우리가 어떤 영역이나 과제에 즉각적으로 끌리지 않는 이유를 결정하는 '가치'다.

> 샌디는 공동체 환영 위원회Community Welcome Committee에서 자원봉사를 하려면 온라인 강좌를 수강해야 한다. 그녀는 '타인과 함께 일하기', '새로운 구성원에게 접근하기'와 같은 수긍 가는 제목의 자료를 다운로드하고 적극적으로 시작한다. 하지만 마지막이면서 가장 분량도 많은 '지역 사회 조직의 재정 지원'이라는 주제가 그녀를 당황하게 한다. 단체의 자금 문제에 관여하고 싶은 생각은 전혀 없는데 왜 이걸 수강해야 하지? 어쩔 수 없이 듣지만 이해되지 않기는 마찬가지다. 그녀는 슬라이드를 대충 훑어보면서 친구에게 전화해 수다를 떤다.

약 30년 전, 발달심리학자 재클린 에클스와 앨런 위그필드는 기대-가치 이론을 내놓았다.[17] 이론에 따르면 자신과 과제에 대한 개인적인 믿음이 그 과제에 적극적으로 참여할 것인지 아닌지와 성과를 좌우한다. 이때 개인의 믿음에는 성공에 대한 기대 그리고 과제와 상황에 부여하는 가치가 포함된다. 사람들은 어떤 과제에 접근할 때 스스로 이렇게 묻는다. 내가 할 수 있는가? 이 과제를 얼마나 잘할 수 있을까, 성공할 수 있을까? 과제를 수행할 수 있다는 믿음이 없다면 시도하고 싶지 않을 가능성이 크다. 수십 년 동안의 연구 결과도 성공에 대한 기대가 없을수록 과제를 수행할 가능성이 낮다는 것을 말해준다.

흥미와 더불어 과제에 부여하는 가치가 동기부여를 결정할 수 있다는 뜻이다. 그 자체로 재미있거나 즐겁지 않은 일들이 특히 그렇다. 그런 일은 가치 있다고 생각하는 만큼 동기가 부여된다. 우리는 스스로 "내가 이 일을 왜 해야 하는가?"라고 묻고 일의 가치를 고려한다.

기대-가치 이론은 다양한 유형의 가치가 있다는 것을 강조하고 각 유형을 차별화한다. 첫째, 유용성 가치는 과제 또는 활동이 현재 또는 미래에 얼마나 유용한가를 뜻한다. 예를 들어 수학 공부가 건축가라는 장래 목표에 도움이 된다고 생각할 수 있다. 기타를 배우는 것이 하루 일과를 끝내고 여유를 즐기는 방법일 수도 있다.

두 번째는 달성 가치다. 이것은 과제나 활동이 자신의 정체성이나 자신감에 얼마나 중요한지를 뜻한다. 만약 자신을 건강한 사람으로 본다면, 건강한 식습관의 실천이 중요할 것이다. 건강한 라이프스타일을 위해 노력하는 사람이라는 자기 관점을 확인해주기 때문이다.

세 번째는 흥미 가치로 행복과 즐거움을 느끼게 해주는 일인가를 뜻한다. 이를테면 기타를 치는 게 재미있을 수 있다.

마지막인 비용 가치는 특정 행동을 수행함으로써 발생하는 비용 또는 부정적인 측면을 뜻한다. 예를 들어 어떤 일에 많은 시간과 노력이 필요하고 불안감도 발생할 수 있다. 그 일을 하느라 다른 일을 할 수 없으므로 기회를 놓친 것처럼 느껴질 수도 있다. 이러한 것들은 가치를 떨어뜨려 과제를 선택할 가능성을 감소시킨다.

가치 유형(유용성, 달성, 흥미, 비용)은 특정 행동의 참여 선택 여부에 영향을 끼친다. 가치나 의미를 느끼지 못할 때 노력을 쏟지 않게 되는 것은 어쩌면 당연하다.

과학 누구에게나 동기는 있다

연구에 따르면 흥미와 가치는 모두 어떤 행동을 수행하고 노력을 지속하고 높은 성과를 거두는 정도에 커다란 영향을 끼친다. 위그필드는 아이들을 10년에 걸쳐 초등학생에서 고등학생이 될 때까지 조사했다.[18] 연구진은 매해 아이들에게 수학 과목을 잘할 거라는 기대와 수학의 가치에 대해 물었는데, 잘할 거라는 아이들의 기대가 성적을 결정짓는 강력한 요인이라는 사실이 발견되었다. 또한 수학에 대한 주관적 가치가 큰 학생일수록 수학 과목을 계속 들을 거라고 했고 실제로 들을 가능성이 높았다. 이 요인들은 서로 영향을 주고받았다. 예를 들어 수학이 중요하다고 생각하면 더 열심히 공부해서 좋은 성적을 얻는다. 높은 성과를 달성할수록 유능감이 올라가고 수학의 중요성도 커진다. 즉, 신념은 성과에 영향을 미치고 그 결과인 성과는 신념을 강화한다.

흥미와 가치의 중요성은 아이뿐 아니라 성인에게도 해당한다. 예를 들어 독일 쾰른 대학교 교육심리학 교수 조지Julia Gorges는 독일 대학생에게 영어로 수업을 들을 수 있는 기회를 제공했다.[19] 그리고 연구진은 학생들에게 성공에 대한 기대("내 영어 실력은 영어 수업을 따라잡기에 충분해”)와 영어 학습의 가치를 질문했다. 이를테면 영어권 국가에서 공부하고 싶은 마음이 있는가 따위였다. 결론적으로 성공을 기대하는 학생일수록 영어 수업을 들으려는 동기가 강했다. 또한 영어 수업이 자신의 목표 달성에 가치 있다고 느끼는 학생일수록 영어 수업에 대한 동기가 강하게 부여되었다. 이처럼 성공에 대한 기대와 과제의 가치는 동기를 예측하는 중요한 요인이다.

흥미와 가치에 관해 다행스러운 점은 환경으로 발달시킬 수 있다는 것이다. 흥미 발달의 1단계인 상황적 흥미에서 보듯 주제가 제시되는 방식이 흥미를 자극할 수 있다. 이 사안에 대한 연구는 대부분 교실에서 진행되었다. 교사는 어떻게 학생들의 흥미를 불러일으킬 수 있을까? 한 가지 방법은 학생들이 자율성과 선택권을 느끼게 하는 것이다. 예를 들어 미국 미시간 주립대학교 교육심리학 교수인 리사 리넨브링크–가르시아Lisa Linnenbrink-Garcia는 여름 방학에 3주 과학 수업을 듣는 10대 학생들의 과학에 대한 전반적인 관심도와 해당 과학 프로그램에 대한 상황적 흥미를 조사했다.[20] 학생들은 과학 수업에서 교사의 말이나 행동이 관심을 사로잡는지도 응답했다. 교사가 수업 시간에 선택권을 제공하는가? 학생들의 견해를 구하고 다른 학생들과의 집단 작업을 허용하는 방법으로 수업에 개입시키는가? 교사가 접근하기 쉽고 친절했는가? 교사가 수업 내용을 실제와 연결해서 설명했는가?

그 결과, 교사에 대한 인식이 학생들의 흥미와 가치에 큰 영향을 끼치는 것으로 나타났다. 특히 학생들은 선택권이 주어진다고 생각할수록, 교사에게 편안함을 느낄수록 수업에 대한 흥미가 유발되었다. 또한 교사가 수업 내용을 일상과 연결할수록 학생들은 수업의 가치를 높이 평가하는 경향이 있었다. 특히 수업 프로그램 초기에 흥미가 유발되고 가치를 느낄수록 마지막에도 흥미를 느꼈다. 즉 선택권과 따뜻함이 있고 수업 내용에서 연관성을 발견할수록 학생들의 흥미가 유발되며, 긍정적인 환경이 뒷받침된다면 흥미가 보다 지속적인 관심으로 바뀌었다.

개입을 통해 흥미와 가치를 높일 수 있다

앞서 흥미는 발달할 수 있고 맥락이나 상황 요인에도 영향을 받는다고 했는데, 개입을 통해 이 요인들을 성공적으로 강화할 수 있다는 사실도 짚고 넘어가야 할 것이다. 몇몇 연구자들은 이 사실을 확인하기 위해 실험실과 현장(고등학교와 대학교 수업) 연구를 모두 진행했다.

미국 유타 대학교 심리학과 교수인 캐롤 샌슨Carol Sansone은 대학교 학부생들에게 전혀 흥미롭지 않은 작업을 수행하게 했다.[21] 행렬 속의 문자를 그대로 옮겨 적는 일이었다. 참가자들은 작업을 흥미롭게 만들기 위한 전략도 세워야 했는데, 작업의 난이도를 올려 도전적으로 만들거나 예술성을 더하거나 다른 일을 같이하면서 수행하거나(예: 음악 재생) 절차에 변화를 주거나(예: 다른 펜 사용) 하는 방법이 제안되었다. 또한 연구진은 다른 그룹의 학생들에게는 그런 전략 없이 작업을 수행하도록 했다. 연구진의 예측대로, 흥미 강화 전략을 사용한 학생들은 작업을 더 즐거워했고 과제를 집으로 가져가서까지 하려고 했다.

한편 과제의 가치를 높이는 것도 흥미를 높여주는 효과가 있었다. 방금 소개한 연구에서, 과제의 이유(즉, 건강상의 이점)를 설명받은 학생들은 문자를 옮겨 적는 작업에서 더 나은 성과를 거두었다. 비교적 지루한 작업에 대한 이 연구의 결과는 매우 중요하다. 우리가 일상생활에서 하는 일 역시 대부분 지루한 편이므로 가치를 부여해 흥미를 높이는 것이 필요하기 때문이다.

이 개입은 수학과 과학 과목에 대한 흥미를 높이는 방안에도 사용할 수 있다. 미국 고등학생들 사이에는 고급 수학과 과학 수업에 대한 관심이 걱정스러울 정도로 부족하다. 하지만 과학, 기술, 공학, 수학STEM에 대한 관심도를 높이는 것은 국가적인 차원에서 중요한 일이다. 수학과 과학은 "동기는 있거나 없거나 둘 중 하나"라는 신화에 특히 취약한 분야다. 마치 흥미가 처음부터 정해져 있기라도 한 것처럼 "난 타고난 수학 머리가 없어", "난 태생적으로 과학하고는 거리가 먼 사람이야"라는 식으로 말하는 사람들이 얼마나 많은가? 만약 이런 잘못된 신념이 개인의 흥미와 의미는 얼마든지 끌어내 발달시킬 수 있는 것이라는 관점으로 바뀐다면 어떻게 될까?

지금까지 과제의 가치를 높이기 위한 전략적 개입은 대부분 유용성 가치에 초점을 맞추어왔다. 이를테면 수학을 잘해야 더 좋은 직업을 얻고 더 많은 돈을 벌 수 있다는 식이다. 실제로 미국 노던일리노이 대학교 심리학과 교수인 듀릭Durik과 위스콘신 대학교 심리학과 교수인 하라키에비츠Harackiewicz가 진행한 연구를 보면 그 효과도 확인할 수 있다.[22] 학생들에게 암산을 가르치면서 일부 학생들에게는 알록달록한 색깔의 자료와 사진을 추가해서 재미있는 방식으로 진행했다. 그리고 나머지 다른 학생들에게는 흑백 자료를 사용했다. 또한 일부 학생들에게는 암산 능력이 실생활에 도움이 될 수 있다는 정보를 주었다. 예를 들어 "레스토랑에서 팁을 계산하거나 은행 계좌의 잔액을 확인할 때 암산 능력을 활용할 수 있다"라는 것이다. 이것들이 흥미를 유발할 수 있는지 확인하는 것이 연구자들의 목표였다.

암산 기법을 교수하는 방식에 가미한 작은 변화는 학생들의 흥미에 커다란 변화를 일으켰다. 알록달록하고 재미있는 자료로 배운 학생들은 지루한 자료로 배운 학생들보다 암산 학습에 더 큰 흥미를 보였다. 특히 처음부터 관심도가 낮은 상태에서 해당 상황에 놓인 학생들은 더욱 그러했다. 또한 과제의 잠재적 가치에 대한 정보를 받은 그룹은 정보를 받지 못한 그룹보다 과제에 큰 관심을 보였다. 이때는 처음부터 관심도가 높았던 이들의 경우 더욱 그러했다.

정리하면 자료를 재미있고 매력적인 방식으로 제시하면 처음에 없던 흥미가 생길 수 있다. 반면 처음부터 관심이 있는 경우에는, 내용이나 과제의 유용성을 강조하는 것이 흥미 유발에 더 효과적이었다.

과제에 흥미롭거나 도전적인 요소를 추가하고, 개인의 삶 및 목표에 어떤 가치가 있는지 알려주거나 과제가 삶과 어떤 관련이 있는지 직접 물어보는 식의 개입은 사람들의 흥미와 참여를 높일 수 있다.[23] 또한 선택권을 주고, 적극적인 참여자가 될 수 있는 기회를 부여하고, 정보를 재미있고 매력적인 방식으로 제시하고, 행동의 가치를 명확하게 하는 환경을 조성함으로써도 흥미를 높일 수도 있다.

환경이 흥미를 유발하지 않을 때 놀라거나 상대방을 비난해서는 안 된다. 동기는 '영역 특수적'이고 심지어 '영역 내 작업 특수적'이라는 사실을 기억해야 한다. 동기는 모든 사람에게 있지만 동기 요인이 사람마다 다르므로 도움이 되고자 한다면 흥미를 높이고 키워주어야 한다. 이를 위한 몇 가지 전략을 소개하겠다. 끝에 나오는 워크시트에는 전략을 실전에 적용할 각자의 계획을 적으면 된다.

1. 동기부여가 되지 않는다고 느끼는 이유를 찾아라

동기가 부여되지 않는다면 그 이유를 짚어볼 필요가 있다. 자료나 과제가 흥미롭지 않을 수 있다. 과제를 수행해야 할 가치를 느끼지 못할 수도 있다. 동기부여가 되지 않는다고 자책할 필요는 없다. 모든 과제와 프로젝트가 우리의 관심을 끄는 것은 아니니까. 다만 과제가 제시되는 방식은 동기부여에 큰 영향을 준다. 어떤 과제에 대한 흥미와 지각된 가치 말고, 다른 요인들 때문은 아닌지 생각해보자.

과제나 활동에 대한 의욕이 없어 보인다고 그 사람이 동기가 없다고 속단하지도 말자. 동기가 약한 이유가 과제나 활동이 제시되는 방식이나 그들이 마주한 더 커다란 장벽(예: 사회적, 역사적 차별) 때문은 아닌지. 이러한 잠재적 귀인을 염두에 두고 행동이나 태도에서 의욕이 보이지 않는 이유를 찾으려 하라. 이유가 무엇인지 직접 물어볼 수도 있다. 예를 들어 "흥미가 있니, 아니면 전혀 끌리지 않니?"라든가 "이 일을 왜 해야 하는지, 너에게 어떤 도움이 되는지 알고 있니?"라고 묻는다.

2. 정확히 겨냥해 흥미를 높여라

모든 주제나 활동이 긍정적인 느낌과 적극적으로 뛰어들고 싶은 욕구를 불러일으키는 것은 아니다. 하지만 흥미를 높여주는 방법은 있다. 과제에 대한 흥미 가치를 높이는 전략에는 재미와 매력을 더하는 방법이 있다. 예를 들어 폴더 정리는 흥미를 유발하지 않는 지극히 지루한 행동이지만 알록달록한 장식 태그를 추가하면 재미있어질 수 있다. 게임으로 만드는 것도 방법이다. 방을 청소하는 동안 음악을 틀어놓고 노래가 끝나기 전에 어디까지 끝마칠지 미션을 주는 식이다. 또 다른 전략은 과제나 프로젝트를 기존의 관심사와 연결하는 것이다. 예를 들어 논문을 써야 한다면 평소 배우고 싶었던 것과 관련된 주제를 선택한다.

때론 상대가 선천적으로 흥미를 느끼지 못하는 일을 시켜야 할 때도 있다. 그럴 땐 그 사람의 관심사와 취미가 무엇인지 알아보고 지금 하려는 과제와 연결하라. 예를 들어 학생들에게 독서 감상문 숙제를 내줄 때, 자신의 관심사와 관련 있는 책을 찾도록 도와줄 수 있다. 재미있거나 흥미로운 요소를 추가할 수도 있다. 자료를 알록달록하게 꾸미거나 농담이나 만화를 추가하거나, 시간이 빠르게 흐르는 것처럼 느껴지는 노래를 만들 수도 있다(예: 청소 노래!). 다양성 요소를 추가하는 방법도 있다. 루틴을 변경해 매일 수행하는 과제가 달라지게 한다든지, 과제를 좀 더 어렵게 만들 수도 있다. 자신의 능력 수준을 아주 약간 웃도는 과제일 때 흥미가 올라가기 때문이다. 처음부터 끝까지 프로젝트를 직접 개발하게 하는 것도 도움이 된다. 주제나 내용, 진행 방법, 심지어 평가 방법에 대한 아이디어를 내게 할 수도 있다.

3. 의미와 가치를 전달하라

의미가 없거나 중요해 보이지 않는 일을 하려면 당연히 동기가 부여되지 않을 것이다. 지극히 일상적인 일이라도 의미나 가치를 찾으려 해보라. 예를 들어 그 일이 누군가에게 긍정적인 영향을 미칠 수 있다는 사실을 떠올린다. 아니면 자신의 전반적인 가치관과 일치하는 일이라는 사실을 되새겨볼 수도 있다. 다락방 청소는 한동안 할 일 목록에 들어가 있었지만 동기를 부여하지는 못했다. 하지만 정리된 집 안이 주는 가치와 아이들에게 모범을 보이고 싶은 마음을 떠올려본다면 그 일에서 의미를 찾을 수 있을 것이다. 그렇다고 과제 자체가 재미있어지지 않을 수도 있지만 적어도 시간을 투자한 보람은 느낄 수 있다.

한편 상대가 과제나 활동에 자발적인 흥미를 느끼지 못한다면 과제가 제시되는 이유나 참여해야 하는 이유를 알려주어야 한다. 이유는 개인의 목표와 관련 있을수록 좋다. 앞에서 자원봉사를 위해 전혀 관련 없어 보이는 재정에 관한 강좌를 수강해야 하는 샌디를 예로 들었다. 이 경우, 공동체 환영 위원회의 예산을 어떻게 사용할지 결정하려면 재무 정보를 확인하는 것이 중요하다고 설명해줄 수 있을 것이다.

과제를 상대의 삶과 연결하는 방법도 있다. 예를 들어 생물학 수업을 듣는 학생들은 식물 유전학에 관심이 없을 수도 있지만 건강을 중요시하는 학생이라면 식물 유전학 정보를 이용해 유전자 변형 식품을 피할 수 있다는 사실을 알고 관심이 커질 수 있다. 마지막으로 과제의 내용이 자신의 삶과 어떤 관련이 있고 어떻게 유용한지 직접 생각해보게 할 수도 있다.

동기부여 처방

이 장의 첫머리에 나온 에피소드로 돌아가보자. 자넬은 동기는 사람에 따라 있거나 없는 것이라는 고정관념을 믿었기에 딸 소피가 동기가 없는 사람이라고 보았다. 그녀는 소피의 관심사가 자신과 다르다는 사실을 알아차리지 못했을 수도 있다. 또는 소피가 1학기 때 부담이 큰 수업을 듣는다는 사실을 고려하지 않았을지도 모른다. 어쩌면 소피는 여학생 클럽에 가입할 계획일 수도 있다. 만약 자넬이 소피를 본인의 관심사와 도전 과제에서는 동기부여가 된 사람이라고 바라볼 수 있다면, 딸의 계획에 관심을 기울이고 격려하고 성공을 도와줄 수 있을 것이다.

 # 동기부여 프로젝트

의욕을 높이는 전략	자신을 위한	타인을 위한
동기가 부여되지 않는 이유 찾기	• "과제가 흥미롭지 않은가?" • "과제를 수행할 가치가 있다고 느끼는가?"	• "과제가 흥미로운가?" • "과제를 수행해야 하는 이유와 가치를 알고 있는가?"
정확히 겨냥해 흥미 높이기	• "과제에 흥미로운 측면이 있는가?" • "어떻게 하면 흥미로워질까?"	상대가 좋아하고 흥미를 느끼는 것을 찾아서 지원
의미와 가치 전달	과제나 활동의 의미 되새기기	이 과제를 수행해야 하는 의미 있는 이유 제공

실전 적용

내가 동기부여를 받고 싶은 일:

내가 시도할 전략:

내가 다른 사람에게 동기를 부여하고 싶은 영역:

도움을 주기 위해 시도할 전략:

2장

인센티브가
사람을 움직인다는 오해

보험 영업사원 글렌은 지난 몇 년 동안 직장에서 상당한 보너스를 받았다. 그는 두 자녀를 사랑하는 아빠로 아이들의 성공을 도울 수 있다면 뭐든지 할 것이다. 그의 아이들인 제니퍼와 러셀은 좋은 성적을 받는 모범생이지만 글렌은 아이들이 지금보다 더 잘할 수 있다고 생각한다. 선생님에 따르면 제니퍼는 수업 시간에 지나치게 사교적이고, 러셀은 숙제를 그렇게 열심히 하지 않는다. 이에 글렌은 아이들이 시험에서 A를 받을 때마다 10달러씩 주기로 했다. 이렇게 하면 학업에 대한 동기가 커지리라는 생각에서였다. 다행히 제니퍼와 러셀 모두 이 결정을 반겼고 둘 다 다음 학기에 여러 과목에서 A를 받았다.

하지만 안타깝게도 글렌의 영업 매출이 예전보다 떨어져 아이들에게 돈을 주는 것이 부담스러웠다. 그래서 다음 학기부터는 보상 전략을 그만두었다. 그러자 놀랍게도 아이들이 A를 받는 횟수는 보상 전략을 사용하기 전보다 줄어들었고 수업에 대한 흥미도 떨어졌다.

금전적 보상에는 어두운 면이 있을까? 그렇다면 아버지 글렌은 어떤 다른 방법을 아이들에게 써야 할까?

:

글렌이 보상을 이용해 아이들의 동기를 높이려고 한 이유는 충분히 이해할 수 있다. 세상에 보상을 싫어하는 사람은 없을 테니까! 실제로 보상 전략은 주변에서 흔히 볼 수 있다. 교사는 스티커를 사용하거나 쉬는 시간을 더 많이 주겠다고 약속하고, 상사는 보너스를 지급하고, 부모는 집안일을 하는 대가로 자녀에게 용돈을 준다. 동기부여를 강화하는 보상의 힘은 모든 과제와 활동에 너무도 당연히 작용하는 것처럼 보인다.

이 신화를 믿는 사람은 당신뿐만이 아니다. 동기부여의 신화에 대해 조사한 필자들의 연구에서 응답자의 거의 모두에 해당하는 95퍼센트 이상이 돈과 상 같은 보상이 동기를 높여준다고 믿었다.[1] 어떤 면에서는 맞는 말이다. 특히 보상을 제공하면(충분히 큰 보상일 때) 보상을 얻기 위해서 과제를 수행할 가능성이 커질 수 있다. 일례로 설문에 응답하는 대가로 금전이 지급된다면 지급되지 않을 때보다 참여 가능성이 클 것이다.

보상은 원하는 행동의 성과를 높일 수 있지만 보상이 동기를 높이는가에 대한 과학적 답변은 예, 아니오로 단순하지 않고 미묘하고 복잡하다. 예를 들어 동기에는 다양한 유형이 있다. 한 가지 유형으로는 재미있고 흥미로운 활동일 경우 보상이 없어도 참여하는 내재적 동기가 있다.[2] 과제 자체는 흥미롭지 않지만 중요하게 느껴져서 수행하게 되는 동기도 있다. 그리고 세금 납부처럼 꼭 해야 하는 것만 아니라면 하지 않을 고역도 있다. 동기의 다양한 유형은 학습과 장기적인 참여에 영향을 미친다. 일단 이 시점에서는 이런 질문을 할 수 있다. 보상이 동기를 높여주는 효과가 있다는 것은 일반적인 믿음인가? 즉 사람들이 사실상 모든 작업과 활동에 대해 그렇게 생각하는가?

한 연구에서 부모와 대학생들은 짤막한 글을 읽었다.[3] 그들이 읽은 글에는 아이들이 독서에 관심이 있거나 없는 상황이 묘사되어 있었다. 그 후 연구자들은 아이들의 독서에 대한 흥미와 즐거움을 단기적 및 장기적으로 극대화하기 위해 다양한 전략들(보상, 처벌, 추론, 아무것도 하지 않는 것 등)이 얼마나 효과적일지에 대해 물었다. 부모와 대학생들 모두 전반적으로 보상을 제공하는 것을 지지했다. 그들은 아이들이 독서를 좋아하든 싫어하든, 지금 독서를 하게 만들기 위함이든, 장기적으로 바라보든 보상이 가장 효과적이라고 생각했다. 그리고 보상이 클수록 좋다고 믿었다.

또 다른 연구에서는 참가자들에게 한 가지 실험에 관해 들려주고 의견을 물었다.[4] 주어진 스톱워치가 자동으로 시작하면 5초 기준 앞뒤로 0.5초 이내(즉 4.95초~5.05초 사이)에 중지 버튼을 눌러야 하는 흥미로운 게임에 대한 것이었다. 실험은 0.5초를 맞추면 돈을 주겠다고 한 그룹과 돈이 지급된다는 약속이 없었던 그룹으로 나누어 진행되었다고 참가자들에게 말했다. 그 후 실험이 끝난 후 연구진이 돌아올 때까지 기다릴 때 그 방에서 스톱워치 게임을 계속하는 사람은 누구인지에 대해 의견을 내게 했다.

질문을 받은 참가자들은 어떻게 예측했을까? 보상을 받은 그룹이 게임을 더 많이 했을까, 적게 했을까? 흥미롭게도 참가자들은 보상받은 그룹이 게임을 더 많이 했을 것이라고 예측했다. 즉, 그들은 보상이 더 큰 동기를 부여하고 더 이상 보상이 주어지지 않을 때까지 동기가 지속된다고 믿었다. 그러나 곧 알게 되겠지만 이것은 틀린 생각이었다. 스톱워치 게임 실험 결과에 따르면, 보상을 받은 그룹이 더 이상 보상을 받지 못할 때 게임을 계속할 확률은 애초에 보상이 주어지지 않은 그룹이 게임을 계속할 확률보다 낮았다.

즉각적인 효과에 속지 말 것

보상은 다양한 영역에서 사람들이 어떤 행동을 하도록 유도하기 위해 사용된다. 사람들이 자신의 건강과 안전을 위해 무언가를 하도록 유도하는 데도 사용된다. 예를 들어 건강 보험 회사들은 체중 감량에 대한 보상을 지급한다. 운전 보험 회사도 운전 행위를 추적하거나 안전 운전 행동에 대한 비용 절감 또는 포인트 점수를 제공한다. 표면적으로는 이러한 유인이 효과적인 것처럼 보인다. 이를테면 우리는 성공한 사람들이 보상을 받고(상, 명성) 매우 만족스러워하는 듯한 모습을 자주 본다. 물론 보상의 긍정적인 효과를 직접 체험한 적도 있을 것이다. 자녀에게 쓰레기를 내다 버리면 용돈을 주겠다고 했을 때 정말로 효과가 있었을 것이다. 이처럼 보상이 특정 행동을 유도하는 효과를 직접 목격해서 보상이 동기를 부여하는 훌륭한 방법이라고 믿게 되었을 것이다. 하지만 보상의 즉각적인 긍정적 효과를 경험했더라도 장기적으로는 보상이 동기를 약화시키고 성과의 질에 영향을 끼친다는 사실은 알지 못할 수 있다.

우리는 운동선수나 사업가가 보상받는 모습을 보지만, 그들을 탁월하게 만든 동기가 무엇인지는 정확히 모른다. 성공한 사람도 성공하기 전에는 보상받지 못했다는 사실을 놓치기 쉽다. 게다가 일반적으로 사회가 물질적 보상에 부여하는 가치를 본다면 보상이 동기부여의 좋은 방법이라는 믿음이 퍼져 있는 것도 놀라운 일은 아니다.

동기의 유형에 따라 보상의 효과가 달라진다는 것이 사실이라면 보상이 동기를 높인다는 신화를 깨뜨려야 한다. 그 사실을 믿으면 보상을 남용하거나 오히려 사람들의 동기를 약화시키는 쪽으로 사용할 수도 있다. 따라서 성공적인 동기부여를 위해서는 보상의 실질적인 효과가 무엇이고 언제 도움이 되고 해가 되는지 다각적인 시각이 필요하다. 우리는 어떤 행동을 하기 위해 스스로에게 보상을 활용하는 경우가 많으므로 보상 신화를 깨뜨리면 목표 달성 가능성도 커질 것이다. 보상이 동기를 부여하는 가장 좋은 방법이라는 신화가 깨진다면 열린 태도로 다른 동기부여 전략도 배울 수 있을 것이다.

과학 보상은 엄청나게 많은 역효과를 가져온다

보상이 동기부여에 미치는 영향에 대해 우리가 알고 있는 것은 무엇인가? 먼저 동기의 여러 유형과 우리가 애초에 특정 방식으로 행동하는 이유에 대해 살펴보자. 행동 심리학과 B. F. 스키너B.F.skinner의 접근법이 [5] 지배적이었던 1950~1960년대에는 인간의 모든 행동이 보상 때문이라는 이론을 믿었다. 이론에 따르면 비둘기가 먹이를 찾으려고 쪼아대는 것처럼 인간은 보상이나 처벌이 주어졌기 때문에 음식을 먹거나, 공부하거나, 일하거나, 식기 세척기의 그릇을 꺼낸다. 보상이 없다면 강압적으로 시켜야만 하는 수동적인 존재라고 믿었다. 하지만 1970년대에 실험을 통해 내재적 개념이 제안되면서 이러한 사고에 변화가 일어났다.

인간에게는 내재적 동기가 있다

과연 인간이 오로지 보상만을 위해 행동할까? 아기는 이유 없이 다리로 모빌을 당긴다. 여가 시간에 암벽에 오르거나 뜨개질을 배우거나 손을 더럽히며 조각을 배우는 어른들은 어떤가?

보상이 유일한 동기 요인이라는 주장을 반박하는 연구 결과는 1930년대에 시작된 동물 연구에서 비롯되었다. 쥐를 대상으로 한 연구에서 쥐들은 단순히 미로의 새로운 부분을 탐험하기 위해 전기가 통하는 그리드를 건넜다.[6] 새로운 무언가를 탐구하기 위해 고통을, 그러니까 처벌을 견딘 것이다. 마찬가지로 원숭이 대상 연구에서도 음식 보상 없이도 과제를 해결하고 새로운 퍼즐에 접근하는 모습이 나타났고 어떤 경우에는 새로운 영역을 탐험하고 새로운 퍼즐을 맞추기 위해 음식을 포기하기도 했다.[7] 한편 영장류 어미-새끼 애착 연구로 유명해진 해리 할로우Harry Harlow는 인간과 동물이 보상 없이도 탐구와 호기심을 보이는 행동을 가리키는 '내재적 동기'라는 용어를 처음 만들었다.[8] 이 연구들 이후로 많은 이론가들은 인간이 탐구하고 놀이하며 사물을 조작하려는 자연스러운 경향을 지니고 있다는 개념을 받아들였다.

행동주의적 관점과 달리 인간은 수동적이거나 무기력하지 않다. 또한 인간은 자극을 받지 않거나 아무것도 느끼지 못하는 상태를 추구하지 않으며 오히려 조건이 맞으면 약간의 스트레스나 불안이 따르더라도 새로운 도전—산에 오르거나 노래를 익히거나 방정식을 푸는 등—을 찾으려고 한다. 명백한 보상이 없는데 왜 그런 행동을 추구하는 것일까?

에드워드 데시와 리처드 라이언은 자기결정이론에서 내재적 동기를 다루었다.[9] 그 이론에 따르면 개인이 어떤 활동에 참여하는 이유는 두

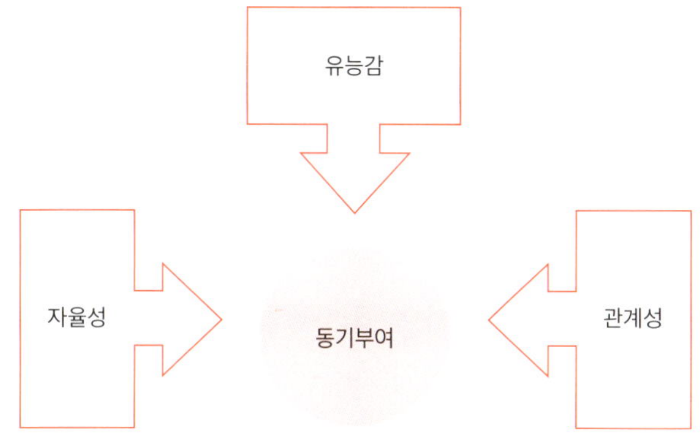

가지 욕구 때문이다. 바로 유능감과 자율성이다. 유능하거나 효과적으로 활동을 수행하고자 하는 욕구가 있을 때 새로운 일에 접근하고 숙달을 위해 노력한다. 스스로 유능하지 못하다고 느끼면 성공하지 못하고 자신감이 생기지 않는다. 또한 강요에 의해서가 아니라 스스로 선택해서 하는 일이라고 느껴야 한다. 억지로 하는 행동일 때는 긍정적인 감정을 느낄 수 없다. 환경이 유능감과 자율성을 높이거나 떨어뜨릴 수 있다는 사실은 나중에 자세히 살펴볼 것이다. 그리고 세 번째 욕구인 관계성도 나중에 언급하기로 한다. 그림 2.1는 자기결정이론에 포함된 세 가지 욕구를 보여준다. 우선은 순전히 즐거움 때문에 활동에 참여하는 내재적 동기에 대해 생각해보자.

마당에 토마토를 심는다. 원하는 토마토 모종을 골라야 한다. 방울토마토와 비프스테이크 종을 고른다. 집으로 돌아와 원예 도구를 꺼낸다. 땅이 약간 단단해서 열심히 골라야 한다. 흙을 고르고 모종을 심기에 적합한 지점을 찾기까지 몇 시간이 훌쩍 지나간다. 드디어 모종을 심고 한 걸음 뒤로 물러서서 마당을 바라보며 뿌듯함을 느낀다.

이 정원 가꾸기 예시는 내재적 동기가 부여된 행동의 몇 가지 특징을 드러낸다. 그것은 토마토 심기는 스스로 선택한 행동이고 수행 방법 역시 자신의 선택이라는 점이다. 중간에 도전도 있었지만 극복했으므로 다 끝난 후에 유능감을 느낀 것도 내재적 동기의 요인이다.

심리학자 미하이 칙센트미하이Mihaly Csikszentmihalyi는 내재적 동기와 관련된 훌륭한 개념을 고안했다.[10] 어떤 활동에 완전히 집중하는 몰입이라는 개념이다. 몰입 상태에서는 자기 자신이 아니라 활동에 집중한다. 시간이 쏜살처럼 지나가서 문득 시계를 보았을 때 시간이 그렇게 지났다는 사실에 깜짝 놀란다. 칙센트미하이는 피실험자들에게 몰입을 경험한 적 있는지, 그때 무엇을 하고 있었는지 물었다. 흥미롭게도 거의 모두가 몰입의 개념에 공감했다. 그들이 몰입 시 무엇을 하고 있었는지는 다양했는데, 놀랍게도 일하는 중이었던 경우가 많았다. 직장에서 업무에 완전히 집중해 몰입을 경험한 사람들도 있었고 스포츠나 친구들과의 시간 같은 여가 활동을 든 이들도 있었다. 칙센트미하이는 무엇이 몰입 경험에 영향을 미치는지 연구했고[11] 그는 개인이 직면한 도전 과제가 자신이 지닌 기술과 일치할수록 몰입 경험의 가능성이 높다고 추론했다. 다시 말해서 최적의 도전—너무 어렵지도, 너무 쉽지도 않은 과제—이 몰입을 가져온다. 작업이 너무 어려우면 사람들은 불안감을 느꼈다. 반면 너무 쉬우면 지루함을 느꼈다.

칙센트미하이는 몰입을 연구하는 기발한 방법을 고안했는데, 바로 경험표집법experience sampling method이다. 이 방법에서 피실험자들은 전자 호출기를 휴대하고(오늘날은 스마트폰으로 대체) 하루 중 여러 번 호출을 받는다. 그때마다 그들은 자신의 위치, 활동, 감정, 경험을 보고한다.

활동이 얼마나 어려운지, 자신에게 그것을 완수하기 위한 기술이 있다고 생각하는지도 함께 답한다. 이 방법은 학생과 성인 근로자를 포함한 다양한 집단의 연구에 사용된다. 일례로 500명 이상의 고등학생을 대상으로 한 연구를 보면 학생들은 몰입 상태에서 가장 높은 참여도와 집중력, 만족도를 보고했다.[12] 즉, 자신의 기술이 도전 과제와 일치할 때였다. 그러나 안타깝게도 학생들의 실제 일과는 강의 듣기와 동영상 시청처럼 몰입을 유도하지 않는 수동적인 활동에 쓰이는 시간이 더 많았다.

해야만 하는 일은 외재적 동기에 의해 행해진다

내재적 동기에는 어느 정도 동감할 것이다. 누구나 적당히 어렵고 기쁨과 즐거움을 주는 일을 스스로 선택해서 하고 싶은 것은 당연할 테니까. 하지만 꼭 해야만 하는 일들은 어떨까? 회의 참석, 쓰레기 버리기, 아이들 학교에 데려다주기, 아픈 친구 문병 등 이런 행동에는 외적인 동기가 필요할 수 있다. 활동 자체가 주는 기쁨이나 즐거움이 아니라 목표나 결과를 위해서 하는 일들은 모두 외적으로 동기가 부여된다. 얼핏 외재적 동기는 보상과 비슷해 보일 수도 있다. 하지만 자기결정이론에서 외재적 동기는 다양한 목표를 지닌 다양한 활동을 의미한다. 외재적 동기는 가장 자율적이지 않은 활동(외적 동기)부터 가장 자율적인 활동(통합된 동기)까지 일련의 연속선상에 있다. 보상이나 처벌 기반의 활동부터 재미없어도 그 가치나 중요성을 지각하는 활동까지 연속적인 스펙트럼상에 놓여 있다.

반면 외적 동기는 해야만 해서, 보상을 받거나 처벌을 피하려고 과제를 수행하는 것이다. 예를 들어 우리는 벌금을 내지 않기 위해 세금을 제때 납부한다. 급여를 받기 위해 근무 시간을 기록한다. 대부분의 성인이라면 오직 처벌을 피하기 위해서나 보상을 얻기 위해서 하는 일이 무엇인지 잘 알겠지만(엔진 오일 교체를 떠올려보자), 아이들에게 그 종류는 더 많을 수도 있다. 학교에서 상을 받기 위해 책을 읽고, 용돈을 받기 위해 개를 산책시키고, 혼나지 않으려고 방을 청소한다. 앞으로 알아보겠지만 이런 외적 동기는 반복해야 하는 작업이나 활동을 위한 최적의 동기가 아니다.

내사된 동기는 해야만 한다고 생각하거나 하지 않으면 죄책감을 느낄 수 있어서 하는 경우를 말한다. 어떤 면에서는 타인에 의해 부과된 외적 동기를 머릿속으로 자신에게 적용하는 것이다. 다시 말해 타인에게 휘둘리는 것이 아니라 스스로를 휘두르는 것이다. 예를 들어 죄책감을 피하려고 캔을 재활용 쓰레기로 분류해서 버린다거나 게으른 것처럼 보이지 않으려고 위원회에서 활동할 수도 있다. 중요한 것은 내사된 동기는 자신의 선택이 아니라 외부의 압력 때문에 또는 부정적인 감정을 피하려고 어떤 일을 한다는 점이다. 이런 유형도 최적의 동기가 아니다. 좋지 않은 감정을 느끼게 할 뿐만 아니라 행동을 피하게 만들 수도 있다.

확인된 동기는 외재적 동기에서 좀 더 자율적인 유형으로, 목표 달성을 위한 행동의 가치 또는 중요성을 인정한다. 중요하거나 가치 있다고 생각해서 과제에 참여하고 그것이 선택적이거나 자발적인 행동이라고 느낀다. 수행에 대한 갈등도 느끼지 않는다. 만약 중요한 정보가 있을 수 있어서 회의에 참석한다면 그것이 바로 확인된 동기에 속한다(회의 자체에서 재미를 느끼는 것이 아니라면!). 아이들에게 유익해서 숙제를 도와주는 것도 확인된 동기다. 지구를 지키는 일이라고 생각해서

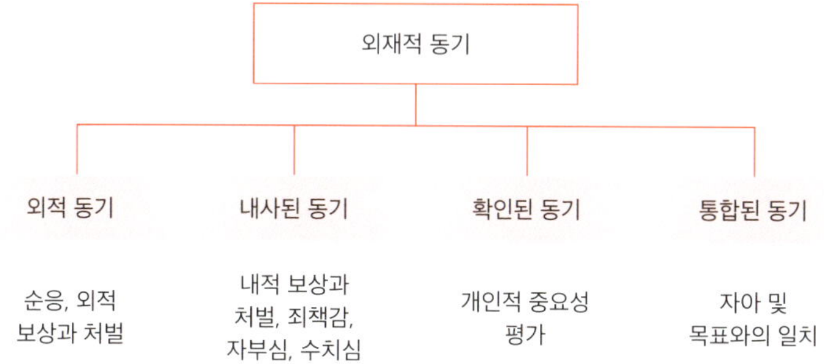

재활용을 하는 것도 마찬가지다. 앞으로 살펴보겠지만 이런 유형의 동기는 좀 더 편안한 느낌을 주며 쉽게 지속될 수 있다.

통합된 동기는 외재적 동기의 스펙트럼에서 가장 자율적인 영역에 속한다. 자신의 더 큰 가치와 신념 체계의 일부로 통합되었을 때를 일컫는다. 자신이 이루려는 목표에 완전하게 부합하므로 갈등이 없고 전적으로 선택에 의한다. 예를 들어 샌디가 채소를 많이 먹는 이유는 건강한 식습관을 중요하게 생각하기 때문만이 아니라 채소를 먹는 것이 그녀가 지지하는 건강에 대한 가치관과 일치하기 때문이다. 채소 섭취는 운동이나 정기적인 건강 검진을 비롯해 건강 지향적인 다른 행동들과 함께 이루어진다. 마찬가지로 투표를 하는 이유가 자신의 견해를 표현하는 것이 중요하다는 생각 때문일 수 있지만, 시민 참여라는 더 큰 가치의 일부이기 때문일 수도 있다. 지역 사회를 위한 자원봉사 같은 다른 활동들도 함께 실천하는 것이다.

우리가 어떤 일을 왜 하는지, 동기가 스펙트럼의 어디에 놓여 있는지를 아는 것은 중요하다. 외재적 동기의 스펙트럼은 강요와 통제에 의한 행동처럼 느껴지는 동기(외적 동기, 내사된 동기)부터 선택의 여지가 있다고 느껴지는 동기(확인된 동기, 통합된 동기)까지 있다. 어떤 동기 유형이 작용하는지에 따라 우리가 느끼는 감정과 행동의 지속 여부도 영향을 받는다. 리처드 라이언과 미국 드렉셀 대학교 교육학부 교수인 제임스 코넬James Connell은 아이들에게 "숙제를 하는 이유와 공부를 하는 이유가 무엇인가?"라는 질문을 했다.[13] 그러자 하지 않으면 문제가 생기기 때문에(외적 동기), 하지 않으면 죄책감이 들기 때문에(내사된 동기), 새로운 것을 배울 수 있기 때문에(확인된 동기) 같은 이유가 나왔다. 이때 외적인 이유로 숙제를 하고 공부를 하는 아이들일수록 부정적인 감정을 많이 느끼고 좌절에 대처하는 능력이 약하게 나타났다(예: 시험을 포기하거나 교사를 비난). 반면 확인된 동기를 보인 아이들은 더 긍정적인 감정을 느꼈고 적응적 대처를 보였다(예: 도움 요청). 그 후로 이어진 연구들에서도 자율적인 동기가 작용할수록 스포츠나[14] 환경 행동[15], 심지어 처방된 약물 복용 같은 건강 유도 행동[16]까지 끈기 있게 참여하고 긍정적인 감정도 커진다는 사실이 증명되었다.

이러한 연구 결과를 고려할 때 부모나 교사, 코치, 의사 등이 사람들을 이끌 때 덜 통제적이고 더 자율적인 동기로 나아가도록 도와주는 것이 핵심 목표임은 분명하다. 이것을 내면화라고 한다. 스스로 동기를 부여함으로써 해야만 하기 때문이 아니라 하고 싶어서 하게 만드는 것이다.[17] 의사는 환자가 경고 때문이 아니라 스스로 중요성을 알기 때문에 처방약을 제대로 복용하도록 동기의 내면화를 도와야 한다. 부모는 아이들이 친구와 놀지 못해서가 아니라 청결의 중요성을 알기 때문에 방을 청소하도록 이끌어야 한다. 다시 말해 내재적 동기와 외재적 동기의 내면화, 이 두 가지를 모두 늘리는 방향으로 가야 한다.

보상은 내재적 동기를 약화시킨다

1950~1960년대에는 행동이 보상이나 처벌의 결과이므로 보상이 가장 좋은 동기부여 방법이라고 믿었다. 하지만 에드워드 데시는 내재적인 동기가 부여되는 행동에 관한 증거를 바탕으로 그 믿음에 의문을 제기하고 질문을 던졌다. 만약 순수한 즐거움이 행동의 보상으로 작용한다면 어떻게 될까? 다시 말해 보상은 여전히 내재적 동기 행동에 영향을 미칠까?

그는 이 질문의 답을 알아보기 위해 똑같이 즐거운 활동을 하지만 보상 여부는 다른 실험을 설계했다. 데시는 대학생들에게 실험실에서 재미있는 퍼즐을 맞추게 했다.[18] 학생의 절반에게는 그들이 퍼즐을 맞추고 있을 때, 퍼즐 하나를 완성할 때마다 돈을 주겠다고 언급했다. 나머지 절반에는 그런 언급을 하지 않았다. 학생들이 무급 또는 유급으로 퍼즐을 맞춘 뒤 실험이 끝났고 연구진은 퍼즐과 잡지를 남겨두고 잠깐 자리를 비웠다. 자리를 비운 그 시간에 연구진은 학생들이 퍼즐을 더 하는지를 몰래 관찰했다. 결과는 명확했다. 유급으로 퍼즐을 맞춘 학생들은 보상에 대해 알게 되기 전보다 퍼즐을 적게 맞추었고 그 수는 무급으로 한 학생들보다도 적었다. 결론은 무엇일까? 개인이 재미를 위해서 한 활동에 보상이 주어지면 활동을 지속하는 동기가 약화된다는 것이다. 실제로 데시는 보상이 내재적 동기를 감소시킨다는 사실을 발견했다.

어째서 이런 결과가 나올까? 그 답은 내재적 동기의 이면에 무엇이 자리하는가 하는 문제로 돌아간다. 자기결정이론으로 볼 때 재미있는 활동에 참여해서 느끼는 즐거움에는 참여의 선택권과 자율성이 포함된다. 스스로 원해서 하는 것 말이다. 하지만 보상이 주어지면 행동의 이유에 대한 개인의 의식에 변화가 생긴다. 원래는 재미있고 만족스럽고 선택권과 유능감을 주기 때문에 한 일이었지만, 이제는 보상을 받기 위해 수행하는 것이다. 목적을 달성하기 위한 수단이 되었다. 물론 보상을 받으면 더 열심히 참여할 수도 있다. 하지만 더 이상 보상이 주어지지 않으면 할 이유가 없어진다. 결국 보상이 놀이를 일로 바꾸어버린다.

보상이 내재적 동기에 끼치는 부정적인 영향은 다수의 환경과 집단에서 확인되었다. 한 예로, 스탠포드 대학교 심리학과 교수인 마크 레퍼Mark Lepper가 이끈 연구팀은 그림 그리기에서 우수상을 받은 아이들이 보상 이후에 활동을 지속할 가능성이 적다는 사실을 발견했다.[19] 내재적 동기를 약화시키는 것은 보상뿐만이 아니다. 행동에 압력을 가하여 행동의 이유에 대한 의식을 바꿔놓는 다른 요인들도 같은 효과를 일으킨다. 이를테면 마감일이나 평가, 경쟁은 모두 참여의 이유를 재미에서 조건 충족으로 바꾼다. 마감일을 맞추거나, 좋은 점수를 받거나, 경쟁에서 이기기 위해가 그것이다.

그렇다면 과학은 모든 보상이 부정적인 효과가 있다고 말하는 것일까? 미묘함과 복잡성이 따르므로 대답은 "아니오"다. 왜냐하면 부정적인 영향은 행동의 이유가 보상이나 마감일 같은 조건적 관계 때문일 때 발생하기 때문이다. 그런 경험을 느끼지 않게 하는 보상이라면 내재적 동기를 떨어뜨리지 않을 수 있다.

딸이 몇 달 동안 축구 연습을 했다고 해보자. 아이는 학교 축구부에 들어가고 싶어 한다. 축구부에 지원했고 합격했다. 아이도 당신도 무척 기뻐한다. 당신은 축하해주기 위해 아이가 가장 좋아하는 레스토랑에 데려가기로 한다. 이것은 예상치 못한 보상이다. 열심히 연습하게 하려고 활용한 것이 아닌, 즉흥적으로 제시하는 보상이다. 아이는 이 특별한 외식을 위해 열심히 연습한 것이 아니다. 따라서 보상은 축구를 하는 이유에 대한 아이의 의식을 바꾸지 않는다.

직장에서 받는 급여도 비슷하다. 돈은 특정 활동과 관련이 없으며, 그 돈이 업무 활동에 대한 강제나 압박감을 느끼게 하지 않는다. 행동의 이유가 보상 때문이라는 생각이 들게 하지 않으므로 내재적 동기를 훼손하지 않는다.

보상은 창의성을 약화시킨다

수년 전 리처드 라이언과 나(웬디)는 초등학교를 대상으로 내재적 동기 연구를 진행했다. 교사들은 관심을 보였지만 약간 회의적이기도 했다. 수업 방식이 내재적 동기에 어떤 영향을 미치는지 궁금하지만 가장 중요한 것은 학습이라는 입장이었다. 보상이나 평가 같은 조건이 아이들의 학습에 영향을 끼치는가? 이는 꼭 알아보아야 할 질문이었으므로 우리는 5학년 학생들을 대상으로 실험을 설계했다.[20] 학년별 독서 자료를 몇 가지 개발했다. 하나는 시대에 따른 농업의 변화에 관한 것이고, 다른 하나는 의학의 역사에 관한 것이었다. 아이들은 모두 농업 자료를 읽었고, 3분의 1은 의학의 역사를 읽고 시험을 볼 것이라는 말을 들었다. 또 다른 3분의 1은 의학의 역사를 읽고 질문에 답해야 하지만 시험은 아니라고 들었다. 마지막 3분의 1은 다른 자료를 읽을 것이라는 말만 들었다. 이렇게 각각 설명을 들은 후 아이들은 의학의 역사에 관한 자료를 읽었다. 두 가지 자료를 모두 읽은 아이들은 (a) 기억나는 내용을 전부 적고 (b) 읽은 내용의 요점을 적으라는 요청을 받았다.

그 결과, 시험을 보는 줄 알았던 아이들과 질문에 답해야 하는 줄 알았던 아이들이 시험이나 질문을 전혀 예상하지 않은 아이들보다 내용을 더 많이 기억하는 것으로 나타났다. 그러나 더 중요한 것은 시험을 보는 줄 알았던 아이들이 개념적 질문(요점 파악)에서 나머지 두 그룹보다 낮은 성과를 보였다는 사실이다. 게다가 아이들에게 일주일 후 의학에 관해 읽은 내용 중에서 기억나는 것을 전부 적게 했을 때, 시험을 보는 줄 알았던 그룹의 아이들은 시험의 압박감을 느끼지 않은 두 그룹보다 그 사이 더 많은 정보를 잊은 것으로 나타났다.

이 모든 것이 무엇을 의미할까? 이 연구 결과는 보상이나 평가 같은 압력이 세부 사항에 집중하도록 도와주고 암기 학습에는 괜찮을 수 있지만 심층 학습은 방해할 수 있음을 말해준다. 압력이 집중력의 폭을 좁혀서 나무만 보고 숲은 보지 못할 수 있기 때문이다. 그래서 시험을 보는 줄 알았던 그룹은 전체적인 요점(의학이 어떻게 변화했는지)을 이해하지 못하고 세부 사항(거머리 사용)에 집중했다. 또한 조건적 관계가 완료되면, 예를 들어, 시험이 끝나면 정보를 더 오래 처리해야 하는 이유가 없어졌다. 학창 시절을 떠올려보라. 시험이 끝나자마자 시험을 위해 공부한 내용이 머릿속에서 빠져나간 것 같지 않았는가? 연구진은 조건적 관계를 위해 학습한 정보가 조건이 존재하지 않게 되는 순간 배수구로 떠내려간다는 뜻에서 이 현상을 '욕조 배수구 현상'이라고 칭했다. 즉, 학습의 목표가 자료를 깊이 이해하고 통합하여 암기하는 것일 때 압력과 보상은 역효과를 일으킬 수 있다.

창의성에 대한 일화와 연구도 이 사실과 일치한다. 작가들은 첫 번째 소설이 성공을 거두면 두 번째 작품을 쓰는 것을 매우 힘들어한다. 압박감과 큰 보수가 그들의 창의력을 앗아가는 것처럼 보이기도 한다. 하버드 비즈니스 스쿨 교수인 테레사 아마빌레Teresa Amabile는 수십 년 동안 보상과 평가가 창의성에 미치는 영향을 연구했다.[21] 그녀는 아이와 성인 등 다양한 연령대에게 콜라주 만들기나 시 쓰기와 같은 예술 프로젝트를 수행하게 했다. 일부 그룹은 보수 지급이나 평가 시행 같은 조건이 따랐고 일부 그룹은 그런 조건이 전혀 따르지 않았다. 그 결과 보수를 받거나 시험을 보는 것으로 알고 활동에 참여한 이들은 그렇지 않은 이들보다 덜 창의적인 작품을 내놓았다. 연구진은 창의적인 과제의 수행에는 새로운 아이디어를 수용하는 개방성이 필요하기 때문이라고 추론했다. 또한 새로운 시도에는 약간의 위험 감수도 따라야 한다. 창의적 활동과 새로운 시도 모두 보상이나 기타 압력이 개입되면 효과가 반감되는 듯하다.

보상은 외재적 동기를 외적 동기에 머무르게 한다

나(웬디)는 수업에서 동기부여에 대해 가르칠 때 꼭 업무 동기를 다룬다. 가장 먼저 이렇게 묻는다. "여러분이 겪은 최고의 직업은 무엇이고 최악의 직업은 무엇이었나요?" 학생들은 판매 건수에 따라 수수료를 받는 직업이 최악이었다고 말한다. "스트레스가 정말 심했어요. 매장에 들어오는 사람이 전부 판매 건수로 보이기 시작하고 어떻게 하면 물건을 사게 만들까 궁리하게 됐죠. 오로지 돈만 생각하게 되니까 일이 정말 싫어졌어요."

운이 좋으면 일에서도 즐거움을 느낄 수 있을 것이다. 집안일도 마찬가지다. 청소를 좋아하는 사람이 있는 것처럼 말이다. 그렇다면 내재적 동기가 청소기를 돌리고 먼지를 털게 해줄 것이다(보상이 방해물로 작용하지 않는다면). 하지만 즐거움이 느껴지지 않는 일이라면, 일의 가치를 알아야 최적의 동기가 부여된다. 죄책감을 느끼지 않기 위해서나 보상이나 처벌을 피하기 위해서가 아니라 말이다. 다시 말해 통제, 마감일, 보상 같은 압력은 '의무감'에 가까운 동기를 일으키므로, 하고 싶어서가 아니라 어쩔 수 없이 하게 만들어 성과의 질을 떨어뜨린다.

보상이 내재적이지 않은 동기에 끼치는 영향을 구체적으로 살펴보는 연구는 많지 않은데, 그중 메리어트 경영대학교의 전략 교수인 거블러Gubler의 연구는[22] 의미가 있다. 그는 지각하지 않는 직원들에게 기프트 카드를 보상으로 주는 프로그램의 효과를 조사했다. 결과적으로 보상은 시간을 엄수하지 못하는 사람들에게 일시적으로 긍정적인 영향을 미쳤지만, 시간이 지남에 따라 지각을 한 번도 하지 않은 직원들의 내적 동기를 감소시켰고 보상 자격이 없어지면 시간 엄수가 줄어들었다. 또한 직원들은 5분 이내로만 늦어 지각을 피함으로써 "시스템을 조작"하는 모습까지 보였다.

한 보험 회사의 성과 보상 프로그램에서 나타난 결과도 유의미하다. 보상 지급이 자율성은 적고 통제성은 강한 동기를 제공한다는 사실이 드러났던 것이다.[23] 자율성이 적은 동기는 업무에 대한 노력과 열정을 떨어뜨리고 직장을 그만두고 싶은 마음이 커지게 한다. 얼핏 이러한 결과는 직관에 반하는 것처럼 보일 수 있다. 보너스를 싫어하는 사람은 없을 테니까! 그러나 대표적인 구인 사이트 글래스도어Glassdoor의 연구에 따르면 소득 수준을 막론하고 직장 만족도를 예측하는 가장 중요한 요인은 직장의 가치와 문화다.[24] 그리고 리더십과 발전 기회가 그 뒤를 잇는다. 글래스도어가 살펴본 요인 가운데 보상과 혜택은 직장 만족도의 예측 요인 중에서 가장 중요하지 않은 축에 속했다.

일상생활에서 우리는 보상이나 기타 조건이 아닌 다른 사람들과의 상호작용에 영향을 받는다. 권위를 가진 사람들(교사, 학부모, 코치, 의사)은 자율적인 동기를 늘리거나 줄이는 상호작용 유형을 선택할 수 있다. 행동을 유도하기 위해 압력을 가할 수도 있고 선택권과 자율성을 장려할 수도 있다. 자기결정이론에서는 그것을 각각 자율성 지원적 상호작용과 통제적 상호작용이라고 표현한다. 통제적인 방법은 행동과 문제 해결에 압력을 가하고 의견을 내지 못하게 한다. 예를 들어 상사가 직원들에게 업무를 언제, 어떻게 처리해야 하는지 지시하고 정해진 길에서 벗어나는 사람을 꾸짖는 것이다. 이런 스타일의 상호작용은 내재적 동기가 부여되지 않은 과제에 과연 어떤 영향을 줄까?

에드워드 데시는 이 문제를 다루는 실험을 진행했다.[25] 피험자들에게 비교적 지루한 작업인 불이 들어올 때마다 컴퓨터의 스페이스 바를 누르는 일을 시켰다. 강요와 압력이 있는 조건과(예: "눌러야만 한다", "집중해야만 한다" 같은 표현 사용) 선택권이 느껴지는 조건에서(예: "누를 수 있다", "집중이 필요하다" 같은 덜 통제적인 언어를 사용하고 주어진 행동이 중요한 이유 제시) 모두 실시했다. 그리고 한동안 작업을 진행한 후 실험자는 실험이 끝났다고 말하고 자리를 비웠다. 피험자는 컴퓨터 및 다른 작업과 함께 남겨졌다. 과제가 흥미롭지 않았으므로 그들은 중요하다고 생각하거나 가치를 내면화한 경우에만 과제를 수행할 터였다. 역시나 압력 조건에서 과제를 수행한 피험자들은 압박감을 느끼지 않은 이들보다 과제를 수행할 가능성이 낮았다. 통제적 조건은 과제의 가치를 수용하고 그것이 중요한 일이라고 생각해서 수행하는 것을 가로막았던 것이다.

생각해보면 우리가 중요하다고 생각하는 과제, 상대가 가치를 수용할 필요가 있는 과제에서 보상과 강제, 압력은 역효과를 일으킨다. 그 자체로는 가치가 없고 오로지 보상을 위해서 하는 일이라는 메시지를 전달하기 때문이다. 압력은 단기적으로는 동기를 촉진할 수 있을지 모르지만, 개인이 일의 가치를 깨닫고 스스로 행동하도록 만들 때는 역효과를 낳을 수 있다. 예를 들어 부모는 아이가 방을 깨끗하게 청소하기를 원한다. 이유는 여러 가지가 있을 수 있지만 대개는 청결과 정리에 대한 가치를 심어주고 싶다는 것이다. 아이들이 방을 청소하게 만들 수는 있어도 청소를 하고 싶게 만들기는 어렵다. 압력과 보상은 당장 청소하게 만들 수 있지만 아이들이 청소의 가치를 수용하고 스스로 하게 만드는 장기적인 목표에는 해롭다.

착한 일에도 보상이 효과가 있을까?

많은 이들이 궁금해하는 질문이 있다. 다른 사람을 돕는 일 같은 친사회적 행동에 보상을 사용해야 하는가다. 한 예로, 유치원 교사 페어베언은 아이들에게 선행을 장려했다. 무언가를 어려워하는 친구를 도와주거나 물건을 제자리에 두거나 아이들이 선행을 할 때마다 교사는 스티커를 주었다. 일부 학교나 단체에서는 시민의식을 증진하기 위해 포인트나 토큰을 제공하기도 한다. 이것이 과연 좋은 방법일까?

연구에 따르면 정답은 "아니오"다. 한 연구에서는[26] 남을 돕는 행동에 대해 아이들에게 보상을 제공하거나 제공하지 않았는데, 보상을 받은 아이들은 그 이후에도 남을 계속 도와줄 가능성이 낮았다. 게다가 보상은 자연스럽고 긍정적인 행동을 보상을 받기 위한 행동으로 바꿀 수 있다. 또 다른 연구에 따르면 굳이 보상은 필요하지 않은 것으로 밝혀졌다. 다른 사람들을 돕고 사회에 기여하는 것이 그 자체로 보상으로 작용해 그런 활동에 참여할수록 웰빙이 개선되었던 것이다.[27] 그래야만 하기 때문이나 보상을 얻기 위해서가 아니라 마음에서 우러나와

도울 때가 특히 그랬다.[28] 따라서 보상을 제공하는 것이 도움과 돌봄 행동을 유도하는 좋은 방법이라고 가정하면 안 된다. 참고로 페어베언 선생의 유치원 교실에서는 스티커 덕분에 남을 도와주는 행동이 증가했지만 이후 아이들은 자신의 행동이 교사의 눈에 띄었는지 확인하거나 심지어 교사를 데려와 행동을 보여주려고 하기 시작했다. 아이들에게 장려할 만한 행동은 아니다(어른에게도!).

결론은 이러하다. 보상, 강제, 압력은 단기적으로 효과가 있다. 하지만 장기적으로나 그 자체로 중요하고 내재적 가치가 있는 일에는 역효과를 초래한다.

보상 대신 무엇으로 끈기를 강화할까?

그렇다면 보상 대신 어떤 방법을 써야 할까? 자기결정이론에 따르면 확인되고 통합된 동기 쪽으로 나아가려면 개인의 자율성을 지원해주어야 한다. 자율성 지원은 다양한 방식으로 나타날 수 있다. 자세히 살펴보기 전에 우선 자율성 지원에 해당하지 않는 것이 무엇인지부터 알아보자. 자율성 지원은 그냥 손 놓고 있거나 개인이 원하는 대로 하도록 내버려두는 것이 아니다. 개인의 자율성을 지원한다는 것은 그들의 감정이 능동적이고 자의적임을 지지하는 적극적인 과정이다. 시간과 생각이 필요한 일이기도 하다. 예를 들어 아이의 능동적인 행동을 지원하는 것보다 신발 끈을 그냥 대신 묶어주거나 소리 지르는 것이 훨씬 간단한 것처럼 말이다.

부모, 교사, 의사, 코치 등 다양한 역할을 맡은 개인을 대상으로 진행된 수많은 연구에서 자율성 지원이 꼭 해야만 하기 때문이 아니라 중요성을 알기 때문에 스스로 행동하게 해주는 효과가 있다고 밝혀졌다.

이것을 자율적 동기라고 한다. 예를 들어 부모가 자율적 동기를 제공할수록 자녀는 학교 공부에 자율적 동기를 부여받으며 성공과 실패를 잘 통제할 수 있다고 느끼고 성적이 올라간다.[29] 부모의 자율성 지원이 가져오는 긍정적인 효과는 러시아[30], 중국[31], 가나[32] 등 전 세계의 다양한 문화권에서 발견된다. 또한 발달 지연과[33] 주의력 결핍·과잉 행동[34] 아동을 비롯해 다양한 인구층이 포함된다. 교사의 자율성 지원은 아동의 높은 내재적 동기와[35] 더 나은 학교 성적과[36] 관련 있다. 코치의 자율성 지원은 운동선수의 욕구 충족과 자존감은[37] 물론이고 자율적 동기와 성과를[38] 예측하는 요인이다.

자율성 지원이 보상의 훌륭한 대안이라는 것을 알아도 그 지식을 행동으로 옮기는 방법을 정확히 모를 수 있다. 자율성 지원의 주요 구성요소는 다음과 같다.

자율성을 지원하는 첫 번째 단계는 개인의 관점이나 시각을 이해하려는 노력이다. 예를 들어 부모는 자녀가 오전 7시 30분에 스쿨버스를 타기 위해 6시 30분에 일어나기를 원한다고 해보자. 아이가 생각하기에는 말도 안 되는 일이다. 준비하는 데 15분밖에 걸리지 않으니 7시 15분에 일어나도 된다는 것이 아이의 생각이다. 물론 이것은 부모가 보기에도 말도 안 되는 소리다. 아침도 먹어야 하고 애완견도 산책시켜야 하기 때문이다. 하지만 동의하지 않더라도 이것이 아이의 신념이고 아이는 부모의 모든 말과 행동을 자신의 관점에서 해석한다는 것을 알아야 한다. 따라서 상대방의 머릿속으로 들어가 그들의 관점을 이해하려고 노력하는 것이 자율성 지원의 첫 번째 단계다.

개인의 관점과 감정에 대한 이해를 제공하면 상대는 친밀함을 느끼고 이해받는다고 느낀다. 사람은 이해받는다고 느끼면 상대방의 요구에 좀 더 마음을 열고 귀 기울인다.

　예를 들어 켄드라의 남편은 지나치게 말수가 적은 편이다. 퇴근 후 그는 맡은 집안일을 하면서 역시 온종일 일하고 돌아온 아내에게 "저녁 준비해"라고 말한다. 이에 대해 켄드라는 "물론 일방적으로 명령하는 게 아니라는 건 알아요. 자기도 할 일을 다하면서 말하는 거니까. 그래도 꼭 명령하는 것처럼 느껴져요"라고 한다. 켄드라의 남편이 이렇게 말한다면 어떨까? "하루 종일 일하느라고 힘들었지? 피곤하겠지만 내가 빨래하는 동안 당신이 저녁 준비를 해줬으면 좋겠는데." 달라진 게 무엇일까? 요구 자체는 똑같지만 켄드라의 기분이 달라진다. "이해받는 기분이 들어서 즐겁게 샐러드를 만들기 시작할 것 같아요!"

　육아서는 자녀에게 선택권을 제공해야 한다고 강조한다. 하지만 그것이 왜 중요한지는 알려주지 않는 경우가 많다. 사람은 선택권이 주어질수록 스스로가 동기의 시작점이라고 느낀다.[39] 그 기분이 자율성과 통제감을 높여준다. 이때 중요한 것은 선택권이 합리적이어야 한다는 것이다. 극도로 바람직하지 않은 두 가지 처벌 사이에서 하나를 선택하게 만든다면 전혀 도움이 되지 않는다. 대단한 선택권을 제공할 필요도 없다. 아이들이 어떤 집안일을 먼저 할지 직접 고르게 하거나, 유연 근무제를 시행하는 직장에서 직원들이 출근일을 직접 정하게 하는 것도 선택권에 해당한다.

　즐거움을 주지 않는 일이라면 그 일을 해야 하는 중요한 이유를 제시하는 것이 필수적이다. 예를 들어 앞에서 소개한 데시의 연구에서[40] 참가자들은 지루한 작업을 수행해야 하는 이유를 제공받았을 때 실험이 끝난 후에도 작업을 지속할 가능성이 컸다. 이유가 있어야만 스스로 나서서 한다. 하지만 선택권과 마찬가지로, 이유는 모든 사람에게 동일하지 않다. 개인의 목표나 가치관과 관련된 이유여야 한다. 예를 들어 부모가 깔끔한 것을 원하니 방을 청소하라는 것은 자녀의 목표와 관련된 중요한 이유가 되지 못한다. 하지만 방이 깨끗해지면 비디오 게임을 더 쉽게 찾고 더 많이 할 수 있다는 말은 자녀에게 중요한 이유가 될 수 있다.

이유는 압력이나 회유로 전달되어서는 안 된다. 앞에서 언급한 데시의 연구에 따르면, 통제적이지 않은 언어를 사용하고 활동이 재미있지 않을 수 있다는 사실을 인정하는(공감) 방식으로 이유를 제공할 경우 참가자들은 실험이 끝난 후에도 활동을 지속할 가능성이 높았다.

또 다른 연구에서도 마찬가지였다. 참가자들은 비교적 지루한 방식으로 제공되는 중국어 회화 수업을 들었다.[41] 수업을 열심히 들어야 하는 이유가 각기 다른 그룹에 제공되었고 이유가 아예 제공되지 않은 그룹도 있었다. 첫 번째 이유는 향후 수업에서 활용할 수 있다는 것으로 수업 내용이 지루할 수도 있다는 공감도 함께 제공되었다. 두 번째 이유는 시험을 볼 것이기 때문으로 이것은 통제적인 언어로 전달되었다. 세 번째 이유는 "해야만" 하는 것이었다. 결과적으로 첫 번째인 자율성을 지원하는 이유를 제공받은 참가자들은 수업의 중요성을 인식하고 자율적으로 수업을 들었으며 더 많은 노력을 기울였다.

즉, 상대적으로 흥미롭지 않은 활동일 때 그것을 수행해야 하는 이유를 만들어주는 것이 동기 촉진의 핵심이다. 단, 이유는 개인적인 연관성이 있어야 하며 통제적이거나 지시적인 언어가 아닌 공감적 언어로 제공되어야 한다.

문제를 해결해주려고 하는 대신 상대를 문제 해결에 개입시켜서 최선의 방법을 함께 찾는 것도 필요하다. 이를테면 아이에게 지각하지 않기 위해 10분 일찍 일어나라고 말하는 대신 이렇게 물어봐야 한다. "스쿨버스를 제시간에 탈 수 있는 방법이 뭘까?" 의사라면 환자에게 "약을 잊어버리지 않고 잘 챙겨 먹을 방법이 뭐가 있을까요?"라고 물을 수 있다. 아이디어를 물어보고 가능한 해결책을 함께 짚어보면 그들이 자신의 행동을 주체적으로 받아들이고 문제 해결에 적극적으로 나서도록 도와줄 수 있다. 또한 함께 문제를 해결하면 관계성의 욕구도 충족되고 마음을 열고 타인의 제안을 내면화하여 행동으로 옮기게 된다.

자의적으로 하는 행동은 성공에 무엇이 필요한지 질문하거나 압박이 느껴지지 않도록 격려함으로써 지원해줄 수 있다. 우리는 미디어에서 본 대로 엘리트 운동선수의 부모가 자녀를 지나치게 밀어붙이거나 압박할 것이라고 생각하지만, 전직 올림픽 선수들의 인터뷰에 따르면 현실은 전혀 다르다.[42] 오히려 그 부모들은 매우 지지적이다. 앞에서 잡아끄는 것이 아니라 뒤에서 지켜보며 자녀가 요청하면 필요한 도움을 제공한다. 이것을 현실에 적용하면 아이가 공룡에 관심을 보인다면 도서관에 데려가 공룡에 관한 책을 같이 찾아보면 된다. 회의에서 새로운 팀원에게 아이디어에 대해 말할 시간을 주고, 초보 야구 선수에게 지역 프로팀의 경기를 보여줄 수도 있다. 실제로 부모와 교사, 의사, 직장 상사의 자율성을 높이기 위해 설계된 개입은 높은 성공률을 보였다.

자율성 지원은 자신의 행동에 대한 선택권을 느낌으로써 보다 자율적인 동기에 가까워지도록 도와준다. 하지만 언급한 것처럼 유능감 또한 중요한 욕구다. 성공하는 방법을 모르거나 성공할 수 있다고 느끼지 않는 사람이라면 선택권 또한 느껴지지 못할 것이다. 따라서 구조를 제공해 유능감을 지원해야 한다. 여기에서 구조란 유능감을 느끼기 위해 필요한 정보를 말한다. 앞으로 나아가는 방법에 대한 명확한 지침과 기대, 진행 상태에 대한 피드백이 포함된다.

자율성과 유능감 지원은 동기부여에 매우 중요하다. 다만 충족되어야 할 욕구가 하나 더 있으니 바로 관계성의 욕구다. 관계성은 다른 사람들과 연결되어 있다는 느낌을 말한다. 다르게 표현하자면 소속감의 욕구라고 할 수 있다.[43] 관계성의 욕구가 충족되지 않으면 다른 사람들과 단절된 것처럼 느껴진다. 그들이 나를 지원하지 않거나 신경 쓰지 않는다고 느껴지면 안녕감에 타격이 생긴다.[44] 개인이 어떤 행동의 가치와 중요성을 수용하는 이유는 그 가치관을 지닌 사람들과 맺는 관계 때문이기도 하다.

이를테면 아이는 부모의 가치관을 받아들임으로써 부모와 연결되어 있다고 느끼고 관계성의 욕구가 충족된다. 교사, 코치 심지어 상사도 마찬가지일 수 있다. 따라서 개인이 가치를 인정받고 배려를 받을 수 있는 환경을 조성해주는 것이 필수적이다. 이는 타인에게 자원을 제공하는 것이며[45] 시간과 관심, 필요한 책과 장비 같은 유형 자원을 제공하는 것을 의미한다. 물론 따뜻함과 애정도 포함된다.

부모, 교사, 상사, 코치를 참여적이고 배려심 많은 사람으로 인식할수록 개인의 행복과 동기가 커진다는 증거는 넘쳐난다. 우리는 권위를 가진 사람들뿐만 아니라 또래 집단과 직장 동료들에게도 가치를 존중받는다고 느껴야 한다. 이는 타인의 동기에만 중요한 것이 아니라 자신의 동기에도 마찬가지다. 장기적인 효과를 위해서 타인과의 연결이 필수적이다. 친구와 함께 운동하고, 어려운 결정을 내리기 전에 가까운 사람에게 조언을 얻고, 도전 과제를 앞둔 사람들에게 지지를 제공하자.

자율보다 통제가 필요한 사람도 있을까?

나(웬디)는 부모나 교사를 대상으로 자율성 워크숍을 개최할 때마다 "하지만 통제가 필요한 사람도 있지 않은가요?"라는 질문을 종종 받는다. 어떤 활동에 대한 동기와 개인에게 가장 적합한 동기 요인은 일치한다는 생각을 지니고 있는 것이다. 그러니까 이런 식이다. 동기부여가 되지 않거나 어쩔 수 없이 하는 일이라면 보상을 비롯한 조건 전략이 가장 효과적이며, 자율적으로 동기가 부여되는 활동이라면 선택권을 제공하고 의견을 낼 수 있게 하는 방법을 써야 한다는 것이다. 이 생각은 특히 교사들에게 널리 퍼져 있다.

벨기에 겐트 대학교Ghent University의 운동 스포츠 과학과 소속 연구자 드 마이어De Meyer가 95개의 체육 수업을 듣는 학생들을 대상으로 참여 이유를 조사한 연구를 살펴보자.[46] 학생들은 의무적으로(외적 동기), 체육이 좋거나 활동성이 중요하기 때문에(확인된 동기 또는 내재적 동기) 등의 답변을 했는데, 연구진은 답변을 들은 뒤 학생들에게 체육 교사가 학생에게 공중제비를 가르치는 동영상을 보여주었다. 동영상에서 교사는 통제적 스타일과 자율성을 지원하는 스타일 중 하나를 이용해서 학생을 가르쳤다. 그 후 연구진은 학생들에게 동영상 속 각각의 교사에게 배우면 어떤 기분이 들지, 얼마나 적극적으로 참여할지를 물었다. 그 결과 자율적 동기가 낮은 학생과 높은 학생 모두 자율성을 지원하는 방식을 사용하는 교사에게 느끼는 만족감과 참여도가 크게 나타났다. 그리고 실제로는 동기가 약하거나 외적인 동기가 강한 학생들에게 자율성을 지원하는 교사는 더 중요했다.

자율성 지원은 사람들의 최초 동기가 무엇이든 상관없이 최적의 전략인 것처럼 보인다. 그렇다면 왜 우리는 통제가 필요한 사람도 있다고 생각하는 것일까? 그것은 우리가 통제를 구조와 자주 혼동하기 때문일 가능성이 크다. 구조는 사람들의 유능감을 촉진하는 환경을 설정하는 것이다. 사람들이 성공 방법을 분명히 알도록 도와주는 기대, 규칙, 지침 같은 것이 포함된다. 동기가 부족한 사람은 구조가 필요할 수도 있다. 성공 방법에 대한 지침과 명확한 기대치가 필요할 수도 있다. 하지만 그렇다고 통제가 필요하다는 의미는 아니다.

이 차이를 이해하기 위해서는 8장에서 다루는 구조를 읽어보면 된다. 어떻게 하면 구조를 이용해 유능감과 자율성을 모두 촉진할 수 있는지 설명할 것이다. 그리고 3장에서는 피드백의 중요성도 알아본다. 자신감이 없는 사람에게 강압적이거나 비난하는 것처럼 보이지 않도록 피드백하는 방법을 알려준다. 이러한 지식으로 무장하면 누군가의 자율적 동기가 커지게 할 수 있을 것이다.

정리하면 과학은 보상이 행동의 가치를 수용하고 내재적 동기를 얻는 쪽으로 나아가는 것을 방해한다는 사실을 알려준다. 그렇다면 보상이나 압력은 절대로 사용하면 안 되는 것일까? 보상이 효과적일 때도 있다. 반복이나 내면화가 전혀 중요하지 않은 행동이라면 보상이 효과적일 수 있다. 그리고 동기가 아예 없는 경우도 보상을 이용해 시작을 유도할 수 있을 것이다. 예를 들어 어떤 운동 수업을 등록하면 다른 수업이 무료인 경우가 있다. 그리고 예상치 못한 보상이라면 부정적인 영향을 미치지 않을 수 있다. 하지만 보상 기반의 동기부여는 장기적으로 최적의 전략이 아니라는 점을 명심해야 한다. 특히 중요한 활동일수록 한시라도 빨리 보상 전략을 그만두어야 한다.

이는 자신에게 주는 보상도 마찬가지다. 물론 옷장 정리나 지루한 매뉴얼 절반 읽기 같은 힘든 과제를 끝내기 위해 자신에게 아이스크림 같은 보상을 주고 싶을 수도 있다. 하지만 보상 전략에 의존하면 과제의 가치가 사라져서 보상 없이는 수행하기가 더 어려워진다. 차라리 과제 자체에서 가치를 찾거나 재미 요소를 추가하는 것이 낫다.

보상은 동기를 부여하는 매우 효과적인 방법처럼 보이지만 엄청나게 많은 역효과가 일어날 수 있다. 특히 재미있거나 흥미로운 일에 보상을 주면 개인의 경험 자체가 바뀌어버려서 내재적 동기가 약해진다. 또한 보상은 가치와 중요성이 행동의 이유가 되는 것을 막는다. 보상에 얽매이면 보상이 중단될 때 행동도 멈춘다. 보상 대신 선택권 제공, 공동의 문제 해결, 개인의 목표와 관련된 이유 제공 같은 개인의 시작 행동을 지원하고 열정 추구에 필요한 자원을 제공해야 한다.

1. 이해하고 공감하라

과제에 대한 동기가 느껴지지 않는다면 하기 싫은 이유가 무엇인지 생각해보자. 토요일에 일을 하거나 차고를 청소하고 싶지 않은 이유는 충분히 이해할 수 있다. 너무 자책하지 말고 자신에게 친절한 태도를 보여라.

타인에게 어떤 행동을 요청할 때는 그들의 관점을 이해하려고 노력하라. 터무니없게 느껴질 수도 있지만 이해받는 기분을 느끼면 상대가 좀 더 협조적으로 나올 것이다. 공감 어린 표현을 통해 이해를 전달하라. 예를 들어 자녀에게 비디오 게임을 그만하고 밥 먹으러 오라고 할 때 "게임이 재미있어서 멈추기가 어렵겠지만 저녁 준비가 다 되었고 모두들 기다리고 있어"라고 말하라. 직원에게 주말 출근을 요청할 때도 공감을 보여주면 효과적이다. "한 주 동안 힘들었지. 주말에 출근한다는 생각만으로 기운이 빠지겠지만 나와주면 정말로 고맙겠어."

2. 의미 있는 이유를 제공하라

정말로 하기 싫은 일이라면 자신의 목표 및 가치관과 관련된 의미를 찾으려고 노력하라. 집 앞에 쌓인 눈을 치우는 것은 힘들고 귀찮은 일이지만 가족의 안전에 집중한다면 적어도 중요한 일처럼 느껴질 것이다. 행동의 중요성을 지각하면 인내심을 지니고 과제를 수행할 수 있게 된다.

다른 사람에게 어떤 행동을 요청할 때는 이유를 전달해야 한다. 내가 아니라 그들의 목표와 관련 있는 이유여야 한다. 예를 들어 코치는 팀원들에게 추가 훈련을 요구할 때 다가올 시즌의 주전 선수 명단에 들기 위해서라는 이유를 제시할 수 있다. 자신의 목표와 연관 있는 일임을 깨달으면 좀 더 자율적으로 과제를 수행할 가능성이 커진다.

3. 선택권을 제공하라

의무적으로 완수해야만 하는 과제라도 보통은 언제, 어떻게, 어디에서를 선택할 수 있다. 다락방을 언제 청소할지, 학부모회에서 어떤 역할을 맡을지, 어디로 휴가를 갈지 자신의 선호도를 고려하라. 선택의 여지가 있다고 생각될수록 참여하기가 쉬워진다.

타인에게도 마찬가지다. 필수적으로 해야만 하는 일일지라도 그 안에서 선택권을 찾아 제공하라. 이를테면 아이가 어떤 집안일을 도울지, 그 일을 어느 요일에 할지 직접 선택하게 하라. 합리적이고 상대에게 만족감을 주는 선택권인지 꼭 확인하자. 예를 들어 "사무실을 청소하지 않으면 해고야! 선택해!" 같은 식이라면 곤란하다.

4. 함께 문제를 해결하라

동기부여가 되지 않는 이유를 짚어보라. 동기부여를 최대화할 수 있는 환경을 만드는 방법에 대해 다른 사람들의 도움을 받아라. 예를 들어 대학 지원서 작성에 진전이 없다면 친구와 함께 논의할 수 있다. 동기부여의 어려움을 해결이 필요한 문제로 보고 사람들의 도움을 구하는 것이다. 또한 자녀가 합의한 시간에 잠자리에 들지 않아서 문제라면 아이와 해결 방법에 관해 이야기해볼 수 있다. "네가 하고 싶은 일을 전부 다하고 제시간에 잘 수 있는 방법은 뭐가 있을까?"라고 물을 수 있다. 자녀가 낸 아이디어의 장단점을 함께 짚어보자. 직접 문제 해결에 참여시켜 해결책을 제시하게 하면 행동을 완수할 확률도 커진다.

5. 보상은 일회성 활동에 가끔 사용하라

가끔은 추진력을 얻기 위해 자신을 밀어붙여야 할 때가 있다. 특히 과제 완료 시 보상을 약속하면 추진력이 생길 수 있다. 예를 들어 과제를 다 끝내면 아이스크림을 사 먹으러 가기로 하는 것처럼 말이다. 하지만 보상에 너무 의존하면 보상 없이 과제를 수행하기가 점점 더 힘들어진다. 보상으로 자신을 억지로 밀어붙여야만 해낼 수 있는 힘든 일이라는 인식이 자리 잡히기 때문이다.

만약 상대가 의욕이 전혀 없고 다른 방법(공감과 선택권, 이유 제공)도 전부 효과가 없다면 보상을 제공하는 방법을 고려해볼 수 있다. 예를 들어 추가 업무를 맡은 직원에게 하루 휴가를 제공하는 식이다. 자녀가 저녁 먹기 전에 숙제를 끝내면 1시간 더 놀 수 있게 해줄 수도 있다. 하지만 보상에 너무 의존하지 않도록 주의가 필요하다. 너무 자주 보상을 제공하면 별로 가치 없는 행동이라는 인식이 생겨서 으레 보상을 기대하며 보상이 없으면 수행하지 않으려 할 것이다. 다만 시작 시점에서 보상을 이용해 약간의 강제성을 부과하면 과제가 그리 어렵거나 부담스럽지 않으며 성공적으로 해낼 수 있다는 것을 깨닫게 해줄 수는 있다.

동기부여 처방

글렌이 어째서 자녀들에게 보상을 제공하는 방법에 의존했는지 이해할 수 있다. 하지만 많은 시간과 노력이 필요하더라도 아이들의 학업 성취가 미비한 이유를 알려고 노력하는 것이 더 나은 전략이다. 제니퍼가 수업 시간에 친구들과 떠드는 이유가 무엇인지, 러셀의 숙제를 방해하는 것은 무엇인지 알면 그 정보를 이용해 장기적인 성공으로 나아갈 수 있다. 아이들의 상황에 공감하고 함께 문제를 해결하고 그 일을 해야 하는 의미 있는 이유를 제시하면 장기적인 동기부여에 효과적이고 아이들의 학습에 대한 사랑도 키워줄 수 있다. 물론 아이들과의 관계도 더 좋아질 것이다.

 ## 동기부여 프로젝트

보상 대신 사용할 전략	자신을 위한	타인을 위한
이해하고 공감하기	과제가 힘들게 느껴지는 이유 찾기	하기 싫은 이유와 동기부여가 되지 않는 이유를 이해하고 있음을 표현
의미 있는 이유 제공	과제가 나의 목표에 중요하다는 사실에 초점	상대의 목표와 관련 있는 이유 제공
선택권 제공	다른 방식에 대한 선택지 제공	"언제 어떻게"에 대한 선택지 제공
함께 문제 해결	강압적이지 않게 과제를 수행할 아이디어 찾기	• 문제 해결에 참여시키기 • 새로운 관점과 견해 수용
보상은 일회성 활동에 가끔씩	힘든 일에만 건강한 보상 제공 (산책, 간식, 친구와 전화 통화)	중요하지 않은 일회성 과제에 건강한 보상 제공

실전 적용

내가 동기부여를 받고 싶은 일:

....

....

내가 시도할 전략:

....

....

내가 다른 사람에게 동기를 부여하고 싶은 영역:

....

....

도움을 주기 위해 시도할 전략:

....

3장

성과를 내려면
경쟁이 답이라는 통념

케리는 괴롭다. 그는 얼마 전 일 년에 한 번씩 하는 정기 건강 검진을 받았는데 예상치 못한 결과가 나왔다. 의사는 그에게 당뇨 전단계이니 가장 좋아하는 음식을 끊고 운동한 뒤 3개월 후에 다시 검사를 받으러 오라고 했다. 사실 케리는 고등학교 시절 운동선수로 활약하면서 일주일에 3~4번 몇 킬로미터씩 달렸었다. 그때를 떠올리면 못할 것도 없다는 생각이 든다. 그는 달리기를 자주 하는 동생에게 앞으로 한 달 동안 일주일에 두 번 이상 3킬로미터씩 뛰자고 도전장을 내민다. 규칙적으로 운동하지 않은 지 몇 년이나 되었지만 케리는 동생과의 경쟁이 단번에 운동 루틴이 잡히도록 해줄 거란 생각에 바로 다음 날부터 퇴근 후 달리기를 하기로 한다. 하지만 다음 날 그는 1.5킬로미터밖에 달리지 않았는데 힘이 다 빠져버려서 포기하고 집으로 돌아왔다. 그동안 달리기를 꾸준히 해온 동생은 그날 5킬로미터를 달렸다. 2주라는 시간 동안 케리는 계속해서 목표에 미치지 못하는 거리를 달렸고 결국 달리기를 그만두고 다른 운동을 시도하기로 했다.

활기를 불어넣어줄 것처럼 보이는 선의의 경쟁이 케리에게는 왜 역효과를 일으켰을까?

신화 **경쟁은 항상 동기를 부여한다**

:

어떤 상황이나 맥락에 경쟁을 도입하면 필연적으로 동기가 커진다는 것이 사람들의 일반적인 믿음이다. 미국 성인 495명을 대상으로 한 필자들의 설문조사에서도 참가자의 4분의 3이 경쟁이 동기를 강화한다는 것에 어느 정도 동의하거나 강하게 동의하는 것으로 나타났다.[1] 또한 41.6퍼센트는 경쟁이 과제에 대한 집중력을 도와준다는 것에 어느 정도 동의하거나 강하게 동의했다. 경쟁에 대한 이러한 믿음은 〈도전! FAT 제로〉*를 비롯한 서바이벌 TV프로와 실제 대회들의 기본적인 전제를 이룬다. 하지만 일부 유형의 경쟁이 어떤 사람들에게는 동기를 높여주는 효과가 있을 수 있지만 그 효과가 지속되지는 않으며 오히려 의욕을 꺾는 결과를 가져오기도 한다.

연구에 따르면 경쟁은 파괴적인 영향을 미칠 수도 있다. 구체적으로, 다른 것은 전부 제쳐두고 오로지 승리에만 집중하게 만드는 경쟁은—즉 초점이 파괴적인 경쟁— 내재적 동기를 감소시킨다. 한 연구에서 대학생들은 상대보다 빠르게 퍼즐을 맞추라는 지시를 받았다.[2] 연구진은 절반의 학생들에게는 "중요한 것은 이기는 것뿐"이라고 했고 나머지 절반에는 "최선을 다하라"고 했다. 그 결과, 승리에 초점을 맞춘 이들은 실험이 끝난 후에 퍼즐 맞추기를 계속할 가능성이 낮았다. 경쟁이 끼어든 후 퍼즐 맞추기는 즐거움을 위한 활동이 아니라 어떤 목적을 위한 수단이 되어버렸다.

---

* 2004년부터 미국에서 방송되고 있는 다이어트 서바이벌 프로그램. 현재 시즌18까지 진행되었다.

경쟁은 내재적 동기를 저하할 뿐만 아니라 비윤리적인 행동부터 범죄에 이르기까지 이기기 위해서 온갖 다양한 수단을 동원하게 만들기도 한다. 1991년과 1994년에 전미 선수권 대회에서 우승한 피겨 스케이팅 선수 토냐 하딩Tonya Harding을 생각해보자. 그녀는 세계에서 두 번째로 트리플 악셀을 성공시킨 뛰어난 선수였다. 그런데 1994년 1월, 토냐 하딩은 라이벌이자 팀 동료인 낸시 케리건Nancy Kerrigan 선수가 괴한에 습격당한 사건에 연루되었다. 그 일로 인해 케리건은 미국 선수권 대회를 포기해야만 했고 하딩은 1위를 차지했다. 참고로 케리건은 그 사건 후 1994년 동계올림픽에서 은메달을 목에 걸었고 하딩은 8위에 그쳤다. 그리고 1994년 6월 미국 피겨 스케이팅 연맹은 하딩의 타이틀을 박탈하고 연맹에서 영구 제명했다.

경쟁은 우정을 해치고 연대감을 약화시키는 것 외에도, 직장 동료들 간의 신뢰와 팀워크를 훼손한다. 또한 자신을 타인과, 특히 그 분야에서 뛰어난 사람과 비교함으로써 "해봤자 뭐해?"라는 태도로 이어지게 해서 동기를 떨어뜨리기도 한다. 여기서는 경쟁이 동기부여에 미치는 영향을 과학적으로 살펴보고 경쟁이 언제 유용하고 언제 해로운지에 대한 세밀한 시각을 제공할 것이다.[3]

경쟁의 보편성이 주는 오해

경쟁이 언제나 동기를 높인다는 신화가 널리 퍼진 데는 몇 가지 이유가 있다. 첫째, 현대 사회에서 경쟁은 보편화되어 있다. 실제로 인류 역사에서 경쟁은 지금까지도 그랬고 앞으로도 가장 일반적인 형태의 사회적 상호 작용 중 하나일 것이다.[4] 경쟁하면 스포츠의 맥락—올림픽, 윔블던, 월드 시리즈 등—을 떠올리기 쉽지만, 사실 경쟁은 삶의 거의 모든 측면에 퍼져 있다. 초·중·고등학교에는 과학 박람회와 수학 올림피아드, 지리 및 철자 대회가 있고 고등학교 졸업반은 성적을 기준으로 졸업생 대표부터 꼴찌까지 등수가 매겨진다. 또 고등학생들은 원하는 대학교에 들어가기 위해 경쟁하고 대학원생들은 학위 논문과 박사 후 연구원을 두고 경쟁하고 과학자들은 연구 보조금을 받기 위해 경쟁한다. 취업 준비생들은 대기업에 들어가기 위해 경쟁하고 기업들은 시장 점유율을 더 많이 차지하기 위해 경쟁한다. 경쟁 대회는 해마다 정해진 시기에 열리기도 한다. 보스턴 마라톤, 3월의 광란March Madness(미국 대학 농구 토너먼트-옮긴이), 미스 유니버스 대회, 아카데미 시상식, 퓰리처상 발표, EGOT(에미상, 그래미상, 아카데미상, 토니상) 등이 그렇다. 또한 경쟁은 수십 년 동안 방송 산업의 필수 요소였다(미국의 장수 퀴즈쇼 〈제퍼디!Jeopardy!〉부터 〈아메리칸 아이돌〉, 〈빅 브라더〉, 〈서바이버〉, 〈탑 셰프〉, 〈어메이징 레이스〉, 〈루폴의 드래그 레이스〉, 〈더 보이스〉까지 폭발적인 증가세를 보였다).

둘째, 성공은 경쟁심과 연결될 때가 많다. 세계적으로 유명한 스포츠 선수인 로저 클레멘스(45위), 타이거 우즈(40위), 모니카 셀레스(37위), 코비 브라이언트(22위), 랜스 암스트롱(16위), 존 매켄로(6위), 마이클 조던(2위), 무하마드 알리(1위)는 모두 2011년 기준, 스포츠 역사상 가장 치열한 경쟁자 50인 목록에 포함된다.[5] 역대 최고의 테니스 선수라고 평가받는 세레나 윌리엄스Serena Williams를 생각해보자. 스포츠 기자 맨프레드Manfred에 따르면[6] 윌리엄스의 욱하는 성질은 "지독한 경쟁심의 부산물이다. 승리에 대한 만족할 줄 모르는 열망이 없었더라면 불과 31세의 나이에 세계 정상의 테니스 선수가 될 수 없을 것이다." 기술 분야에서 보자면, 스티브 잡스Steve Jobs는 경쟁사들이 만든 핸드폰의 기능을 그보다 "우월한 아이폰"과 비교함으로써 경쟁사들이 만든 제품을 비유적으로 "악마화"하고 "체계적으로 파괴"했다고 전해진다.[7] 요컨대 경쟁심은 뛰어난 기량과 우수한 결과, 전반적인 성공을 가져오는 동기 요인으로 여겨진다. 하지만 이 책에서 내내 확인할 수 있듯 신화를 자세히 들여다보면 겉보기보다 미묘하고 복잡하다는 것을 알게 된다.

경쟁이 동기부여에 미치는 영향이 항상 긍정적이라고 가정하고 그 가정에 따라 행동하면 오히려 목표 달성의 동기가 약해질 위험이 있다. 경쟁에는 여러 유형이 있고 경쟁에 대한 태도 또한 다양할 수 있으며 그중 일부는 동기를 높이기보다는 떨어뜨릴 가능성이 더 높다. 따라서 경쟁과 경쟁심이란 무엇이고 어떻게 작동하며, 실제로 어떤 상황에서 경쟁이 동기를 높이는지를 이해하는 것이 중요하다. 또한 모든 동기가 똑같지는 않으므로 경쟁이 어떤 유형의 동기(예: 내재적 vs 외재적)를 강화해주는지도 알아야 한다.

(과학) 때론 경쟁이 오히려 동기를 약화시킨다

경쟁이 동기부여에 미치는 잠재적 영향에 대해 파악하려면 우선 경쟁이라는 개념을 먼저 이해할 필요가 있다. 경쟁은 개인 또는 집단이 서로 겨루어 나온 성과를 기반으로, 개인이나 집단이 다른 개인이나 집단보다 낫다고 판명되는 것을 말한다. 두 개인 또는 두 팀이 맞붙어 승자가 다음 라운드로 올라가거나, 오직 한 기업에만 돌아가는 수익성 높은 계약을 두고 여러 기업이 경쟁하는 것을 생각해보라. 이 장에서는 바로 그런 종류의 경쟁을 다룬다. 특히 경쟁자들이 서로 경쟁하고 있다는 사실을 알고 겨루는 직접 경쟁에 초점을 맞춘다.

협력이 경쟁을 이긴다

베터 라이프 재단Foundation for a Better Life의 스페셜 올림픽 TV 광고를 보자. 경주를 벌이는 젊은 선수들 가운데 7번 유니폼을 입은 청년이 쓰러진다. 젊은 여성(8번)이 멈추어 그를 일으켜 세운다. 모든 주자가 멈추고 서로 팔짱을 끼고 함께 결승선까지 간다. "진정한 승리—함께 나누세요"라는 문구와 함께 광고는 끝난다. 이 광고는 경쟁이 협력과 반대되는 의미로 개념화되었음을 보여준다.[8]

협력과 경쟁은 서로 정반대에 있으며 완전히 다르며 똑같은 목표를 배타적으로 달성하게 해준다고 여겨졌다. 경쟁은 한 명 또는 소수의 개인이 목표를 달성할 수 있게 해주고, 협력은 모두 또는 대부분이 목표에 도달할 수 있도록 해준다는 점에서 그렇다.

그렇다면 협력과 경쟁의 결과는 어떻게 다를까? 협력과 경쟁을 비교한 초기 연구에서는 학생들을 두 명씩 짝지어 경쟁적인 상황이나 협력적인 상황에 배정했다.[9] 두 조건의 그룹은 모두 몇 주 동안 해결해야 할 일련의 문제를 받았다. 협력 그룹은 문제를 얼마나 효과적으로 처리하느냐에 따라 순위가 매겨질 것이고 최종적으로 가장 높은 순위를 차지한 그룹이 보상을 받는다는 말을 전달받았다. 반면 경쟁 그룹에 속한 학생들은 개별 순위가 매겨지고 최종적으로 가장 높은 순위를 기록한 개인이 보상을 받는다고 들었다.

연구 결과에 따르면 협력 조건의 학생들은 경쟁 조건의 학생들보다 행동을 잘 조율하고, 작업을 균등하게 분담하고, 효과적으로 소통하며 파트너의 아이디어에 더 개방적이고, 양적으로나 질적으로 더 뛰어난 생산성을 보였다. 즉, 목표를 달성하기 위해 협력하는 그룹이 목표를 달성하기 위해 경쟁하는 그룹보다 성과가 뛰어났다. 이 결과는 같은 분야의 여러 연구를 통해 거듭 확인되었다.[10]

나아가 일부 맥락에서 경쟁은 학습 목표가 아닌 성과를 촉진함으로써 부정적인 결과를 초래하는 것으로 밝혀졌다. 비교적 최근까지 경쟁이 목표에 미치는 영향을 살펴본 연구들은 대부분 서양의 실험실 환경에서 시행되었다. 그래서 홍콩대학교 교육심리학과 교수인 램Lam은 홍콩의 중등학교 학생들에게 타자 강좌를 듣게 해 경쟁의 효과에 대해 조사했다.[11] 학생들은 무작위로 경쟁 조건 또는 비경쟁 조건에 배정되었다. 경쟁 조건의 학생들은 강좌를 다 들으면 세 가지 테스트를 기준으로 다른 학생들과 비교한 성적 순위와 자신의 이름이 적힌 수료증을 받게 될 것이라고 들었다. 반면 비경쟁 조건의 학생들은 다 끝나면 수료증을 받게 될 것이라는 말만 전달받았다. 타자 강좌는 기본과 고급의 두 과정으로 구성되었고 각 과정이 끝난 후에 시험을 쳤다. 첫 번째 과정을 끝내고 치른 시험은 쉽게, 두 번째 과정을 끝내고 치른 시험은 실패를 유도하도록 어렵게 설계되었다.

두 번째 과정이 끝난 후 연구진은 학생들에게 마지막 시험을 준비하기 위한 모의시험을 치르게 했다. 이때 학생들은 시험 A 또는 시험 B 중 하나를 골라 최종 시험을 볼 수 있는 선택권이 있었다. 시험 A는 첫 번째 과정을 끝내고 본 시험과 비슷하게 학생들이 대부분의 질문에 답할 수 있어서 성과 목표를 지향했다. 반면 시험 B는 두 번째 과정을 끝내고 보았던 시험과 마찬가지로, 비록 질문에 답하는 데 어려움을 겪을 수는 있지만 더 많은 것을 배울 수 있다는 점에서 학습 목표 지향성

을 추구했다. [12]

두 그룹은 수업의 명확성, 학습 속도, 교사 효과성, 수업 규율에서 비슷한 평가를 받았고, 시험 A와 시험 B 이후 수업에서 느끼는 즐거움도 비슷한 수준으로 보고되었다. 그러나 경쟁 조건의 그룹은 비경쟁적 조건의 그룹보다 수업을 경쟁적으로 평가하는 경향을 보였다. 특히 눈여겨볼 점은 경쟁 조건에 놓인 학생들의 92퍼센트가 최종 시험으로 시험 A를 선택한 데 반해, 비경쟁 조건의 학생들은 44퍼센트에 불과했다는 점이다. 이처럼 경쟁은 비록 더 나은 학습 경험을 제공하더라도 도전을 받아들이려는 의지를 약화하는 결과를 가져왔다. 또한 경쟁 그룹의 학생들은 두 번째 과정이 끝나고 본 시험에 실패한 후 다른 그룹의 학생들보다 스스로 능력이 떨어진다고 평가하는 모습을 보였다. 이렇게 볼 때 경쟁 상황에서의 실패 경험은 비경쟁 상황에서의 실패보다 부정적인 결과로 이어질 확률이 높다.

직장 환경에서 이루어진 초기 연구에서 시카고 대학교 사회학 교수 블루Petter M.Blau는 공공 고용 기관의 면접관들로 이루어진 두 그룹을 비교했다. [13] 한 그룹은 구성원들끼리 공석의 인재를 채우는 것을 두고 경쟁을 벌였다. 다른 그룹은 구성원들끼리 서로 협력하며 일했다. 경쟁 그룹의 구성원들은 조직의 정책을 거스르고 채용 공고를 게시하지 않고 혼자만 알고 넘어갔다. 반면 협력 그룹의 구성원들은 채용이 필요한 공석에 대한 정보를 교환했다. 그 결과, 협력 그룹이 더 많은 인재를 채용하는 데 성공했다. 이는 조직의 성공을 나타내는 중요한 척도다.

또 다른 동기적 측면과 관련해서도 경쟁과 협력에 대한 연구가 이루어졌다. 국립대만과학기술 대학교 대학원 소속 연구자들인 린과 후Lin & Hou는 대학생들을 대상으로 증강 현실 교육 보드게임을 통해 경쟁적 상호작용과 협업적 상호작용을 연구했다.[14] 그 결과 두 그룹 모두 상당한 학습 개선 효과를 보였고, 실제로 경쟁 그룹이 협력 그룹보다 학습 효과가 높게 나타났다. 그러나 협업 그룹이 학습 동기의 모든 측면(예: 주의력, 자신감, 만족도)에서 개선을 보인 반면, 경쟁 그룹은 주의력과 만족도만 향상되었다. 문제 해결의 질과 관련해 협력과 경쟁을 비교한 다른 연구들을 검토했을 때도 협력 그룹이 경쟁 그룹보다 일관적으로 높은 성과를 보였다.[15]

즉 연구 결과들을 요약하자면, 경쟁과 협력을 서로 맞붙여놓고 비교했을 때 경쟁보다는 협력이 동기부여와 성과에 더 효과적이다. 이것은는 함께 노력하면 모두가 승자가 될 수 있다는 일반적인 믿음과도 일치한다. 그래서 '윈윈 조건'이라는 표현이 다양한 맥락에서 보편적으로 사용되는 것이다. 이를테면 박사 과정 학생들이 함께 일하도록 격려할 때는 성적이 상대평가가 아니고 작업을 완료하면 모든 사람이 학위를 받게 된다는 사실을 상기해주어야 한다. 역량과 우수성은 경쟁 없이 달성할 수 있으며, 경우에 따라서는 오히려 경쟁이 없을수록 성공률이 높아진다.

이기는 것에 집중할수록 동기는 떨어진다

경쟁이 과제나 활동의 일부분으로 포함되는 경우도 있다. 예를 들어 테니스는 네트를 사이에 두고 두 선수가 상대방에게 점수를 따내기 위해 고군분투한다. 이처럼 경쟁은 일부 구조에서 필수적인 요소이기도 한데, 과연 연구에서는 경쟁이 무조건 동기부여에 해롭다고만 증명되었을까? 사실 여기에는 미묘함이 있다. 고려해야 할 한 가지 변수는 경쟁이 주는 압박감의 크기다. 마감일이나 보상 등의 형태로 나타나는 압박감은 우리의 행동에 대한 경험 자체를 바꾼다. 선택의 여지가 있고 재미있는 행동에서 부담스럽고 강압적인 행동으로 변한다. 그렇다면 경쟁의 해로움을 좌우하는 하나의 변수가 승리에 대한 압박감이라고 볼 수 있을 것이다.

미국의 심리학자 존마셜 리브Johnmarshall Reeve와 에드워드 데시는 동기부여에 가장 해로운 것인지 경쟁인지, 승리에 대한 압박감인지 알아보기 위한 연구를 설계했다.[16] 그들은 대학생들을 두 명씩 짝짓고 3차원 나무 블록인 해피 큐브로 퍼즐을 맞춰서 다양한 배열을 만들라고 지시했다. 학생들은 자신과 짝이 된 다른 학생이 사실은 실험자라는 사실을 알지 못했다. 이때 비경쟁 조건의 그룹은 "각자 최선을 다하라"는 말을 들었다. 경쟁 조건에 배정된 학생들은 "상대방보다 퍼즐을 더 빨리 맞춰라"는 말을 들었다. 게다가 경쟁 조건에 배정된 일부 학생들에게는 승리에 대한 압박감을 추가시켰다. "퍼즐을 얼마나 빨리 푸는지는 상관없고, 퍼즐의 작동 원리를 알아내는 것도 중요하지 않다. 중요한 것은 여러분 중 누가 경쟁에서 승리하느냐 뿐이다. 따라서 승자가 되는 데만 관심을 집중하라"고 전달받았다.

두 명으로 이루어진 한 쌍의 학생들이 퍼즐을 맞추었고 실험자가 실험이 끝났다고 알렸다. 그러고 나서 실험자는 무언가를 가지러 갔고 참가자는 퍼즐과 함께 혼자 남았다. 원한다면 퍼즐을 맞출 기회가 있었다. 그런데 경쟁 조건에 놓인 학생들은 실험이 끝난 후에는 퍼즐을 갖고 노는 비율이 비경쟁 조건에 놓인 학생들에 비해 적었다. 승리에 대한 압박감은 재미 요소를 빼앗고 체면을 구기지 않으려면 이겨야만 한다고 느끼게 만들었던 것이다. 즉, 내재적 동기를 떨어뜨렸다.

경쟁 효과에는 복잡성이 따른다. 게다가 상대를 이기는 것이 아니라 참여를 촉진하는 데 사용하면 경쟁이 동기를 저하하지 않는다는 연구 결과도 있다. 예를 들어 대만 연구팀은 해부학에 대한 사전 지식이 없는 대학생들에게 세 가지 방식을 이용해 해부학을 가르쳤다.[17] 대조군인 그룹 1은 교과서와 프린트물로 배웠다. 그룹 2와 3은 두 가지 가상 현실 게임을 이용해서 학습했다. 첫 번째는 근육과 뼈의 이름을 배우기 위해 고안된 게임이고 두 번째는 근육과 뼈의 올바른 위치를 배울 수 있는 게임이었다. 다만 두 번째 게임에는 경쟁 요소가 포함되었다. 학생들은 컴퓨터로부터 성을 방어하거나(그룹 2) 다른 플레이어들로부터 방어해야만 했다(그룹 3). 플레이어들이 인체를 올바르게 조립할 때마다 성을 지키는 경비병이 한 명씩 주어지는 게임이었다.

세 그룹—교과서로 학습하는 그룹 1, 컴퓨터와의 경쟁으로 학습하는 그룹 2, 다른 플레이어들과의 경쟁으로 학습하는 그룹 3—은 모두 1일, 5일, 12일째에 실시된 해부학 객관식 시험을 치렀다. 그룹 2와 3은 내재적 동기를 평가하는 설문도 작성했다. 그 결과 세 그룹 모두 1일 차 시험보다 12일 차 시험에서 더 높은 점수를 받았고, 12일 차 시험에서는 그룹 3이 교과서로 공부한 그룹 1을 앞섰다. 이는 경쟁이 내재적 동기의 측면인 흥미, 유능감, 중요성에 영향을 미치지 않았음을 시사하는 것이다.[18] 다만 그룹 3은 그룹 2보다 스트레스 수준이 높게 나타났는데, 이는 과제 자체에 대해 긍정적으로 느끼더라도 경쟁이 스트레스를 증가시킬 수 있음을 나타낸다.

즉, 승리가 아닌 학습에 초점을 맞추는 경쟁은 동기부여에 부정적인 영향을 미치지 않을 수 있다. 그런데 이것이 모든 개인에게 해당될까? 경쟁에 대한 태도의 개인차를 살펴보고 협력과 경쟁이 공존할 수 있는지 알아봄으로써 이 질문의 답을 찾아보자.

경쟁에 대한 접근 방식은 모두 다르다

집단과 일해본 적 있는 사람이라면 잘 알 것이다. 어딜 가나 모든 활동을 경쟁으로 바꾸려는 사람이 있고 어떻게든 경쟁을 피하려는 사람이 있다. 다양한 목표 성향(예: 숙달, 성과 접근, 성과 회피)이 존재하는 것처럼 경쟁 성향은 다양한 방식으로 동기부여 행동에 영향을 끼친다. 경쟁을 연구하는 연구자들은 몇 가지 경쟁 성향을 알아냈는데 다음의 네 가지가 그것이다.[19]

첫 번째는 과잉 경쟁 성향이다. 그들은 모든 경쟁에서 가장 중요한 것은 "승리"라고 믿으며 "이기기 위해서라면 뭐든지" 기꺼이 할 의향이 있다. 앞에서 언급한 피겨 스케이팅 선수 토냐 하딩도 과잉 경쟁 성향에 속한다. 경기 능력을 높이기 위해 약물을 복용한 야구 선수처럼 특히 스포츠 분야에서 무수히 많은 사례를 찾아볼 수 있다. 프로 야구 팀 휴스턴 애스트로스의 '사인 훔치기(야구 경기에서 상대 팀의 작전 지시에 관한 수신호를 간파해 악용하는 것─옮긴이)' 사건은 여전히 팬들에게 충격적인 사건으로 남아 있다. 정치 분야에도 사례가 있고(예: 리처드 닉슨), 금융 분야(예: 버니 매도프), 현대 기술 스타트업(예: 테라노스의 공동 창업자 엘리자베스 홈스)에도 사례가 있다. 심지어 〈배철러 The Bachelor〉 같은 TV프로에서도 참가자들이 승리에 대한 열정이 넘쳐서 정직하지 못한 행동을 하는 경우가 많다.

반면 자기발달적 경쟁 성향은 초점이 외부가 아닌 내부로 향한다. 자기발달적 경쟁 성향을 지닌 사람은 기술을 숙달하고 최고의 자신이 되기 위한 방법으로 경쟁을 바라본다. 따라서 경쟁 상대는 단순히 이겨야 하는 라이벌이 아니라 자신의 발달 과정을 가늠할 수 있는 잣대가 된다. 이러한 성향을 지닌 사람들이 승리를 원하지 않는 것은 아니다.

그보다 자신의 기존 성적을 개선하고자 하는 욕구가 승리 욕구의 범주 아래에 포함된다고 할 수 있다. 일례로 섬나라 트리니다드토바고에서 열리는 음악 축제가 그렇다. 이 축제는 1960년대부터 열렸는데, 주최 측은 상을 받는 것이 아니라 탁월함에 이르기 위해 서로의 성장을 격려하는 것이 목표라고 밝혀 왔다.

불안 유도 경쟁 회피 성향을 지닌 사람은 경쟁에서 압박감을 느끼고 모든 경쟁 상황에서 고통을 느낀다. 나(프랭크)는 청소년기에 피아노 콩쿠르에 참가한 적이 있다. 연주 시작을 알리는 심사위원의 종소리가 울렸지만 극도의 불안감으로 손이 떨려서 피아노를 칠 수가 없었다. 오랜 시간이 흐른 지금까지도 그때 일이 생생한 기억으로 남아 있어 많은 사람들이 보는 앞에서 경쟁하는 상황을 되도록 피하려고 애쓴다.

마지막으로 연구자들은 경쟁에 대한 무관심 성향도 발견했다. 이 성향을 지닌 사람은 경쟁에 관심이 없거나 경쟁으로 동기를 부여받지 않는다.[20]

이 네 가지 성향 중에서 세 가지가 동기부여를 강화하지 않는 요인과 관련이 있는 것으로 밝혀졌다. 불안 유도 경쟁 성향은 높은 기준과 관련 있다. 이는 최선을 다하는 것만으로 충분하지 않다는 완벽주의적인 믿음을 가져오며 완벽주의가 성과를 저해하는 모습을 보인다. 또한 이 성향을 지닌 사람들은 대개 회복탄력성이 없어서 어려운 상황이 닥쳤을 때 끈기 있게 계속하지 못했다. 한편 경쟁에 무관심한 성향을 보이는 사람들은 과제를 훌륭하게 완수해도 만족감을 느끼지 못한다. 반면 자기발달적 경쟁 성향을 지닌 사람들은 완벽주의의 긍정적인 측면, 숙달 지향, 회복탄력성, 잘 수행한 작업에 대한 만족감을 보이지만 최선을 다하는 것만으로 충분하지 않다고 느꼈다.[21]

　　방금 설명한 연구는 동기부여를 도우려면 개인의 경쟁 성향을 이해해야 한다는 것 또한 시사한다. 이 가설은 이미 연구 문헌에서 어느 정도 지지를 받고 있다. 일례로 성균관 대학교 인터랙션사이언스학과 송하연 교수는 경쟁과 경쟁심이 내재적 동기에 끼치는 영향을 조사했다.[22] 경쟁이 비디오 게임의 중요한 요소라는 전제를 바탕으로 연구팀은 경쟁심이 강한 대학생들과 경쟁심이 약한 대학생을 선발해 무작위로 경쟁 조건과 비경쟁 조건으로 나누어 닌텐도 Wii 게임을 하게 했다. 비경쟁 조건 참가자들에게는 무작위 추첨을 통해 20달러 상품권이 지급된다고 했고, 경쟁 조건 참가자들에게는 다른 세 명의 플레이어와 경쟁해서 가장 높은 점수를 기록한 플레이어가 20달러 상품권을 받을 것이라고 했다. 이 연구는 자기 보고(설문지를 통해 즐거움 측정)와 행동(필수 게임 시간 10분이 지난 후에도 게임을 계속할 수 있는 선택권)을 이용해서 내재적 동기를 측정했다.

　　그 결과 경쟁 조건과 비경쟁 조건 그룹 모두 경쟁심의 차이에 따라 참가자들이 느끼는 즐거움도 다르게 나타났다. 경쟁심이 강한 학생들은 경쟁 조건에서 게임을 더 즐긴 반면, 경쟁심이 약한 학생들은 비경쟁적 조건일 때 더 큰 즐거움을 느꼈다. 행동을 기준으로 측정했을 때는 비경쟁 조건에 놓인 경쟁심 약한 학생들이 경쟁 조건에 놓인 경쟁심 약한 학생들보다 게임을 더 오래 한 것으로 나타났지만, 경쟁심이 강한 학생들은 두 가지 다른 조건에서 차이가 없었다. 경쟁심이 약한 학생들은 경쟁 조건에 놓였을 때 비경쟁 조건일 때보다 낮은 자기 효능감, 부정적인 감정, 부정적인 게임 경험을 보인 반면, 경쟁심이 강한 학생들은 경쟁 조건에서 긍정적인 경험(예: 더 나은 기분)이 많이 나타났다. 이는 개인의 성향에 따라 경쟁이 미치는 영향도 달라진다는 주장을 뒷받침한다.

개인마다 경쟁에 대한 반응이 다를 뿐 아니라, 특정 인구 집단과 문화 집단 또한 경쟁에 다르게 반응한다. 초등학생 대상의 연구에서는 경쟁 조건에서 남학생들이 여학생들보다 창의성 점수가 높게 나타났고, 여학생들은 비경쟁 조건에서 남학생들보다 창의성 점수가 높았다.[23] 이러한 차이는 성별 분리 집단에서 더 두드러졌다. 비록 후속 연구에서 같은 결과가 재현되지는 않았지만, 아동 성 역할 검사Children's Sex Role Inventory에서 남성성이 높게 나타난 학생일수록 경쟁에 대한 내재적 동기가 높고, 남성성이 낮은 학생일수록 경쟁에 대한 내재적 동기가 낮음을 시사했다. 최근 연구에서는 신체적인 경쟁 과제에서 남성이 여성보다 반응 시간이 더 빠르고 행동도 지속되는 것으로 나타났다.[24]

경쟁을 강조하는 것도 문화권마다 차이가 있다. 예를 들어 영국, 헝가리, 슬로베니아의 학교를 비교해보면 영국과 헝가리의 초등학교에서는 슬로베니아의 초등학교보다 경쟁이 훨씬 빈번하고, 헝가리의 중등학교는 영국과 슬로베니아의 중등학교보다 경쟁이 빈번하다.[25] 연구진은 다음과 같은 결론을 내렸다. "세 국가의 교사, 학생, 일상적인 교수법에서 나타나는 차이는 결코 우연이 아니며 각 국가에서 발견되는 교육 문화 관행과 전반적인 문화적 환경의 차이에서 기인한다."[26]

또 다른 교차 문화 연구에서 헝가리 과학 아카데미 인지신경과학 연구소의 마르타 풀로프Márta Fülöp는 국가별 경쟁에 대한 태도를 살펴보았다.[27] 집단주의(개인이 집단의 필수적인 구성 요소)로 인식되는 일본과 개인주의(개인의 관심사가 집단보다 우선)로 인식되는 헝가리였다. 풀로프는 두 문화권에서 경쟁에 대한 개인의 이해가 서로 다를 수 있다는 가설을 세웠는데, 그 결과 정말로 두 국가는 경쟁에 대한 태도의 차이가 있었다. 예를 들어 일본 응답자의 69퍼센트가 경쟁의 가장 중요한 기능은 개선이라고 응답한 반면, 헝가리에서는 그 비율이 18퍼센트밖에 되지 않았다. 일본 응답자의 53퍼센트가 경쟁이 동기를 부여한다고 인식한 반면, 헝가리 응답자의 경우는 32퍼센트에 그쳤다. 또한 헝가리 응답자들은 경쟁을 개인의 측면으로 개념화하는 반면("경쟁은 나에게 동기를 부여한다"), 일본 응답자들은 경쟁을 집단의 측면에서 개념화했다("우리는 경쟁을 통해 서로에게 동기를 부여한다").

한편 경쟁이 가장 뛰어난 인재를 선별하는 방식이라고 보는 관점은 일본(29퍼센트)보다 헝가리(44퍼센트)에서 더 많았다. 이는 그렇게 놀라운 사실은 아닐 것이다. 일본인이 경쟁자를 친구 또는 성과의 자극제로 보는 경우(각각 22퍼센트, 70퍼센트)가 헝가리인(각각 4퍼센트, 33퍼센트)보다 많았기 때문이다. 일본인은 경쟁의 대상이 '적'이 아닌 '자신'에게로 향한다. 적을 쓰러뜨리는 것보다 자기계발의 형태로 경쟁을 인식하는 것이다. 반면 헝가리인들은 경쟁에서 이겨야 하는 대상에게 더 집중하는 경향이 있었다.[28]

이에 집단주의 문화에서는 경쟁을 상대를 이기는 것보다 자기계발의 중요한 측면으로 인식한다는 가정에 따라,[29] 홍콩대학교에서 교육심리학을 연구한 킹Ronnel B. King 교수는 홍콩의 중등학생 697명을 대상으로 경쟁 지향과 숙달 지향의 관계와 성과 목표와 숙달 목표의 관계에 대해 조사했다.[30] 서양의 연구에서 경쟁심이 성과 목표와 관련이 있다는 결과가 나온 것과 달리, 킹 교수의 연구에서는 숙달 목표와 성과 목표와 모두 관련이 있고, 심화 학습까지 예측한다는 결과가 나왔다.

즉, 연구들은 다른 심리학적 요인들이 그러하듯 경쟁의 개념화와 경험 방식, 동기부여에 미치는 영향이 개인과 문화에 따라 차이가 있음을 말해준다. 자기발달적 경쟁 성향이나 집단주의 문화의 특징이 나타나는 일본, 홍콩, 기타 국가의 경쟁 연구는 경쟁과 협력이 공존할 수 있으며 경쟁이 동기를 감소시키지 않고 오히려 증가시킬 수 있다는 건설적인 관점도 보여준다.[31]

불평등한 경쟁은 동기를 떨어뜨린다

영화 〈아키라 앤 더 비〉는 진정한 경쟁의 멋진 사례를 보여준다. 영화에서 아키라와 딜런은 철자 맞추기 대회로 유명한 스크립스 내셔널 스펠링 비Scripps National Spelling Bee의 마지막 라운드에서 둘이 남게 되는데, 아키라는 딜런의 아버지가 딜런을 심하게 밀어붙이는 것을 알고 져주기로 결심한다. 한마디로 딜런의 아버지는 아들에게 과잉 경쟁 성향을 강요하고 있었다. 딜런은 아키라가 자신에게 져주려고 일부러 철자를 틀리게 썼다는 것을 알아차리고 승리가 전부가 아니란 것을 깨닫는다. 딜런도 철자를 일부러 잘못 쓰고 쉬는 시간에 아키라에게 공정하게 경쟁해서 이기고 싶다는 뜻을 전한다. 이 영화는 경쟁이 어떻게 개인의 동기부여를 저하할 수 있는지를 보여준다.

이상적으로 대회에 참가하는 모든 개인 및 그룹은 "꽤 괜찮은 우승 가능성"이 있다. 기본적으로 실력이 비슷한 이들이 경쟁하는 구조이기 때문이다. 예선, 준준결승, 준결승전 과정은 실력이 비슷한 팀들이 결승전에 올라와 대등한 경기를 펼칠 확률을 높여주는 기능을 한다. 또한 같은 이유로 프로 스포츠에서는 신인 드래프트에서 기록이 부진한 팀이 성적이 높은 팀들보다 선수 지명 우선권을 얻는다. 그래야 최고의 인재를 영입해서 다음 시즌에 우승 가능성이 높아지기 때문이다. 근본적으로 경쟁이 공정해야 한다는 생각이 깔려 있는 것이다.

노르웨이 스포츠과학대학의 스포츠심리학과 교수인 할바리H. Halvari 는 일찍 스포츠에 입문하여 경험이 풍부한 선수들과 경쟁한 아동일수록 동기를 떨어뜨리는 실패에 대한 두려움이 생긴다는 사실을 발견했다.[32] 경쟁 상대가 자신보다 훨씬 기량이 뛰어나 절대로 이길 수 없다는 생각이 부정적인 영향을 미치는 듯하다. '부정적 슈퍼스타 효과'[33]라고 불리는 이 현상은 골프 선수 타이거 우즈가 월등한 세계 1위였던 시기를 보면 잘 알 수 있다. 타이거 우즈의 출전 여부에 따라 골프 대회의 성적을 분석한 결과, 타이거 우즈가 출전했을 때 다른 상위 랭킹 선수들의 1라운드 성적은 타이거 우즈가 출전하지 않았을 때보다 저조했던 것이다. 다만 우승 가능성이 전혀 없는 하위권 선수들의 기량은 타이거 우즈의 출전 여부에 영향을 받지 않았다. 즉, 경쟁이 동기를 부여하려면 경쟁이 공정하다고 인식되어야만 한다.

경쟁 상황 속 부정적 피드백은 동기를 해친다

부정적인 피드백이 긍정적 피드백에 비해 내재적 동기를 감소시킨다는 연구 결과도 있다.[34] 경쟁 상황에서는 피드백이 나올 수밖에 없다. 아무리 암묵적이더라도 말이다. 경쟁에서 성공하는 개인은 성과에 대한 긍정적인 피드백을 받지만, 성공하지 못한 사람들에게 전달되는 피드백은 부정적이다. 그래서 학자들은 경쟁 상황에서 피드백의 영향에 대해 알아보고자 했다. 연구에 따르면 경쟁의 승자들은 더 큰 유능감을 느낄 뿐만 아니라 내재적 동기도 강하게 나타났다.[35]

앞에서 소개한 리브와 데시의 연구에서도 경쟁 요소가 있었는지뿐만 아니라 참가자들이 어떤 피드백을 받았는지를 조사했다.[36] 그 결과 첫째, 피드백을 제공한 경쟁은 동기부여에 영향을 미치지 않았다. 물론 그러한 유형의 경쟁은 현실 세계가 아닌 실험실에서 존재할 가능성이 더 크다. 둘째, 승리에 대한 압박감이 없는 경쟁 환경에서 제공되는 승리에 관한 긍정적인 피드백은 내재적 동기를 높였다. 하지만 승리에 대한 압박이 있는 경쟁 환경에서는 승자들조차도 내재적 동기가 감소했고 이러한 통제적 맥락에서 내재적 동기의 감소는 통제감 또는 압박감과 관련 있었다.

만보계로 신체 활동을 자가 모니터링하는 방법을 사용한 연구에서도 만보계 사용이 통제적이라고 느낀 남성들은 사용을 중단했고 체중 감량 목표를 달성하지 못했다.[37]

부정적인 피드백이 암묵적인 경쟁 상황에서도 동기를 약화시킨다는 것을 보여주는 또 다른 연구도 있다. 호주 매쿼리 대학교 심리학과 연구자들인 포글리아티Fogliati와 부시Bussey는 여성들이 시험을 앞두고 '일반적으로 남성이 여성보다 성적이 뛰어나다'라는 말을 들은 후 자신의 성과에 대한 부정적인 피드백까지 받으면, 개선을 위해 설계된 프로그램에 참여하려는 동기가 줄어든다는 사실을 발견했다.[38]

하지만 그렇다고 긍정적이지 않은 피드백이 항상 동기부여를 저해하는 것은 아니다. 부정적인 피드백이라도 자율성 지원과 함께 제공하면 실패 상황 속에서도 동기가 강화될 수 있다. 자기결정이론에 근거한 자율성을 지원하는 피드백에는 몇 가지 특징이 있다. 우선 개인의 감정과 목표를 고려한다는 점에서 공감적이다(예: 이루고자 하는 목표에 대한 상대방의 관점을 인정하고 사적이고 지원적인 환경에서 피드백을 제공한다). 이러한 유형의 피드백은 개인에게 앞으로 나아갈 수 있는 선택권을 제공하므로 수신자가 행동에 자율성을 느낀다. 또한 자율성을 지원하는 피드백은 제안의 근거를 제공함으로써 수신자의 이해를 돕는다.

마지막으로, 제안하는 개선 사항이 수신자가 실제로 행동에 옮길 수 있는 것이어야 한다. 즉 달성 가능한 변화를 제안해야 한다.

자율성을 지원하는 피드백의 효과를 보여주는 연구가 있다. 캐나다 몬트리올 심리학과 교수들인 조엘 카펜티어Joëlle Carpentier와 제네비브 마구Geneüève Mageau는 코치와 운동선수를 대상으로 훈련 시즌이 끝난 직후에 설문조사를 실시했다.[39] 그 결과 자율성을 지원하는 코치일수록 변화 지향적인 피드백의 특징(예: 공감, 명확하고 달성 가능한 목표, 해결책에 대한 선택권)을 활용하는 것으로 나타났다. 또한 변화 지향적인 피드백은 운동선수의 동기와 안녕감, 관계성, 유능감, 자율성을 높이고 부정적 영향과 무동기를 줄였다. 변화 지향적인 피드백은 선수들의 경기력과도 긍정적인 연관성이 있었다.

경쟁이 성과를 올려주는 확실한 동기 요인이라는 일반적인 믿음과 달리, 동기부여에 해로운 영향을 미칠 수도 있다. 현대 연구자들은 경쟁이 파괴적일 수도, 건설적일 수도 있음을 인정한다.[40] 건설적 경쟁은 동기를 높이고 파괴적인 경쟁은 동기를 약화시킨다.

2022년 12월 18일에 열린 2022 FIFA 월드컵 결승전을 생각해보자. 프랑스와 아르헨티나 모두 우승에 대한 동기가 강력했다. 이전 대회 우승국인 프랑스는 월드컵에서 연속으로 우승한 역대 세 번째 국가라는 기록을 세우기 위해 열심이었다. 아르헨티나는 1986년 이후 처음으로 월드컵 우승을 노렸고, 리오넬 메시Lionel Messi는 유일하게 갖지 못한 '월드컵 우승'이라는 타이틀을 얻어 역대 최고의 축구 선수로 명성이 확고해지기를 바랐다. 두 팀 모두 결승 진출을 위해 열심히 노력했고 막상막하의 실력으로 우승 가능성은 반반이었다. 결승전에서 프랑스와 아르헨티나는 2:2로 동점을 기록하며 연장전에 돌입했고 연장전에서도 한 골씩 주고받아 3:3으로 승부를 가르지 못했다. 결국 치열한 승부차기 끝에 아르헨티나가 프랑스를 이겼다. 이 경기는 선수들이 건설적인 경쟁에서 막상막하의 경기를 펼친 역대 가장 흥미진진한 월드컵 결승전이라는 평가를 받는다.

이렇게 공정한 경쟁과는 대조적으로 '어떻게든' 이긴다는 사고방식이 담긴 파괴적인 경쟁을 보여주는 사례는 뉴스에서 쉽게 볼 수 있다. 이를테면 유권자들의 지지를 받기 위해 거짓말을 일삼는 정치인들이 바로 그것이다.

다음에서 설명하는 전략을 사용하면 경쟁의 파괴적인 효과를 피해 성과에 대한 동기를 높일 수 있다.

1. 비경쟁적 활동을 직접 선택하라

경쟁 성향이 없는 사람이라면 경쟁이 없고 스스로 즐거움을 느끼는 활동을 선택하라. 야외 활동을 좋아한다면 하이킹이나 달리기, 암벽 등반이 있을 수 있다. 언어에서 즐거움을 얻는다면 가로세로 낱말 퍼즐 같은 단어 게임이 들어 있는 책을 읽거나 TV퀴즈 프로를 시청하라. 프로그램에 직접 출연하고 싶지는 않더라도 소파에 앉아 재미있게 즐길 수 있다.

가족과 친구들에게도 마찬가지다. 경쟁을 강요하기보다는 참여하고 싶은 활동을 직접 고르게 한다. 취미와 관심사에 대한 대화를 나눔으로써 자신이 어떤 활동에 얼마나 즐거움을 느끼는지 파악하도록 도와주라. 여가 시간에 무슨 일을 선택하는지 보면 그 사람의 동기 요인을 알 수 있다. 경쟁 상황에서 즐거움을 느끼지 못하는 일을 하고 있는 사람이 비경쟁적인 상황에서 비슷한 일을 선택할 수 있도록 격려하라.

2. 협력 시나리오를 사용하라

추구하고 싶은 목표가 있다면 다른 사람들과 협력해보라. 예를 들어 운동량을 늘리고 싶다면 이웃이나 가족에게 같이 운동을 하자고 한다. 다른 사람들과 같이할수록 무언가를 시작하고 지속할 가능성이 높아진다. 우리(프랭크) 동네에는 매일 아침 같이 걷는 네 명의 여성이 있다. 나도 대학원 때부터 몇 년 동안 평일 아침에 친구와 라켓볼을 쳤다. 누가 더 잘하는지 겨루는 것이 아니라 1시간 동안 운동하는 것이 목표였기 때문에 점수를 기록하지 않았다. 미국심리학회APA 회의에 참석할 때도 동료 두 명과 함께 매일 아침에 산책을 했다. 함께할 때는 산책을 빠뜨리지 않고 할 가능성이 혼자일 때보다 높았다.

내가 아닌 타인에게 적용한다면 함께 일하거나 놀 수 있는 그룹을 찾도록 도와주는 방법을 고려하라. 예를 들어 차세대 슈퍼스타를 찾는 것이 아니라 올바른 스포츠맨십과 참여의 기쁨을 가르치는 데 집중하는 스포츠 리그에 자녀를 등록시키는 것이다. 우리 필자들은 후배를 육성하고 동기를 부여하기 위해 대학원생 제자들에게 논문의 공동 저자를 제안한다. 실제로 나(프랭크)의 은사 한 분은 대학원 시절의 동료 세 명과 지금까지 연락을 주고받으며 졸업 10~20년이 흐른 후에도 그들의 옛 지도 교수와 함께 총 다섯 편의 논문을 저술했다.

3. 승리가 아닌 최고 기량 발휘에 집중하라

경쟁을 효과적으로 활용하려면 최고 기량의 기준을 정하는 것도 중요하다. 일주일 또는 한 달을 기준으로 최고 기량을 겨냥하는 목표를 세우고 진행 상황을 그래프로 표시한다. 매달 최고 성적에 도달하는 횟수를 점진적으로 늘려가는 것이다. 이를테면 이번 달에 2회, 다음 달에는 5회와 같은 식이다. 자신의 최고 성적을 달성하는 데 집중하는 것이 외부적인 기준과 비교하는 것보다 내재적 동기를 강하게 자극한다. 만약 초기 목표를 달성했다면 그보다 좀 더 어려운 목표를 세워서 도전하라.

가족과 친구들이라면 그들이 자기발달적 경쟁에 집중하도록 도와주라. 예를 들어 자녀에게 이겼는지 물어보거나 왜 더 잘해서 이기지 못했느냐고 말하지 않는다. 얼마나 즐거움을 느꼈는지, 자신의 성과에 무엇을 느꼈는지 묻는다. 자신에 대해 무엇을 배웠고 배운 것을 이용해 다음에 더 잘할 수 있는 방법에 대해 이야기한다. 게임을 잘하고 싶어 하는 자녀가 있다면 현재 상태나 기술을 파악한 후 앞으로 한 달 동안 적당히 도전적이면서도 합리적인 목표를 설정할 수 있도록 도와준다. 상대를 이기는 것이 아니라 자신의 기량을 발전시키는 데 집중하도록 돕는 것이다.

4. 변화 지향적 피드백을 사용하라

목표를 달성하기 위해 노력할 때는 앞으로 하고 싶은 일이 무엇이고 그 일이 자신에게 왜 중요한지를 분명히 알아야 한다. 목표를 달성하는 몇 가지 방법을 말할 수 있어야 한다. 선택지와 예비책을 미리 정해놓으면(예: 비가 내릴 때 또는 집에서 떠나 있을 때) 목표를 달성할 가능성이 높아진다. 목표를 이루지 못할 경우 가혹하거나 절대적인 처벌이 따를 필요는 없다. 자신에게 친절한 태도를 잃지 말되 처음부터 선택지를 마련하여 목표를 이루지 못하리라는 생각을 물리친다.

타인에게 동기를 부여할 때는 공감과 지지가 중요하다. 그들이 이루고자 하는 목표를 함께 찾고 꼭 이루어야 하는 이유를 표현할 수 있도록 도와준다. 목표를 달성하는 다양한 방법을 찾고 목표를 달성하지 못할 때의 대응 방법을 결정하도록 지원한다. 열린 태도로 함께 상의하는 접근법을 취하고 —지시가 아니라 지지—비난하거나 수치심을 주지 않도록 주의한다. 그들이 목표를 달성하지 못했을 때는 이루어야 하는 이유를 다시 짚어보고 자신을 부정하지 않고 계속 앞으로 나아가도록 격려한다.

동기부여 처방

어째서 케리는 동생과 경쟁하는 방법으로 달리기를 계속해나가지 못했을까? 여러 가지 이유를 유추해볼 수 있다. 첫째, 케리는 예전에는 꾸준히 달리기를 하는 습관이 있었지만 더 이상은 그렇지 않았다. 둘째, 고등학교 때는 운동부 선수들과 같이 달렸고 이전 기록을 깨뜨리는 것이 목표였지만, 지금의 달리기에는 동지애에서 느끼는 즐거움이 큰 부분을 차지했다. 셋째, 케리는 경쟁에서 계속 져서 달리기 계획 자체가 아무런 소용도 없다고 느꼈다. 만약 그가 운동을 시작해야 하는 이유를 분명히 파악하고 다시

달리기를 하기 전에 걷기부터 시작하는 계획을 세운 후, 동생에게 경쟁이
아닌 달리기를 같이하자고 부탁했다면 성공 확률이 커졌을 것이다.

 **동기부여 프로젝트**

경쟁 대신 사용할 전략	자신을 위한	타인을 위한
비경쟁적 활동을 직접 선택	혼자 또는 다른 이들과 함께할 수 있는 일 선택	경쟁 강요 대신 참여하고 싶은 활동을 선택하게 하기
경쟁 시나리오가 아닌 협력 시나리오 사용	다른 이들과 함께할 수 있는 일 선택	경쟁이 포함되지 않은 관심사 함께 찾기
승리가 아닌 최고 기량 발휘에 집중	진행 상황 점검 및 작은 성취 축하	성취 확인 및 목표 수립 지원
자율성을 지원하는 변화 지향적 피드백 사용	• 과거의 실패가 아닌 미래의 목표 달성에 집중 • 선택지 마련 및 이유 찾기	• 공감과 지지의 피드백 제공 • 필요한 변화를 직접 찾도록 격려

실전 적용

내가 동기부여를 받고 싶은 일:

내가 시도할 전략:

내가 다른 사람에게 동기를 부여하고 싶은 영역:

도움을 주기 위해 시도할 전략:

4장

왜 나는 항상 생각만 하고 말까?

25세인 라숀은 부모님과 함께 살고 있는데 하루빨리 독립하고 싶어 한다. 친구들도 전부 독립한 터라 아직도 부모님과 한집에서 살고 있다는 사실이 부끄러웠다. 게다가 라숀은 도시에 마련할 자신만의 공간을 빨리 꾸미고 싶어서 『서던 리빙』 같은 인테리어 잡지를 보며 아이디어를 얻고 있었다. 그녀의 부모님도 하루빨리 독립하라고 잔소리가 심해지고 있다. 라숀은 자신만의 규칙을 만들어 본인이 원하는 대로 살게 될 날을 손꼽아 기다린다. 그녀의 독립에 대한 열망은 엄청나게 강력하다. 하지만 그로부터 6개월이 지났는데도 라숀은 여전히 부모님과 함께 살고 있다.

라숀은 누가 보아도 따로 집을 구해 독립하겠다는 의지가 넘친다. 그렇게 의욕이 강한데 왜 아직도 이사하지 않은 것일까?

과학에 따르면 동기는 성공의 충분조건이 될 수 없다. 그렇다면 따로 아파트를 구해 독립하려는 목표를 이루기 위해 라숀에게는 또 무엇이 필요할까?

누구나 동기를 지니고 있다. 그러나 강한 동기가 있어도 달성하기가 쉽지 않은 도전적인 목표도 있을 것이다. 목표를 달성하려는 동기가 있는데도 목표를 실행하고 달성하지 못하는 이유는 무엇일까? 바로 동기는 성공의 충분조건이 아니기 때문이다. 목표 달성에 필요한 행동을 수행할 수 있는 기술과 지식도 필수 전제 조건이다. 강한 동기가 있어도 활동에 참여할 수 있는 기술이 없다면 실패할 가능성이 높다. 또한 목표를 향한 자신의 행동을 조절할 수 있는 능력도 필요하다. 목표를 설정하고, 목표에 다가가기 위한 계획을 세우고, 진행 상황을 점검하고 필요한 경우 계획을 수정할 수 있어야 한다는 뜻이다. 이것이 바로 자기조절이다. 동기가 자연스럽게 줄어들거나 사라져도 목표 달성을 위한 행동이 유지되도록 자신의 행동을 스스로 조절할 수 있어야 한다.

예를 들어 새해 계획이 실패로 돌아가는 가장 흔한 이유는 무엇일까? 새로운 한 해를 앞두고 더 건강해지겠다는 목표를 세운다고 해보자. 그 목표에는 건강한 식단, 규칙적인 운동, 체중 감량 등이 포함될 것이다. 의욕이 하늘을 찌를 듯하다! 올해야말로 반드시 목표를 이루고 말리라. 사기가 충만해서 새로운 운동 장비와 실내 운동용 자전거까지 구입한다. 약 2주 동안 매일 운동하고 음식도 건강하게 챙겨 먹는다. 하지만 서서히 의욕이 시들해지기 시작한다. 일주일에 다섯 번 하던 운동이 두 번으로 줄어든다. 식단 계획을 세우고 그에 따라 재료를 구입했지만 영양 따위는 신경 쓰지 않고 그냥 간단하게 떼우는 것으로 바뀐다. 어느새 새해 계획은 물거품이 되었다. 죄책감 느낄 필요는 없다. 많은 사람들이 겪는 일이니까. 처음에 넘쳐났던 의욕과 동기는 어디로 사라졌을까?

필자들은 미국인 표본을 대상으로 시행한 동기부여 신화 설문조사에서 4분의 1 이상이 동기가 성공의 충분조건이라는 신화에 동의한다는 사실을 발견했다.[1] 또한 참가자의 20퍼센트 이상은 그 믿음이 사실인지 확신하지 못했는데, 이는 동기가 성공의 충분조건이라고 믿거나 확실하게 모르는 사람이 50퍼센트에 달한다는 뜻이 된다. 강한 동기가 있어도 실패한 경험은 누구나 있을 텐데도 동기가 성공의 충분조건이라고 믿는 사람이 왜 그렇게 많을까?

성공의 도식화라는 함정

역대 가장 유명한 농구 선수인 마이클 조던Michael Jordan은 가장 강력한 동기를 지닌 운동선수 중 한 명으로도 알려져 있다. 그는 경쟁심이 대단했다. 농구 코트 안에서도 밖에서도 전부 이기기를 원했고 실제로 거의 항상 이겼다. 조던은 여섯 번이나 팀의 우승을 이끈 주역이었다. NBA 선수에게 주어지는 가장 중요한 상도 다섯 번이나 받았다. 그는 농구 선수로 성공했을 뿐만 아니라 프로 야구 선수이기도 했다. 그의 열정은 코트 바깥에서도 활활 타올랐다. 마이클 조던은 의류 브랜드 점프맨Jumpman을 런칭했고 현재 많은 프로 스포츠팀이 그의 브랜드를 유니폼으로 사용한다. 은퇴 후에는 억만장자 기업가가 되었고 NBA 농구팀 샬롯 호네츠의 구단주이기도 하다. 마이클 조던은 역대 가장 동기부여가 강한 사람 중 한 명으로 꼽힌다. 언뜻 보면 그의 성공 비결은 동기부여가 전부라고 생각될 수도 있다.

성공한 사람들은 대부분 강력한 동기를 보인다. 그래서 우리는 동기부여가 성공의 핵심 요소라고 생각하기 쉽지만, 그들의 성공 뒤에 숨겨진 전체적인 그림을 보아야 한다.

마이클 조던은 고등학교 2학년 때 학교 농구부에 지원했다. 하지만 코치가 올린 합격자 명단에 그의 이름은 없었다. 그날 조던은 집으로 돌아가 방에 틀어박혀 울었다. 그에게는 두 가지 선택지가 있었다. 농구를 포기하거나, 피나는 노력으로 실력을 키워서 내년에 농구부에 들어가는 것. 그는 내년에 다시 도전할 때까지 연습을 매일 하기로 결심했다. 정말로 그렇게 했다. 힘들어서 쉬고 싶을 때마다 농구부 라커룸의 선발 명단에 자신의 이름이 없다는 것을 확인하고 느낀 고통을 떠올렸다. 그러면 다시 열정에 불이 붙어서 연습을 계속할 수 있었다. 여기서 핵심은 그가 자신의 행동을 조절해 연습을 계속했다는 것이다. 만약 조던에게 동기부여만 있었다면 그것만으로는 성공하지 못했을 것이다. 연습을 계속 이어나가기 위한 자기 조절 기술도 필요했다. 가장 효과적으로 연습하는 방법과 성공률을 극대화하는 전략에 대한 지식도 필요했다. 사람들은 마이클 조던에 대해 이야기할 때 이 부분을 빼놓곤 한다. 동기부여는 그의 성공 비결에서 지극히 작은 부분에 불과했다.

이처럼 우리는 다른 사람들에 대해 동기부여가 성공의 열쇠라고 오해하는데, 이는 자신에 대해서도 마찬가지다. 성공을 경험할 때마다 강력한 동기부여가 있었다는 사실을 알아차리고, 결승선을 통과하는 순간에도 강한 동기를 느낀다. 때문에 목표 달성에는 동기부여만 있으면 충분하다고 생각하게 된다. 기술이나 연습을 비롯해 다른 요인들이 성공에 이바지했다는 사실은 알아차리지 못한다. 다시 말해 성공할 때마다 동기부여가 있었으므로 그 과정에서 쏟아부은 노력은 전부 잊어버리고 동기부여와 성공을 동일시하기 시작한다. 이것은 최신 효과 때문이다.[2] 사람은 가장 최근에 제시된 정보를 가장 잘 기억하므로 가장 최근에 일어난 일을 귀인으로 보고 다른 것들은 잊어버린다. 가장 최근의 일이 동기부여이니 그게 성공의 비결이라고 생각하는 것이다.

물론 이 믿음이 전혀 위험해 보이지 않을 수도 있다. 어찌 되었든 강력한 동기가 부여된다면 좋은 일 아닌가? 단정하기는 이르다.

간단히 말해 동기에만 의존하면 목표를 달성할 가능성이 낮아진다. 성공에 필요한 기술을 습득하는 전략을 실행하는 것도 목표 달성의 중요한 부분이다.[3] 그러한 전략을 실행하지 않는다면 결국 동기가 크게 저하된다. 만약 동기가 강한 상태에서 실패를 경험한다면 미래의 동기는 위험에 놓일 수밖에 없다. 자기 효능감에 부정적인 영향을 미치기 때문이다. 자기 효능감은 자신의 성공 능력에 대한 믿음이다.[4] 자기 효능감이 동기부여에 영향을 미치는 주요한 요인이라는 것은 수십 년간 쌓인 연구 자료로 증명된다. 동기가 강해도 성공에 필요한 전략이 없어서 실패를 경험하면 동기가 약해진다.[5] 설상가상으로 자기 효능감이 너무 낮아지면 학습된 무력감이 나타나 아예 포기할 수 있다.[6] 따라서 포기 가능성을 낮추고 성공 가능성을 높이기 위해서는 강한 동기뿐만 아니라 전략적 행동도 중요하다.

다수의 고등학생에게는 동기가 성공의 충분조건이다. 아니, 그런 것처럼 보인다. 그러나 대학에 들어간 후에는 동기만으로 충분하지 않다. 고등학교 때는 부모와 교사에 의해 행동이 엄격하게 조절되었다. 부모가 과제 제출 기한을 알려준다든지, 시험공부를 시킨다든지, 숙제를 끝내기 전까지 친구들과 놀지 말아야 한다는 사실을 챙겨주었다. 다시 말해서 아이들의 행동은 부모를 통해 조절되었다. 공부 행동을 부모가 조절해준 것이다. 고등학생들의 전반적인 동기는 학교에서의 성공과 실패를 좌우했다. 하지만 안타깝게도 대학에 들어가면 부모와 교수 간에 소통이 거의 이루어지지 않으며 더 이상 부모가 자녀의 행동을 조절해주지도 않는다. 따라서 공부 전략을 스스로 조절하는 방법을 연습하지 않아서 이 기술을 갖추고 있지 못하면 학업 포기와 성취 저하로 이어질 수 있다.[7] 솔직히 너무도 흔한 일이다. 고등학교 때 최상위권 성적이었던 학생들이 공부 행동을 스스로 조절하는 법을 몰라서 대학을 중퇴하는 경우가 많다. 동기는 강하지만 대학에서 성공하기 위해 필요한 자기 조절 기술이 없다. 이런 일이 왜 생기고 어떻게 하면 성공에 필요한 자기 조절 전략을 세울 수 있는지 알아보자.

과학 동기부여는 결과가 아니라 과정이다

자기 조절self-regulation은 자신의 행동을 이해하고 관리하는 과정을 말한다.[8] 더 구체적으로 개인이 목표를 설정한 후 목표를 향한 사고와 동기를 모니터링하고 조절하는 것이 자기 조절이다.[9] 교육심리학자 배리 짐머만Barry Zimmerman과 애덤 모일란Adam Moylan은 자기 조절이 세 단계로 이루어진다는 이론을 제시했다.[10] 바로 사전숙고, 수행, 자기 성찰이다. 각 단계에서 자신의 행동을 조절하는 것이 목표 달성의 핵심이다. 각 단계를 자세히 살펴보자.

1단계: 계획으로 구조를 만들라

1단계 사전숙고는 계획을 말한다. 계획 단계에서 우리는 세 가지 행동에 참여한다. 목표를 설정하고, 목표 도달을 위한 전략을 세우며, 목

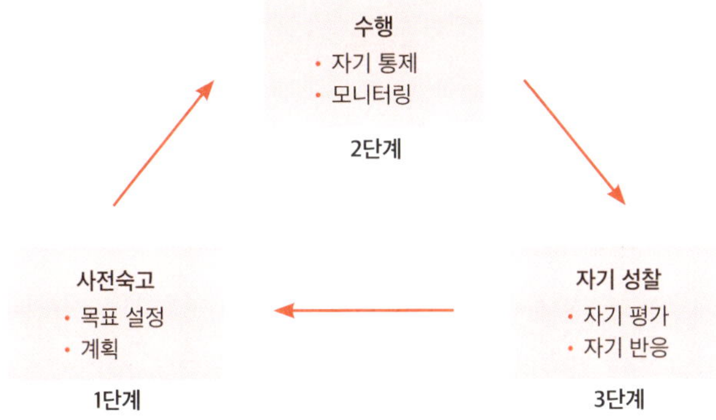

표에 도달하기 위해 얼마나 많은 시간과 노력 등 기타 자원이 필요한지 파악한다.[11]

성공 확률을 극대화하기 위해서는 달성 가능한 목표를 설정하는 방법을 반드시 배워야 한다. 가장 효과적인 목표는 장기적인 목표를 적당히 도전적인 다수의 하위 목표로 세분화한 것이다.[12] 해내기가 좀 더 쉬워서 동기부여를 지속해줄 목표를 세워야 한다. 예를 들어 공부를 다시 시작해 박사 학위를 따고 싶다는 것은 그렇게 효과적인 목표가 아니다. 박사 학위는 최소 4년이 소요되며 그 기간에 여러 단계를 거쳐야 한다. 목표에서 멀어지고 동기를 잃기가 너무 쉽다. 전체적인 목표를 작고 단기적인 것으로 세분화하면 각 목표를 달성하기가 쉬워지고 큰 목표에 다가갈 수 있다. 예를 들어 작은 목표는 이렇다. 1단계 지원하기, 2단계 수강 신청하기, 3단계 무사히 수강하기(3단계 목표는 더 작게 나눠질 수 있다). 박사 학위를 따기 전까지 이런 식으로 작은 목표를 세워야 한다. 단기 목표 설정은 꿈을 향한 동기를 계속 부여하는 효과적인 방법이다.

계획은 사전숙고 단계의 필수 과정이다. 목표 설정은 중요하지만 그것만으로는 성공할 수 없다. 목표를 달성하기 위한 효과적인 전략이 마련되어야 한다. 또한 목표 달성에 어떤 자원이 필요한지 파악해야 한다. 이를테면 공부를 다시 시작해 박사 학위를 따고 싶다면 장기와 단기 목표를 설정하는 것 이상의 계획이 필요하다. 공부를 어디에서 할 것인가? 바쁜 일정 속에 박사 과정 수업을 어떻게 끼워 넣을 것인가? 박사 과정에 얼마나 많은 비용이 들고 그 비용을 어떻게 충당할 것인가? 공부를 얼마나 자주 해야 하는가? 계획은 목표 달성에 매우 중요하며 동기부여보다 지속적인 구조를 제공한다.

2단계: 자신을 모니터링하라

2단계는 수행 단계다. 자신을 통제하고 수행을 모니터링함으로써 궤도에서 벗어나지 않도록 하는 과정이다.

자기 통제는 다수의 하위 요소를 포함하는 복잡한 기술이다. 가장 기본적인 측면에서 보자면 당면한 과제에 대한 주의력을 유지하는 기술이다.[13] 다시 말해 큰 목표를 위해 노력하는 동시에 하위 목표를 위해 세워진 전략을 계속 수행해야 한다는 뜻이다. 이러한 전략에는 자기 교수, 시간 관리, 환경 구조화, 도움 찾기 등이 포함된다.

자기 교수는 자기 자신에게 과제에 대해 설명하는 것을 말한다. 과제를 수행할 때 완료에 필요한 단계를 설명하는 것이다. 연구 결과에 따르면 자기 교수는 자기 조절 행동을 위한 효과적인 전략이 될 수 있다.[14] 혼잣말한다고 미친 사람처럼 보이지 않을 테니 걱정하지 말길! 오히려 반대다. 자신에게 과제를 설명하는 것은 그것을 계속 수행하고 목표를 마음속에서 가장 중요한 우선순위로 놓고 진전을 이루어가는 아주 좋은 방법이다. 또한 과제 완료에 필요한 단계를 반복하는 것은 그 행동을 습관으로 만드는 방법이기도 하다. 예를 들어 체중 감량이 목표이고 아침에 일찍 일어나 운동을 해야 한다고 해보자. 무엇을 왜 해야 하는지 자신에게 설명하면 그 행동을 계속 이어가는 데 도움이 된다. 이런 식으로 소리 내어 말할 수 있다. "좋아, 6시 30분에 일어나 30분 동안 운동한 후 출근 준비를 하는 거야. 이렇게 꾸준히 한다면 살이 빠지기 시작하고 전반적으로 건강해질 거야. 제발, 힘내자, 나 자신. 할 수 있어!" 시간이 지나면 결국 자기 교수가 필요 없어질 것이다. 일찍 일어나 운동하는 것이 습관으로 자리 잡을 테니까. 어쩌면 알람이 울리기 전에 눈이 떠질 수도 있다!

마침 알람 이야기가 나와서 말인데, 수행 단계에서 다음으로 다룰 개념은 시간 관리다. 누구나 하루 24시간이 부족한 것처럼 느껴질 것이다. 시간을 효과적으로 관리하려면 시간이 오래 걸리는 활동이 무엇인지 파악하고 그런 활동에 사용되는 시간을 줄이고, 중요한 과제의 우선순위를 정하고, 예상치 못한 사건을 다루는 계획을 마련해둠으로써 효율성을 높여야 한다.[15]

대부분의 사람은 자신의 하루 24시간이 실제로 어떻게 사용되는지 정확하게 알지 못한다. 행동을 추적하기 시작하면 하고 싶은 일을 할 수 있는 시간이 좀처럼 나지 않는 이유를 알 수 있다. 보통 퇴근 후 저녁 식사를 하고 넷플릭스를 시청하고 핸드폰을 보다가 잠자리에 든다고 해보자. 하루 일과를 추적해보면 1시간 동안 강박적으로 핸드폰을 스크롤하고 있다는 사실이 드러난다. 이 행동을 인식함으로써 거기에 사용하는 시간을 수정할 수 있다. 핸드폰 사용을 15분으로 줄이고 매일 저녁 30분 운동을 추가한다. 이렇게 하면 건강 관리처럼 중요한 과제에 더 많은 시간을 할당할 수 있다. 결과적으로 자연스럽게 하루 일과를 모니터링하고 더 많은 생산적인 행동을 계획할 수 있게 된다.

시간 관리에 대해 논할 때 빠질 수 없는 이야기는 바로 '미루기'다. 미루기는 도전적인 목표를 수행할 때 흔하게 발생한다. 강한 동기가 있어도 막상 과제를 수행해야 하는 때가 다가오면 엉뚱한 일을 하려고 한다. 작가들은 집 안 청소를 하는 가장 확실한 방법으로 글을 써야만 할 때 하는 것이라고들 말한다. 글쓰기를 미룰 수 있다면 화장실 변기 청소를 비롯해 어떤 일이든 찾아서 하기 때문이다. 글쓰기에 대한 동기가 없어서가 아니다. 그들은 글쓰기를 좋아하기 때문에 내재적 동기를 부여받는다. 마감 기한은 작가들에게 외재적 동기도 부여한다. 하지만 글쓰기는 어렵다. 너무 많은 노력이 필요해서 도전적인 과제를 피하려고 하는 것이다.

캐나다 라발 대학교 심리학 교수인 세네칼Senécal은 대학생 500명을 대상으로 자기 조절을 미루는 이유를 알아보기 위한 설문조사를 실시했다. 그 결과 자기 조절 기술(또는 그것의 부족)이 그들의 미루기 행동의 25퍼센트를 설명한다는 사실을 발견했다.[16] 기본적으로 자기 조절 기술이 약할수록 미룰 가능성이 크고 아무리 동기가 강한 사람이라도 그것이 목표 달성에 부정적인 영향을 미쳤던 것이다.

자기 조절에 중점을 둔 증거 기반의 미루기 문제 해결법은 바로 과제의 중요성과 긴급성에 집중하는 것이다. 네덜란드 암스테르담 대학교 경영학부 교수인 반 에르데van Eerde는 직장인을 대상으로 미루기를 없앨 수 있는지 알아보았다.[17] 참가자들은 의사 결정 전략을 사용하여 업무의 우선순위를 정하는 방법을 배웠다. 중요성과 긴급성에 따라 업무를 매트릭스에 배치하는 것이었다. 긴급하지도 중요하지도 않은 일은 완전히 무시할 수 있다. 긴급하지만 중요하지 않은 과제는 다른 사람에게 위임한다. 중요하지만 긴급하지 않은 경우는 지연시키고 시간 여유가 생길 때 처리한다. 마지막으로 중요하고 긴급한 과제는 가능한 한 빨리 완료한다. 반 에르데는 선호하는 근무 시간을 선택하게 하고 방해물에 대처하는 방법을 익히는 것과 더불어 연구자들의 개입 덕분에 직원들의 미루기 행동이 크게 줄어든 것을 발견했다. 즉, 우선순위를 정하는 것은 미루기를 줄이는 유용한 자기 조절 전략이다.

한편 환경 구조화는 수행을 스스로 통제하는 전략이다. 미국 미시간 주립 대학교 교육심리학 교수인 시에xie는 수업 외 학습을 하는 학생들이 공부하는 환경에 대한 연구를 시행했다.[18] 연구진은 공부 장소(기숙사, 커피숍, 도서관), 같이 공부하는 사람(혼자 vs 같은 수업을 듣는 학생들), 공부하는 시간(오전, 오후, 밤), 공부 장소의 소음 수준, 심지어 조명(밝음 vs 어두움)에 대한 정보까지 수집했다. 그 결과, 환경의 특징이 학생들의 공부 참여도를 예측하는 것으로 드러났다. 예를 들어 조용한 장소에서 같은 수업을 듣는 학생들과 함께 공부하는 것은 높은 참여도를 예측하는 요인이었다.

이 정보를 사용하면 집중에 가장 유리한 공부 장소를 선택할 수 있다. 즉, 효과적인 공부에 적합한 환경으로 구조화할 수 있다. 예를 들어 시험공부를 해야 하는 대학생에게 시끄러운 룸메이트가 있는 기숙사 방에서 공부하는 것은 최고의 계획이 아니다. 시끄러운 환경이 주의를 흐트러뜨리고 같이 놀고 싶은 유혹을 느끼게 할 수 있다. 공부에 도움이 되는 쪽으로 환경을 수정해야 한다. 룸메이트에게 다른 방에서 놀라고 부탁하거나, 도서관처럼 조용한 곳으로 장소를 옮겨 환경을 완전히 바꾸어야 한다.

만약 책을 쓰는 것이 목표라면 글쓰기를 가장 효과적으로 지원하는 환경을 조성한다. 이를테면 매일 아침 스타벅스에 가서 1시간 동안 글을 쓴다. 체중 감량과 건강한 몸매 만들기가 목표인데 집에 방해물이 너무 많아 운동하기가 어렵다면, TV도 없고 실내 운동용 자전거만 있는 운동 공간을 따로 마련한다. 또한 주위에 산재하는 건강에 해로운 신호를 제거한다. 예를 들어 밤에 TV 보면서 간식을 먹는 습관이 있다면 냉장고가 없어서 간식 신호와 멀어진 이층에서 TV를 보는 식이다.

자기 조절 행동에 사용할 수 있는 또 다른 중요 전략은 바로 도움을 구하는 것이다. 아무리 동기가 강하더라도 더 많은 지식을 지닌 사람의 도움이 없으면 과제를 완료할 수 없을 때도 있다. 따라서 언제, 어떻게 도움을 요청해야 하는지 아는 것도 성공에 필수적이다. 도움 요청이 성공에 효과적이라는 것은 연구에서 일관적으로 증명된 사실이다.[19] 그렇다면 언제, 어떻게 도움을 청해야 할까? 성공적인 도움 요청은 다음의 8단계로 이루어진다. (a) 문제가 있는지 확인한다. (b) 도움이 필요한지 확인한다. (c) 도움을 요청할지 정한다. (d) 필요한 도움의 유형을 결정한다(대신 문제를 해결해달라고 할지, 도움을 받아 스스로 해결할지). (e) 누구에게 도움을 청할지 정한다. (f) 도움을 요청한다. (g) 도움을 받는다. (h) 받은 도움을 처리한다.[20] 이 과정에는 노력, 실행, 기꺼이 타인의 도움을 받으려는 의지가 필요하다.

보통 우리는 도움을 구하는 것을 두려워하거나 자존심에 가로막히곤 한다. 도움 요청이 무지나 약함의 증거라고 생각할 수도 있다. 하지만 진실은 영 딴판이다. 성공한 사람들은 거의 대부분 도움을 요청했으며 받은 경험이 있다. 예를 들어 마이클 조던은 자신의 성공 비결이 다른 이들의 도움을 기꺼이 받아들인 덕분이라고 믿었다. 대학 때 같이 뛴 선수들도 그가 스펀지처럼 모든 것을 흡수했고 학습에 열정적이었다고 말했다.[21] 흥미롭게도 조던은 동기나 재능이 성공 비결이라고 여기지 않았다. 그는 실력을 개선하기 위해서라면 얼마든지 코치들에게 도움을 요청했다. 진짜 개선을 원한다면 결국 전문가의 도움이 필요하다. 비틀즈의 〈With a Little Help from My Friends〉 노래에 나오는 "난 친구들의 작은 도움으로 살아간다네I get by with a little help from my friends"라는 노래 가사가 주는 울림을 되새겨보자.

수행 단계에서 필요한 마지막 요소는 모니터링이다. 진행 상황을 모니터링하는 것이 중요한 이유는 자신의 행동을 관찰함으로써 성장의 기회를 발견할 수 있기 때문이다. 말하자면 목표 행동을 관찰하면 전략이 과연 효과적인지 알 수 있다. 그리고 전략이 효과가 있다면 계속 사용할 수 있다. 만약 효과가 없다면 다른 전략을 사용해야 한다. 연구에서도 진행 상황 모니터링은 목표 달성의 예측 지표로 확인되었다.[22]

그렇다면 자기 조절 과정을 모니터링하는 방법은 어떻게 배울 수 있을까? 독일 다름슈타트 공과대학교 심리학부 연구자들인 슈미츠Schmitz와 페렐스Perels는 대학생들에게 공부에 사용하는 자기 조절 전략을 기록하게 했다.[23] 학생들은 공부 계획, 모니터링 전략, 공부 행동에 대한 성찰을 기록했다. 연구진은 학생들이 자기 조절에 대한 글을 적을수록 자기 조절 행동에 효과적으로 참여한다는 사실을 발견했다. 또한 자기 조절을 기록한 학생들은 그 전략에 참여하지 않은 이들보다 자신감도 높게 나타났다. 그리고 자기 조절 일기를 쓴 학생들은 수학 시험에서 더 높은 점수를 받았다. 즉, 기록을 통해 자신을 모니터링할 수 있다는 뜻이다.

자기 조절 모니터링은 일상생활에도 매우 유용하다. 공책에 직접 적어도 되고 워드 파일로 작성할 수도 있으며, 주변 사람들과 자기 조절 과정에 대한 대화를 나누는 방법도 추천한다. 그를 통해 계획의 효과에 대해 성찰하고 필요한 경우 수정하면 된다. 예를 들어 기술 회사의 영업사원이 하루 동안 꾸준히 영업 전화를 거는 것을 어려워한다고 해보자. 그가 전화 시도를 추적하는 자기 조절 전략으로 전화를 걸 때마다 기록하는 것은 매우 유용한 방법일 것이다. 이를 통해 할당된 판매 목표를 채우는 방법을 찾게 될 것이다. 그다음에는 기록 내용을 읽고 돌아봄으로써 전략이 얼마나 효과적이었는지 확인해야 한다. 이때 효과적인 전략은 계속 활용하고 효과가 없다면 수정한다.

3단계: 성과를 평가하고 전략을 수정하라

자기 조절 과정의 3단계는 자기 성찰이다. 목표 달성을 위한 계획을 세우고 진행 상황을 모니터링한 후에는 최종적으로 성과를 평가해야 한다.

자기 성찰의 첫 번째 핵심 요소는 자기 평가다. 자신의 성과를 평가하거나 목표의 진전을 스스로 판단하는 것이다. 아일랜드 더블린시티대학교 교육심리학 교수인 파나데로Panadero는 '평가적 판단'이라는 용어를 만들었는데, 이것은 수행의 품질에 대한 결정을 내릴 수 있는 능력을 뜻한다.[24] 평가적 판단을 할 때는 맥락, 품질 기준(과제를 완료하는 방법), 평가 기준(평가 방법)을 고려해야 한다. 우선 수행이 이루어지는 서로 다른 맥락 속에서 성과가 달라질 수 있다는 것을 이해해야 한다. 예를 들어 언어 학습 플랫폼 듀오링고에서 스페인어를 연습하는 것과 스페인어 수업에서 시험을 보는 것은 완전히 다르다. 각기 성공의 정의가 크게 다를 것이다.

그다음 결과에 적용되는 품질의 기준을 알아야 한다. 모든 행동에는 저마다 품질 기준이 있다. 보통 교실과 직장에서는 기준이 명백하게 드러난다. 이를테면 교사는 성적의 평가 기준을 설명하고 상사는 보너스를 받기 위해 채워야 하는 판매 할당량을 분명하게 제시한다. 하지만 품질 기준을 파악하기가 어려운 경우도 있다. 체중 감량 목표에서 운동 루틴의 품질 기준과 같은 것이다. 이때는 스스로 품질 기준을 설정해야 한다.

마지막으로 과제의 평가 기준을 알아야 한다. 그래야 그 기준에 부합하는 쪽으로 과제를 수행할 수 있기 때문이다. 예를 들어 상사가 직원들이 기준을 충족했는지 체크리스트를 사용해서 확인하는가? 아니면 지난 분기 실적으로 성장을 평가하는 보다 성찰적인 접근법을 사용하는가? 성과 평가 기준을 알아야 그 기준과 최대한 일치하는 방식으로 과제를 수행할 수 있을 것이다.

자기 평가는 학생과 직장인은 물론 모든 사람에게 중요한 기술이다. 그렇다면 자기 평가 기술을 어떻게 개선할 수 있을까? 모든 기술이 그러하듯 연습이 중요하다. 자기 평가 능력을 개선해주는 효과가 검증된 방법으로 자기 평가 스크립트가 있다. 스크립트에는 효과적으로 자신을 평가하는 질문이 들어간다. 예를 들어 자신의 성과에 대해 생각해보고 잘한 것은 무엇이고 그 이유는 무엇인지 답하는 식이다. 개선이 필요한 부분은 무엇이고 그 이유는 무엇인지도 답하고, 성과가 있다면 구체적으로 분석한다.

평가적 판단이라는 용어를 만든 파나데로는 자기 평가에 스크립트를 사용한 그룹과 기준표를 사용한 그룹을 비교했는데, 그 결과 스크립트 그룹의 자기 조절 능력이 더 뛰어났다.[25] 만약 다른 사람에게 자기 평가 방법을 가르치려면 자기 판단의 단계를 설명하는 스크립트를 작성해주고 그 단계를 연습하도록 도와줘야 한다. 자신의 성과를 평가하는 방법을 배우고 싶다면 상사나 교사 또는 지식이 풍부한 주변 사람에게 도움을 받아 자기 평가 스크립트를 작성해서 실행하면 된다.

자기 평가 능력을 키우는 데 효과적인 것으로 밝혀진 또 다른 방법은 모델링이다. 자기 평가의 본보기로 삼을 만한 사람은 자신이나 타인의 평가적 판단에 큰 도움이 된다.[26] 효과적으로 자기 평가를 할 줄 아는 멘토를 찾는 것이 좋다. 예를 들어 자신의 자기 평가 과정을 알려줄 직장 동료가 있는가? 그들을 본보기로 지켜보고 궁금한 점은 질문하고 직접 연습한 후 피드백을 얻는다. 타인의 자기 평가를 도와주려면 유능한 멘토를 전략적으로 배정한다. 멘토이자 강사로서 성공적인 자기 평가 과정을 가르쳐줄 수 있을 것이다. 자기 평가 후에는 그 정보를 사용해 성과를 개선해야 하는데, 이는 자기 반응이라는 과정을 통해 이루어진다.

자기 반응에는 자신의 수행에 대한 감정이 개입되며 수행에 대해 느끼는 긍정적인 감정이라고 정의되는 자기 만족의 과정이 포함된다.[27] 수행에 대한 자기 만족감이 높으면 앞으로 그 활동에 참여하고자 하는 강한 동기가 부여된다.[28] 반대로 수행에 대한 자기 만족감이 떨어질수록 앞으로 그 활동에 참여하고자 하는 동기가 저하될 것이다. 이처럼 동기부여가 뒤따르므로 자신의 성과에 만족하는 것이 중요하다. 하지만 항상 가능한 일은 아니다. 만약 실패하면 어떻게 해야 하는가? 실패하면 당연히 만족스럽지 않을 것이다. 실패했을 때는 두 가지 유형의 자기 반응 중에서 하나를 선택할 수 있다. 첫 번째는 방어적 반응이다.

미래의 실패를 피하고 자존감을 지키기 위해 그만두는 것이다.

예를 들어 아이가 스포츠에서 실패를 경험한 뒤 끈기 있게 계속하는 대신 아예 그만두는 방어적인 태도를 보일 수 있다. 이렇게 하면 자존감은 지킬 수 있겠지만 끈기가 부족해져서 무엇이든 너무 일찍 포기하는 버릇이 생길지 모른다. 그보다 바람직한 반응은 수행의 결과를 기반으로 연습이나 전략, 수행을 수정하는 적응적 반응이다.[29] 포기가 아니라 수행을 평가하고 수정한 뒤 성과 개선에 도움이 되는지 알아보는 것이다. 만약 공부했는데도 시험을 망쳤다고 그 수업을 포기한다면 방어적 반응이다. 대신 공부 전략을 돌아보아야 한다. 어떤 방법으로 공부했는가? 여러 번 복습했는가? 이야기를 만들어 개념에 대한 이해를 도울 수도 있다(연구에 따르면 반복보다 효과적인 방법이다[30]). 이처럼 공부 습관에 변화를 주는 것도 적응적 반응이며 성과 개선으로 이어질 가능성이 높다. 자기 반응은 동기부여에 큰 영향을 미친다. 성공하든 실패하든 자신의 수행 결과에 어떤 식으로 반응하는지가 최종 결과를 좌우한다.

자기 조절 전략은 아무리 강력한 동기가 있어도 목표 달성에 추가로 꼭 필요하다. 사전숙고, 수행, 자기 성찰로 이루어지는 자기 조절 과정을 성공적으로 밟아나가는 것은 목표에 도달하는 효과적인 방법이다. 목표를 설정하고 행동 계획을 세우는 것부터 시작하라. 그다음에는 환경을 구조화하고 시간을 관리하라. 마지막으로 수행을 평가하고 필요한 경우 행동을 수정하라. 자기 조절은 동기부여가 된 상태에서 성과를 한 단계 더 올려줄 수 있는 중요한 인지 전략이다. 동기부여만으로는 성공의 충분조건이 아니므로 목표 달성을 위해 꼭 필요한 자기 조절에 사용할 수 있는 증거 기반의 방법을 소개한다.

1. 시간을 관리하라

시간 관리는 일정을 세우고 지키고 필요한 경우 수정하는 과정으로 이루어진다. 스프레드시트를 이용해 하루의 시간을 어떻게 사용할지 계획하라. 예를 들어 이메일 확인 및 회신에 1시간, 회의에 3시간, 보고서 작성에 4시간을 쓴다고 해보자. 일주일이 지난 후 이 일정이 얼마나 효과적인지 확인한다. 보고서 작성에 더 많은 시간이 필요하고, 이메일과 회의 시간은 줄여도 될지도 모른다. 필요에 따라 시간을 조정하고 계속 시간의 쓰임새를 관찰한다. 반드시 중요한 과제를 우선순위에 두어야 한다.

사람들이 미루는 이유는 보통 과제가 압도적이고 어떻게 진행해야 할지 모르기 때문이다. 그럴 때 도움을 주려면 하루에 해야 할 일을 전부 적은 다음 중요성과 긴급성을 기준으로 순위를 정하라고 한다. 그런 다음 순서대로 과제를 완료하게 한다. 대학생인 자녀가 다음의 일들을 해야 한다고 해보자. 다음 주에 있을 대수학 시험공부하기, 금요일까지 리포트 작성하기, 내일까지 재정 보조 장학금 신청서 작성하기, 이번 주말에 술집에서 열리는 퀴즈 게임 이벤트 대비해 공부해두기 중에서 중요성과 긴급성에 따라 자녀에게 일의 순서를 매기라고 한다. 재정 보조 장학금 신청은 매우 중요한데다 기한도 내일까지이므로 가장 먼저 처리해야 한다. 그다음은 금요일까지 제출해야 하는 리포트와 다음 주에 보는 대수학 시험공부 순이다. 이번 주말에 열리는 퀴즈 게임 이벤트는 대수학 시험보다 앞서지만 중요성은 떨어지므로 우선순위의 맨 아래에 놓는다. 이렇게 중요성과 긴급성에 따라 과제의 우선순위를 정하는 법을 가르쳐주면 시간 관리법과 미루지 않는 법을 배우는 데도 효과적이다.

2. 환경을 구조화하라

과제의 수행에 가장 효과적인 환경이 무엇인지 주의를 기울여보라. 이런 질문을 해보자. 방해물이 가장 많은 곳은 어디이고 집중이 가장 잘되는 곳은 어디인가? 혼자 일하는 것과 그룹으로 일하는 것 중에서 어느 쪽을 선호하는가? 집과 카페 중 어디에서 더 잘되는가? 내가 일하는 곳의 소음은 어느 정도인가? 조명은 어떤가? 방해물은 무엇인가? 자신의 선호도에 따라 환경을 바꾸면 된다. 예를 들어 집에서 일하는 것을 선호하지만 일하려고 노트북을 열 때마다 다른 할 일이 생각난다고 해보자. 세탁기에 든 빨래를 건조기로 옮겨야 하고, 변기에서 물 흐르는 소리가 계속 나고, 이웃이 문을 두드리고, 애완견 산책도 시켜야 하고…. 하루가 끝나고 집은 반짝반짝 깨끗해졌지만 정작 할 일은 조금도 손대지 못했을 것이다. 문제는 우리 자신이 아니라 환경일 수 있다. 집보다 카페에서 일하는 것이 더 효과적일 수도 있다.

가족이나 자녀에게 적용한다면 목표를 달성하기에 가장 유리한, 산만함과 유혹이 적은 환경을 찾을 수 있도록 도와주어야 한다. 이상적인 환경에 놓여 있는데도 과제를 제대로 수행하지 못한다면 과제를 완료하는 데 필요한 지식이 없기 때문일 수 있다. 그런 사람은 도움을 요청하는 방법을 배워야 한다. 도움을 구해도 안전하다고 느껴지는 환경을 조성해주는 것이 좋다. 방법을 모르거나 틀려도 괜찮으며 도움을 구하는 것은 성공한 사람들도 전부 활용하는 효과적인 전략이라는 믿음을 주어야 한다. 또한 언제, 어떻게 도움을 구해야 하는지도 가르쳐주어야 한다. 신입 사원이 업무를 제대로 처리하지 못해 과연 제 몫을 해낼 수 있을지 걱정스럽다고 해보자. 모르거나 헤매도 괜찮으며 언제든 이야기하면 도와줄 수 있다고 설명하라. 도움 요청은 자신의 행동을 스스로 조절하고 성공을 거두기 위해 매우 중요한 부분이다.

3. 수행을 모니터링하라

과제를 수행하는 과정에 주의를 기울이고 진행 상황을 점검하는 것 또한 꼭 배워야 할 중요한 기술이다. 계획을 세우는 것만으로는 충분하지 않다. 계획이 제대로 진행되는지 모니터링해야 한다. 목표를 설정할 때 진행 상황을 추적하는 차트를 만들고, 순조롭게 진전이 이루어지면 계속 열심히 하면 된다. 효과적인 방법을 꼭 기록해두어야 한다. 계획한 것보다 뒤처지고 있다면 이유를 찾아보자. 필요한 경우 전략을 수정한다. 예를 들어 목표가 체중 감량이라면 일주일에 4회 운동이라는 하위 목표를 설정할 수 있다. 일주일에 운동을 몇 번 하는지 횟수를 기록한다. 네 번을 채우지 못하고 있다면 그 이유를 파악한다. 매일 퇴근 후 1시간씩 TV를 보느라 운동할 시간이 부족할지도 모른다. 그렇다면 운동을 끝마치기 전까지는 TV를 보지 않기로 한다. 운동을 빼먹으면 TV도 볼 수 없다.

타인에게도 마찬가지다. 모든 일이 그러하듯 자기 조절도 시간이 필요한 일인데 의도적으로 연습하는 경우는 거의 없다. 따라서 자기 조절을 연습하도록 지도한다. 목표를 차트로 만들고 계획을 적고 수행을 모니터링하고 평가하는 방법을 알려준다. 예를 들어 동생이 건강한 식습관을 원하지만 꾸준하게 실천하지 못하고 있다고 해보자. 동생에게 자기 조절 과정을 추적해보라고 제안할 수 있다. 일기에 건강한 식습관에 대한 목표를 적는다. 그다음에는 인스턴트 음식을 먹지 않기로 계획을 세운다. 그리고 식습관이 잘 지켜지고 있는지 과정을 기록한다. 마지막으로 일기를 읽고 성과에 대해 성찰한다. 자기 조절에 대해 분명하게 성찰하는 것은 자기 조절을 배우고 목표에 도달하는 효과적인 방법이다.

4. 수행을 평가하라

다시 말하지만 자기 평가는 연습과 피드백이다. 자신의 수행을 평가하는 연습을 하고 자기 평가가 정확한지 상사, 교사, 가족 또는 친구에게 피드백을 요청한다. 자신을 평가할 때는 수행의 맥락과 판단 기준, 외부 평가에 대해 꼭 알아야 한다. 예를 들어 연봉 인상이나 승진이 목표라면 업무 환경의 맥락을 이해할 필요가 있다. 연봉 인상이 자주 이루어지는가? 언제 그런가? 또한 연봉 인상이나 승진의 기준을 반드시 알아야 한다. 충족해야 하는 기준이 있는가? 업무 할당량이 있는가? 나아가 직장에서 어떤 기준으로 나를 평가하는지 알아야 한다. 연봉 인상이나 승진의 기준이 되는 기준표나 체크리스트가 존재하는가? 이런 것들을 먼저 파악한 후 연봉 인상과 승진의 목표를 달성하게 해주는 행동을 실행하라.

자기 평가 방법을 배우는 좋은 방법은 다른 사람이 그것을 잘 해내는 모습을 직접 보는 것이다. 다른 사람의 성공적인 자기 평가 전략을 직접 보고 그 행동을 직접 재현하는 것이 효과적이다. 또한 그 사람에게 피드백을 받아 과정을 개선할 수도 있다. 한편 타인에게 적용하고자 한다면 도와주려는 사람에게 자기 평가 과정의 본보기를 직접 보여주어라. 자기 평가 과정을 보여줄 모델을 연결해줄 수도 있다. 예를 들어 자신의 성과를 스스로 평가하는 데 어려움을 겪고 있는 직장의 신규 영업사원에게 본보기를 보여줄 수 있는 멘토를 붙여주는 것이다. 이러한 모델링은 자기 평가 과정에 참여하는 방법을 가르치는 효과적인 방법이다.

동기부여 처방

라숀은 부모와 함께 사는 집을 떠나 독립하기 위해 무엇을 해야 할까? 무언가를 원한다고 해서 그것이 현실로 이루어지리라는 보장은 없다. 라숀은 계획을 세우고 목표의 진행 과정을 모니터링하고 성과를 평가하고 필요한 경우 계획을 수정해야 한다. 라숀은 자기 조절에 대해 알게 된 후 목표를 하위 목표로 나누었다. 하위 목표에는 룸메이트 찾기, 월셋집 구하기 등이 포함되었다. 각각의 작은 목표마다 어떤 행동이 필요한지도 계획하고(예: 온라인에 룸메이트 구하는 게시물 올리기), 바쁜 하루 일과에서 그 행동에 사용할 시간을 미리 마련했다. 최근에 독립한 친구에게 도움을 구하기도 했다. 3개월의 모니터링과 평가, 수정 과정을 거쳐서 라숀은 그녀의 형편에 맞고 마음에도 쏙 드는 집과 룸메이트를 찾았다. 인테리어 잡지에서 본 집들보다는 못하지만 그래도 그녀는 독립의 목표를 이루어낸 자신이 자랑스럽다.

 **동기부여 프로젝트**

자기 조절력을 키우는 전략	자신을 위한	타인을 위한
시간 관리	일정 계획, 모니터링, 우선순위 설정	• 중요성과 긴급성에 따라 과제의 우선순위 설정 • 우선순위 실행법 교수
목표에 맞는 환경으로 구조화	• 수행에 유리한 환경 찾기 • 방해물을 제거하고 집중력 극대화	• 방해물과 유혹을 제거하는 방법을 교수 • 언제 어떻게 도움을 구해야 하는지 조언 • 도움 요청은 성공한 사람들도 활용하는 효과적인 전략임을 알려주기
수행을 정기적으로 모니터링	하위 목표의 수행 과정 기록 및 매주 점검하기	• 자기 조절 과정을 추적하고 목표 달성을 모니터링하도록 지원 • 자기 조절 실행을 매일 하도록 지원
평가적 판단 실시	맥락, 기준, 평가 유형을 제대로 이해해 스스로를 평가	자기 평가 방법에 대한 모델 제공

실전 적용

내가 동기부여를 받고 싶은 일:

내가 시도할 전략:

내가 다른 사람에게 동기를 부여하고 싶은 영역:

도움을 주기 위해 시도할 전략:

5장

목표를 생생하게 그리면 성공한다고? 진짜?

소설책을 쓰는 것은 짐의 꿈이다. 자신이 쓴 소설책의 이미지가 생생하게 눈에 보인다. 그의 이름이 들어간 반짝반짝 빛나는 표지. 하지만 앉아서 글을 쓰려고 하면 꼭 다른 할 일이 생긴다. 처리할 업무가 생기고 넷플릭스 드라마의 새 에피소드가 뜨고 갑자기 낚시 갈 일이 생긴다. 그의 머릿속으로 생생하게 그려지는 소설책은 속이 텅 비었다.

짐은 제2의 스티븐 킹이 될 수 있을까? 아니면 스티븐 킹 소설 원작 넷플릭스 드라마를 보는 것으로 만족해야 할까?

(신화) 성공을 시각화하면 현실이 된다

인간은 상상력을 발휘해 원하는 미래를 그릴 수 있다. 짐은 그가 쓰고 싶은 소설책의 이미지를 생생하게 본다. 정말 현실인 것처럼 생생하다. 이처럼 사건과 상황을 상상하는 것을 심적 시뮬레이션이라고 한다.[1] 심적 시뮬레이션에는 파트너와의 논쟁을 머릿속으로 되짚는 것처럼 이미 발생한 사건을 재생하는 것, 두 가지 여행지 중에서 하나를 선택하는 것처럼 가설을 세우는 것, 동료에게 맞설 방법을 정하는 것처럼 상황에 대한 다양한 접근법을 시도하는 것이 모두 포함된다. 이러한 심적 시뮬레이션은 문제 해결의 중요한 부분이 될 수 있다. 실질적인 결과를 치르지 않고도 여러 상황을 시도할 수 있게 해주기 때문이다. 자신의 이름으로 된 소설책이나 만점짜리 시험지, 사랑하는 사람과의 결혼 같은 믿음은 어쩌면 합리적일지도 모른다. 그러나 아무리 좋아 보여도 결과에 집중하는 것은 실제로 유용한 전략이 아니다. 오히려 실제로 성공적인 결과로 이어지게 해주는 일들을 실행하지 못하도록 방해한다. 안타깝게도 성공을 시각화하면 현실이 된다는 생각은 널리 퍼져 있다. 필자들의 설문조사에서도 응답자의 3분의 2 이상(67.5퍼센트)이 그 신화에 어느 정도 또는 강하게 동의하는 것으로 나타났다.[2] 어느 정도 또는 강하게 동의하지 않는 사람들은 15.3퍼센트에 불과했다. 그럴 만도 하다. 너무 합리적이고 긍정적으로 느껴지는 생각이니까! 하지만 진정으로 목표를 달성하려면 이 신화를 깨뜨려야 한다.

일시적인 고양감이 지닌 한계

성공의 시각화가 목표 달성에 대단히 효과적이라는 믿음은 미디어와 라이프 코치, 심지어 토니 로빈스를 비롯한 동기부여 전문가들의 강력한 지지를 받았다. 예를 들어 미식 축구 선수 출신의 강연자 매트 메이베리Matt Mayberry는 "알리처럼 승리하는 자신을 상상하라. 짐 캐리처럼 최고의 능력을 발휘하는 자신을 상상하라. 마이클 조던처럼 우승을 확정 짓는 슛을 날리는 자신을 떠올려라.(…) 성공하고 모든 목표를 달성하고 모든 과제를 완료하는 자신을 시각화하라"고 말한다.[3] 또한 경영 코치 말라 타카바Marla Tabaka는 "성공으로 가는 길을 시각화하라(정말로!)”는 기사에서[4] 다음과 같이 적었다.

일상에서 의도적으로 원하는 결과를 시각화하고 그것이 가능하다고 믿게 되면 뇌가 그것을 현실로 만들려는 동기를 강화한다. 어떻게 해서든지 목표를 이루겠다는 결심이 확고해진다.

개신교 목사이자 작가인 노먼 빈센트 필Norman Vincent Peale은 이렇게 말하기도 했다. “성공한 자신의 이미지를 떠올리고 생생하게 시각화하면 원하는 성공이 이루어졌을 때 이미 마음속에 존재했던 현실을 그냥 선택하기만 했을 뿐인 것처럼 느껴진다.”[5] 우리 뇌가 정말로 이 인용문들에서 말하는 식으로 작동한다면 얼마나 좋을까. 그럴 듯은 하지만 안타깝게도 과학적으로 뒷받침되는 주장은 아니다.

동기부여 전문가들의 영향을 제쳐두고 우리가 이 신화를 믿는 이유는 매우 긍정적이고 낙관적이기 때문일지도 모른다. 트로피를 손에 들고 결승선에 서 있거나 꿈에 그리던 직장의 사무실에 앉아 있는 자신을 상상하면 기분이 좋아진다. 하지만 상상이 현실로 이루어지지 않고 여전히 집 소파에 널브러진 신세라면 백일몽은 악몽으로 바뀐다. 시각화 전략을 버리면 기분은 좀 나빠지겠지만 훨씬 더 빠르고 효율적으로 목표에 도달할 수 있다.

우리가 성공을 시각화하면 현실이 된다고 믿는 또 다른 이유는 심리학자들이 ‘가용성 휴리스틱’이라고 부르는 것 때문이다.[6] 이것은 상상하기 쉬운 시나리오일수록 실제로 일어날 것이라고 믿을 가능성이 커지는 현상을 말한다. 뇌는 우리의 의사 결정을 도울 때 사용하는 일종의 지름길이다. 의사 결정에 들어가는 노력을 최소화해준다. 테일러

스위프트 콘서트 티켓을 들고 있는 자신을 쉽게 상상할 수 있다면 티켓을 구할 가능성이 실제보다 더 높다고 생각하게 된다. 팬으로 등록한 10만 명이 콘서트 티켓을 사려고 시도할 것이라는 통계를 아예 무시하고 말이다. 그러면 성공 가능성을 높이는 다른 방법을 찾아보려는 시도조차 하지 않을 것이다. 이렇게 떠올리기는 쉽지만 실제로 이루어지기는 어려운 결과를 시각화하면 오히려 성공 가능성이 줄어드는 방향으로 나아가게 될 수 있다.

성공한 모습을 시각화하면 기분이 좋아지고 긍정적인 감정이 샘솟을 수 있다. 하지만 이 일시적인 고양감은 실제의 성취와 큰 차이가 있다. 오히려 성공 가능성을 과대평가함으로써 성공 확률을 높여주는 행동을 실행하지 못하게 한다. 그리고 실패하면, 즉 시각화한 이미지가 현실로 이루어지지 않으면 자신의 능력을 의심하기 시작하고 사실은 해낼 수 있는 일들을 포기하게 된다. 처음에는 기분이 좋지 않을 수도 있지만 긍정적으로 보이는 이 전략을 포기하고 더 생산적인 시각화와 목표 달성 전략을 사용해야 한다. 당장은 힘들어도 생산성의 측면에서는 더 좋다.

앞으로 알게 되겠지만 꿈을 현실로 바꾸는 데는 시각화보다 효과적인 방법이 많다.

과학 과정을 시각화하는 편이 낫다

과학은 성공으로 다가가는 데 매우 효과적인 접근법들을 다수 제시한다. 결과가 아닌 과정을 시각화하기, 실행 의도 활용하기, 메타인지 전략 활용하기가 바로 그것이다. 이 전략들이 과학적으로 어떻게 뒷받침되는지 알아보자.

10킬로미터 완주가 목표라고 가정하고, 완주 목표를 시각화하는 두 가지 방법을 비교해보자. 첫 번째 접근법에서는 결승선을 통과하는 자신의 이미지를 떠올린다. 전광판에 뜬 기록을 확인한다. 생각보다 빨리 들어왔다. 사이드라인에서 박수치며 환호하는 가족과 친구들이 보인다. 자랑스럽고 행복한 기분이 든다.

두 번째 접근법은 결승선에 도달하는 데 걸리는 단계들을 시각화한다. 출근 전 달리기 연습을 위해 일찍 맞춰둔 알람이 울린다. 오전 6시, 커피를 마시고 카페인 기운이 돌 때까지 잠시 기다린다. 달리느라 분명 힘들겠지만 이겨내는 자신의 모습이 그려진다. 숨을 헉헉거리고 잠시 멈추어 숨을 고른다. 집으로 돌아오니 기진맥진해도 기분은 최고다.

결승선을 통과하는 자신을 상상하는 첫 번째 접근법은 결과 시뮬레이션이다.[7] 이 방법은 달성되어야 하는 결과를 시각화한다. 결승선, 시험 만점, 새 직장의 커다란 사무실 등이다. 두 번째 접근법은 목표에 도달하게 해주는 단계를 시각화하는 과정 시뮬레이션이다. 도중에 겪는 어려움이나 실수 같은 이미지도 포함된다. 실패한 취업 면접, 밤늦게 공부하다가 잠든 것 등이다. 어떤 접근법이 더 성공 확률이 높을까?

미국 UCLA 심리학과 교수인 셸리 테일러Shelley Taylor는 일련의 연구에서 이 질문을 탐구했다. 연구에는 첫 중간고사를 앞둔 심리학 개론 수업 학생들이 참여했다.[8] 연구진은 그들을 실험실로 데려와 심적 시뮬레이션을 가르쳤다. 그중에서 절반은 과정 시뮬레이션을 배웠다. 그들은 A를 받을 방법으로 공부하는 자신의 모습을 시각화했다. 예를 들어 강의 노트를 복습하거나 TV나 음악을 끄는 것처럼 방해 요소를 제거하거나 친구의 외출 제안을 거절하는 모습이었다. 반면 결과 시뮬레이션 조건의 학생들은 A를 받는 자신의 모습을 상상했다. 성적이 게시된 유리 케이스 앞에 서서 명단을 쭉 내려다가다 자신의 성적이 A라는 것을 발견하는 모습을 떠올렸다. 그 순간 느끼는 기쁨을 상상했다. 두 조건의 학생들 모두 시험 전 5일 동안 심적 시뮬레이션을 매일 했다.

둘 중에서 어떤 그룹이 시험을 더 잘 보았을까? 과정 시뮬레이션에 참여한 학생들은 일찍 시험공부를 시작해 더 많은 시간을 공부했다. 그들은 과정 시뮬레이션도 결과 시뮬레이션도 하지 않은 대조군보다 거의 8점 가까이 높은 점수를 받았다. 반면 결과 시뮬레이션 그룹은 큰 도움을 받지 못했다. 그들은 대조군보다 더 많이 공부하지 않았고 점수도 2점밖에 높지 않았다. 연구진은 과정 시뮬레이션이 계획을 세우고 실제 목표 달성에 도움 되는 일을 실행하도록 도와준다고 결론 내렸고, 이후에 다른 연구에서도 다시 증명했다.[9]

결과 시뮬레이션이 과정 시뮬레이션만큼 효과적이지 않은 이유는 뉴욕 대학교 심리학과 교수인 가브리엘 외팅겐Gabrielle Oettingen이 진행한 일련의 실험을 통해 설명된다.[10] 연구진은 참가자들이 다음 주에 모든 일이 순조롭게 진행될 것이라는 환상을 품도록 유도하거나 그냥 다음 주에 일어날 일에 대해 생각하도록 했다. 그 결과, 긍정적인 환상을 품은 사람들은 중립적으로 생각한 사람들보다 에너지가 낮았고, 실제로 그다음 주 성취도도 낮게 나타났다. 다시 말해 쉬운 에세이 대회에서 상황이 완벽하게 진행되어 200달러의 상금을 받는 환상을 떠올린 성인들은, 상금을 받지 못할 수도 있고 일이 순조롭게 진행되지 않을 수도 있다고 상상한 이들보다 시뮬레이션 이후 확실히 에너지가 덜했던 것이다. 이에 연구진은 환상을 현실로 바꾸려면 행동할 수 있는 에너지가 필요하다고 추론했다. 그리고 안타깝게도 긍정적인 결과라는 환상은 그 에너지를 만들어내지 못한다고 했다.

소원을 현실로 만들기 위해서는 계획을 세우고 시련을 견뎌나가야만 한다. 긍정적이고 완벽한 결과를 시각화하면 기분은 좋아져도 소원을 현실로 바꿀 에너지가 만들어지지 않는다. 마치 뇌가 긍정적인 이미지를 현실로 여기고 만족감에 안주하기라도 하는 듯하다.

언제, 어디서, 어떻게 행동할지 미리 정하라

많은 이들과 마찬가지로 나(웬디) 역시 코로나19 팬데믹 기간에 시간이 넉넉했다. 기타를 배우고 싶은 마음이 간절했다. 그러나 쉽지 않을 것이 분명했다. 특별히 음악에 재능이 있는 것도 아니고 나이도 많으니까. 그럼에도 예전부터 기타를 배우고 싶은 마음이 있었는데다 힘든 시기에 마음의 중심을 잡아주고 큰 위안이 될 것 같았기에 포기하지 못했다. 나는 오래된 기타를 꺼냈다. 기타를 칠 줄 아는 아이가 더 좋은 기타를 사게 되어 남은 물건이었다. 어떻게 시작해야 할까? 계획을 세웠다. 첫째, 온라인 레슨을 신청한다. 둘째, 일주일에 3일은 업무를 끝내고 오후 4시부터 1시간을 기타 연습에 투자한다. 피곤해서 기타를 치고 싶지 않은 날이 많을 것이라는 생각에 일주일에 3일로 정했고 이미 배운 간단한 곡을 연습하기로 했다. 진전이 이루어지고 있었다.

결과가 어떻게 되었는지 궁금할 것이다. 계획은 성공적이었다. 이제는 장화음을 대부분 칠 줄 알고 태어난 지 얼마 안 된 손자에게 간단한 노래를 연주해줄 수 있다. 절대 전문가처럼 칠 수는 없겠지만 기타를 배운 뒤로 분명 내 삶이 크게 개선되었다.

이 장의 첫머리에서 소개한 짐처럼 누구나 이루고 싶은 목표가 있다. 옷장 정리처럼 작은 일일 수도 있고 소설을 쓰는 것처럼 좀 더 큰 일일 수도 있다. 하지만 안타깝게도 목표를 이루지 못한 채 꿈으로만 남는 경우가 대부분이다. 목표를 설정하는 것과 목표에 다가가기 위해 노력하는 것은 서로 별개이기 때문이다. 노력에는 실행을 미루는 마음을 극복하고 계속 행동을 유지하는 끈기가 꼭 필요하다. 물론 먼저 목표를 결정하는 것이 중요한데, 이를 목표 의도라고 한다.[11] 목표 의도는 이렇게 말하는 것이다. "나는 X를 할 것이다. 또는 결과 Y를 달성할 것이다." 헌신하는 목표를 설정했으므로 좋은 시작이다. 다음 단계는 목표 지향적인 행동을 하는 것이다. 이전에 해본 적 있거나 일상적인 일이라면 무척 쉬울 수 있지만 대개는 쉽지 않다. 그 이유는 여러 가지가 있다. 첫째, 시작 방법이 다양하고 그중에서 하나를 고르기가 힘들기 때문이다. 시간을 할당하더라도 그 시간이 고작 선택지를 고려하는 데 쓰일 수 있다. 지금 기타를 연주하는 게 맞을까, 옷장을 정리하는 게 낫지 않나? 오후 4시가 정말 가장 좋은 시간인가? 이와 같은 고민처럼 말이다. 둘째, 다른 일로 바빠서 목표를 위해 행동할 수 있는 기회를 놓치기도 한다. 예를 들어 건강한 식습관이라는 목표와 쇼핑 방법의 연관성을 미처 알아차리지 못해서 장 볼 때 건강에 좋은 선택지를 놓칠 수 있다. 상사에게 말을 걸려고 했지만 갑자기 우편물실에서 상사를 마주치면 미처 고려하지 못한 장소라서 기회를 놓칠 수 있다. 이때 사용할 수 있는 전략이 실행 의도 정하기다.

실행 의도는 목표를 달성하기 위해 언제, 어디서, 어떻게 행동할 것인가를 포함하는 구체적인 계획이다.[12] "만약 ~라면 ~할 것이다" 형식을 사용해서 계획을 세운다. "만약 Y라는 상황이 발생하면 나는 Z라는 행동을 할 것이다"라는 식이 된다. 이 형식은 행동으로 이어지는 단서 또는 상황을 명시한다. 예를 들어 "오후 4시가 되면 나는 기타를 꺼내서 1시간 동안 연습할 것이다"와 같은 것이다. 만약 동료와 친해지는 것이 목표라면 "우편물실에서 우연히 마주치면 금요일 점심에 같이 점심 먹자고 물어보자"라고 정한다. 요점은 목표 지향적인 행동을 할 수 있는 기회를 사전에 결정함으로써 그 기회를 놓치지 않는 것이다.

실행 의도 정하기는 크게 두 부분으로 구성된다. 첫째, 목표를 달성하기 위한 행동을 지정해야 한다. 온라인 레슨의 도움으로 기타를 연습하는 것일 수도 있고, 시험에서 A를 받는 목표를 이루기 위해 함께 공부할 스터디 그룹을 만드는 것이나 체중 감량을 위해 만보기의 걸음 수를 늘리는 것일 수도 있다. 둘째, 해당 행동을 하게 만드는 특정 상황을 예측해야 한다. 내가 일주일에 3일, 오후 4시로 정한 이유는 다른 일을 마치고 나서 분위기를 좀 바꿔보고 싶은 시간대이기 때문이다. 걸음 수를 늘리고 싶은 사람은 회사 건물에 들어가 5층에 있는 사무실로 향하는 상황을 특정 신호로 정할 수 있다. 이 상황에는 엘리베이터 대신 계단을 이용하는 행동을 하도록 정하는 것이다. 이렇게 특정 상황에 특정 행동을 하도록 미리 실행 의도를 정해놓으면 목표 달성 과정에서 마주치는 문제를 피할 수 있다.

물론 목표 행동을 실행할 좋은 기회가 다가왔을 때 마음의 저항이 들수도 있다. 오늘 정말 기타를 치고 싶은 기분인가? 기다렸다가 월요일에 동료에게 같이 점심 먹자고 해야 할까? 오늘 좀 피곤한데 그냥 엘리베이터를 탈까? 이와 같은 생각이 들어도 실행 의도를 미리 정해놓으면 고민의 시간이 줄어든다. 특정 상황에서 어떤 행동을 해야 하는지 알기 때문이다.

그런데 실행 의도를 미리 정해놓는 것이 과연 목표 달성에 영향을 줄까? 뉴욕 대학교 심리학과 교수인 피터 골위처Peter Gollwitzer는 그 답을 알아보기 위해 일련의 실험을 진행했다. 먼저 대학생들에게 12월 8일부터 12월 18일까지 크리스마스 방학 동안 개인적으로 이루고 싶은 일이 있는지 물었다.[13] 그리고 목표 달성을 위한 실행 의도가 있는지 확인했다. 예를 들어 시점을 포함해 구체적인 행동 계획이 있느냐였다. 그런 다음 연구팀은 4주 후 학생들이 목표를 이루었는지 조사했다. 실행 의도가 없는 학생 중에서 목표를 달성한 이들은 22퍼센트밖에 안 되었지만, 실행 의도가 있는 학생 중에서는 62퍼센트가 목표를 이루었다. 특히 목표가 어려운 것일 때 그 차이가 두드러졌다.

또한 골위처는 다른 연구에서 대학생 참가자들에게 크리스마스 연휴 동안 크리스마스이브를 어떻게 보냈는지에 대한 에세이를 제출하라는 과제를 냈다.[14] 참가자의 절반은 언제 어디에서 글을 쓸지를 포함해 실행 의도를 정했고, 나머지 절반은 정하지 않았다. 그 결과, 실행 의도를 정한 참가자의 71퍼센트가 정해진 기한 내에 에세이를 제출했지만, 대조군의 경우는 32퍼센트에 불과했다. 골위처가 진행한 연구들은 실행 의도를 정하는 것이 제때 목표를 달성하느냐에 커다란 영향을 끼친다는 사실을 입증했다.

실행 의도 정하기에는 특정 상황에 특정 행동을 하겠다는 계획이 포함된다. 그뿐만 아니라 주의가 흐트러지거나 필요한 행동을 하고 싶어지지 않을 때를 대비한 계획도 들어간다. 오후 4시에 전화가 울릴 수도 있고 이메일에 답장하고 싶을 수도 있다. 그런 장애물을 예상하고 그때 어떤 행동을 할 것인지(예: 전화 받지 않기, 자동 응답 설정하기 등)를 정하는 일도 포함되는 것이다.

골위처가 진행한 또 다른 연구에서 참가자들은 오랫동안 집중해야 하는 과제를 수행했는데, 그때 연구자들은 유명한 대회에서 수상한 광고들을 틀었다.[15] 참가자의 절반은 방해물이 등장할 때 어떻게 할 것인지 실행 의도를 미리 정해 놓았고("움직이는 이미지를 보거나 소리가 들리면 무시한다!") 나머지는 그렇지 않았다. 그 결과 산만함을 억제하는 실행 의도를 정해놓은 참가자들의 과제에 대한 성과가 높았다. 시험 불안이 있는 학생들을 대상으로 실행 의도를 정해놓은 그룹과 그렇지 않은 그룹을 나누어 수학 문제를 풀게 했을 때도 비슷한 결과가 나왔다.[16]

연구에 따르면 실행 의도 정하기는 아이들에게도 도움이 된다. 6세 아동들이 컴퓨터에서 탈 것(배, 자동차, 트럭)과 동물(고양이, 소, 개 등)을 분류하는 과제를 수행했다.[17] 주의를 흐트러뜨리는 용도로 매우 흥미롭거나 별로 흥미롭지 않은 만화가 화면 상단에 뜨거나 소리만 들렸다. 아이들 중 절반은 "방해물이 등장하면 무시한다!"라고 '실행 의도'에 대한 지침을 받았고 나머지 절반은 "방해물은 무시한다"라고 그냥 '의도'만 전달받았다. 방해물인 만화가 별로 흥미롭지 않은 경우, 두 조건 아이들의 성과에는 차이가 없었다. 그러나 흥미로운 만화가 방해물인 경우, 실행 의도가 있는 아이들의 성과가 더 높았다. 이 결과는 특정 상황에 특정 행동을 한다고 정해놓는 계획이 잠재적 방해 요소를 다루는 데 매우 효과적임을 보여준다. 특히 방해물이 흥미를 끄는 것일수록 더욱 그렇다. 핸드폰, 간식, 순간적으로 흥미를 자극하는 일 등 우리를 목표에서 멀어지게 하는 방해물이 바로 그것일 테다.

현실과 미래를 대조하라

가브리엘 외팅겐은 목표를 추구하기 위해서는 실행 계획을 세워야 한다는 개념을 조금 더 확장했다.[18] 그는 긍정적인 생각을 목표와 실행에 대한 헌신으로 바꾸는 이론을 내놓았는데, 이를 정신적 대조mental contrasting라고 불렀다. 다시 말해 원하는 결과와 그 결과에 다다르지 못하도록 막는 현실에 대해 모두 생각하는 것을 일컫는다. 더 구체적으로는 변화된 행동에 대한 희망도 포함된다. 더 많이 공부하기, 건강하게 먹기, 관심 있는 사람에게 데이트 신청하기 등이 있을 수 있다. 그다음에는 행동 변화가 성공적으로 이루어진 긍정적인 미래도 포함된다. '이 변화를 이루면 어떻게 될 것인가?'를 생각하는 것이다. 예를 들어 공부 시간을 늘리면 시험을 잘 볼 수 있고, 건강에 좋은 음식을 먹으면 컨디션이 좋거나 에너지가 늘어난다. 짝사랑 상대에게 데이트 신청을 하면 즐거운 시간을 보낼 수 있을 것이다.

이처럼 긍정적인 미래를 떠올렸다면 그다음에는 부정적인 현실과 대조한다. 예를 들어 친구들 때문에 주의가 산만해져서 공부를 하지 못한다거나 심심해서 건강에 해로운 야식을 먹는다거나 무슨 말을 해야 할지 몰라서 데이트 신청을 못 한다거나 하는 상황이다. 긍정적인 미래와 부정적인 현실에 대해 모두 생각하면 현실을 정복해야 할 장애물로 바라보게 된다. 나아가 긍정적인 미래가 실현할 수 있는 것처럼 보이고 목표에 대한 헌신도 강해진다.

정신적 대조는 다른 두 가지 생각 방식과 나란히 놓고 비교해볼 수도 있다. 바로 탐닉indulging과 곱씹기dwelling다. 탐닉은 현실의 장애물에 대해 생각하지 않은 채 원하는 미래에 대한 환상을 품는 것이다. 곱씹기는 현재에만 집중하느라 원하는 미래에 대해 성찰하지 않는 것이다. 이 둘은 현재와 미래를 모두 고려하는 정신적 대조와 어떻게 다를까? 외팅겐은 탐닉과 곱씹기를 나란히 놓고 바라보면 둘이 연결되어 목표에 도달하기 위한 장애물을 극복하려는 헌신이 강해진다고 주장했다.[19]

정신적 대조와 같은 역할을 한다는 것이다.

그렇다면 외팅겐이 내놓은 이론인 정신적 대조는 과연 효과가 있을까? 외팅겐은 이에 대한 후속 실험도 진행했다. 그는 먼저 컴퓨터 프로그래밍 직업 학교의 청소년들에게 수학에서 높은 점수를 받을 확률이 얼마나 될 것 같은지 물었다.[20] 학생의 3분의 1은 정신적 대조 조건 그룹으로서 수학을 잘하는 긍정적인 미래와 그 미래를 방해하는 현실에 대해 모두 성찰했다. 또 다른 3분의 1은 긍정적인 미래에 대해서만 생각하는 조건의 그룹으로 배정되었다(탐닉). 마지막 3분의 1은 부정적인 현실에 대해서만 생각하는 조건의 그룹에 속했다(곱씹기). 실험 2주 후 성공에 대한 기대치가 높은 정신 대조 그룹에 속하는 학생들은 기대치가 높은 2그룹보다 수학 성적을 올리기 위해 전적으로 헌신하는 모습을 보였다.

외팅겐은 또 다른 연구도 진행했다. 참가자들에게 자기계발에 대한 환상을 품도록 한 뒤 자기 효능감 교육 프로그램에 등록하면 실현될 수 있다는 말을 들려주었다.[21] 참가자들은 앞서와 마찬가지로 세 가지 조건의 그룹으로 나누었다. 이때 정신적 대조 그룹은 교육 프로그램의 효과를 떠올리는 미래의 긍정적인 환상과 그 효과를 방해하는 현실을 대조했는데 그 결과 나머지 두 그룹보다 교육에 더 많은 관심을 보였고 의지도 강했다.

정신적 대조는 목표 헌신을 높이는 좋은 방법이지만, 성공을 충분히 보장하지는 않는다. 그래서 이론가들은 정신적 대조와 실행 의도의 결합MCII을 제안했다. 이 전략은 학교 공부를 비롯해서 개인적 목표 등 다양한 맥락에서 다양한 인구층을 대상으로 효과가 증명되었다.

앤절라 더크워스는 초등학교 5학년을 대상으로 한 그룹에게는 정신적 대조와 실행 의도를 사용하는 방법을 가르쳤고, 또 다른 그룹에는 학교 공부와 관련된 희망이나 목표에 대해 긍정적으로 생각하는 연습을 시켰다.[22] 2개월 후 정신적 대조와 실행 의도를 결합한 MCII~Mental Contrasting and Implementation Intention~ 그룹은 긍정적 사고 그룹보다 더 성적이 높게 나타났다. 출석률도 안정적이었을뿐더러 교사들의 행동 평가에서도 개선된 모습을 보였다. MCII를 가르쳐주는 단 3시간의 개입으로 이런 결과가 나온 것이다.

MCII의 긍정적인 효과는 건강 행동에서도 확인되었다. 콜롬비아 대학교 심리학과 소속 연구자인 스태들러~Stadler~는 여성들의 신체 활동량을 늘리는 목표에서 두 가지 개입을 비교했다.[23] 한 그룹은 건강 정보만 제공받고, 다른 그룹은 정보에 MCII가 추가되었다. 결과적으로 MCII가 추가된 그룹은 개입 이후 운동량이 두 배로 늘어났고 4개월 동안 운동을 지속했다. 건강에 해로운 간식 습관과[24] 일찍 잠자리에 들어 수면 시간 늘리기[25] 같은 다른 영역의 연구에서도 긍정적인 효과가 발견되었다.

메타인지 질문을 하라

여기에 더해 생각에 귀를 기울이고 결과를 시각화하는 것 말고 다른 방식으로 내면의 언어를 활용하면 도움이 될 수 있다. 수행 전, 중, 후 단계에서 사고하고 성찰하는 것이다. 저명한 심리학자 존 플라벨~John Flavell~은 1970년대에 아이들이 기억을 이해하고 통제하는 방법을 설명하기 위해 메타인지라는 용어를 처음 사용했는데,[26] 이제 심리학계에서는 어린이와 성인 모두 학습과 문제 해결에 사용하는 전략으로서 논의하고 있다.

4장에서 목표 달성에 사용할 수 있는 자기 조절 모델을 소개했는데, 메타인지 전략은 그것과 비슷하지만 내적인 사고 과정에 집중하며 성공 극대화에 사용할 수 있다. 마음을 위한 자기 조절이라고 생각하면 쉽다.

메타인지 전략은 크게 메타인지 지식과 메타인지 조절이라는 두 가지 범주로 나눌 수 있다.[27] 메타인지 지식은 사람들이 학습에 대해 아는 것을 가리킨다. 여기에는 자신의 인지 능력에 대한 지식이 포함된다. 예를 들어 자신에게 쉽거나 어려운 것, 특정 과제에 대한 지식(즉, 가장 어려운 부분), 과제 수행에 적용할 전략에 대한 지식 등이다. 암기법을 이용해 기타 줄의 순서를 기억한다거나(나는 "에디가 다이너마이트를 먹었다, 잘 가, 에디!*Eddie Ate Dynamite, Good-Bye Eddie!*"를 사용해서 기억한다), 배운 내용을 잘 기억하는지 스스로 테스트를 해본다든지 하는 것도 포함된다.

메타인지 조절은 우리가 과제를 수행하는 도중에 하는 일과 관련 있다. 이것은 계획, 모니터링, 평가로 나뉜다. 계획은 목표에 대해 생각하고 과제에 어떤 식으로 접근하고 어떤 전략을 사용할지 고려하는 것이다. 스스로에게 "나는 무엇을 하려고 하는가? 어떤 전략을 사용할 것인가? 전에 사용한 것 중에서 유용한 전략이 있는가?"라고 물을 수 있다.

그다음은 모니터링이다. 모니터링은 목표 달성을 위한 계획을 실행하고 과정을 추적하고 진전을 평가하는 것이다. 만약 전략이 효과가 없으면 수정할 수 있다. "내가 사용하고 있는 전략이 효과가 있는가? 다른 전략을 시도할 필요가 있는가?"를 생각한다.

마지막으로 평가는 사용한 전략이 목표 달성에 얼마나 도움이 되는지 알아보는 것이다. "얼마나 잘했는가? 잘되지 않은 부분은 무엇인가? 다음에는 어떻게 다르게 할 수 있을까?"를 묻는다. 메타인지 조절은 자동으로 발휘되는 과정이 아니며 학습과 연습을 통해 가능하다.

메타인지 전략은 아동[28]과 성인[29]의 학업, 건강과 체력 목표,[30] 개인의 도전적인 목표 달성[31] 등을 포함해 다수의 생활 영역에서 효과가 있는 것으로 밝혀졌다. 예를 들어 학업적으로 우수한 중고등학생들은 수학 문제를 해결할 때 메타인지 전략을 많이 사용할수록 더 높은 성적을 냈다.[32] 그리고 메타인지 사용을 교육받은 개인은 학습과 기타 작업을 더 잘 수행했다. 미국 인디애나 대학교 블루밍턴의 심리학과 교수인 에밀리 파이프Emily Fyfe는 초등학교 1~2학년 학생들에게 수학의 동치 개념을 가르치면서[33] 학생 절반에게는 "정답을 얻으려면 어떤 단계를 밟아야 하는가? 내 답이 맞는지 확인하려면 어떻게 해야 하는가?"와 같은 메타인지 질문을 하도록 가르쳤다. 나머지는 그 방법을 배우지 않았는데, 결과적으로 메타인지 훈련을 한 학생들이 수학 문제를 더 잘 풀었다. 또한 식단과 운동을 스스로 모니터링하도록 교육받은 참가자들이 체중 감량 목표를 더 효과적으로 달성했다는 연구도 있다.[34]

그렇다면 목표를 추구할 때 메타인지 전략을 계속 적용하려면 어떻게 해야 할까? 텍사스 대학교 오스틴의 교육심리학과 교수인 패트리샤 첸Patricia Chen은 '전략적 마인드셋'을 개발해야 한다고 제안한다.[35] 전략적 마인드셋은 메타인지 전략에 접근하도록 유도하는 사고방식이다. 여기에는 목표를 달성하기 전에 스스로 일련의 질문을 던지는 것이 포함된다. 연구진은 과제를 수행하기 전에 "내가 자신을 도우려면 무엇을 해야 하는가?"와 같은 질문을 하는 사람들이 있는데, 이런 질문을 던지면 계획, 모니터링, 평가를 포함한 메타인지 전략을 사용할 수 있게 된다고 가정했다. 그리고 대학생들을 대상으로 일반적인 전략적 마인드셋에 대해 조사했다. 학생들은 "무언가가 잘 풀리지 않을 때 '어떻게 하면 도움이 될까?' 혹은 '이보다 더 좋은 방법이 있을까?'와 같은 질문을 얼마나 떠올리는가?"에 답했다. 수업에서 메타인지 전략을 사용했는지에 대해서도 답했다. "나는 수업 과목을 공부할 때 나의 학습 방식이 얼마나 효율적인지 추적하는 경향이 있다"와 같은 항목에 답하는 식이었다.

그 결과 연구진은 학생들이 전략적 질문을 상시로 하는, 즉 전략적 마인드셋을 지니고 있을수록 메타인지를 사용할 가능성이 높다는 사실을 발견했다.[36] 그리고 메타인지 전략을 많이 사용할수록 학점이 높은 것으로 나타났다. 또한 전략적 마인드셋이 메타인지 전략의 사용을 늘려 학점을 높여준다는 사실까지 확인했다.

연구진은 또 다른 설문도 진행했는데, 그것은 전략적 마인드셋이 학업 목표뿐만 아니라 전반적인 개인 목표의 달성에도 효과적이라는 사실을 증명하기 위한 것이었다. 이 연구에서 참가자들은 전략적 사고방식을 지니고 있는지에 대해 응답했고 현재의 직업 또는 목표(예: 엑셀 배우기), 현재의 건강/체력 목표(예: 5킬로그램 감량)를 적었다. 그다음에는 목표 달성을 위해 메타인지 전략을 얼마나 자주 사용했는지를 답하고, 마지막으로는 각 목표에서 얼마나 많은 진전을 이루었는지를 답했다. 연구진은 첫 번째 연구와 마찬가지로 전략적 마인드셋이 메타인지 전략의 사용을 증가시켰고, 메타인지 전략은 더 많은 진전을 가능하게 했다는 사실을 발견했다.

마지막으로 연구진은 그들이 발견한 사실을 확실히 증명하기 위한 실험을 진행했다. 참가자들에게 전략적 마인드셋을 사용하는 방법을 가르치는 개입을 설계한 것이다.[37] 절반은 사용법을 배웠고 절반은 배우지 않았다. 모든 참가자에게는 달걀을 깨서 분리하는 작업이 주어졌고, 가장 많은 양의 흰자를 모으는 사람은 100달러를 받을 수 있었다. 그리고 연구진은 참가자들이 이 과제를 수행할 때 메타인지 전략을 사용했는지 여부를 기록했다. 예상대로 개입 그룹에 속한 참가자들이 메타인지 전략을 사용할 가능성이 더 높았다. 그리고 메타인지 전략을 많이 사용할수록 과제를 빠르게 수행했다. 개입을 받은 참가자들이 작업량도 더 많았음은 물론이다.

누구나 긍정적인 결과를 시각화한다. 햇볕이 내리쬐는 해변에 앉아 있거나 꿈에 그리던 직장에 합격하는 것 같은 공상은 너무도 자연스러운 일이다. 하지만 긍정적인 결과에 집중하는 것만으로는 꿈이 현실에 가까워질 가능성은 거의 없다. 과학은 비록 힘들고 불편한 행동이 따르더라도 목표를 향해 나아가는 과정에 집중하라고 말한다. 실행 의도를 정할 수도 있다. '만약 ~하면 ~할 것이다'라는 형식으로 특정 상황에서 특정 행동을 하는 데 집중하는 것이다. 그러면 앞으로의 행동을 추측할 필요가 없어진다. 실행 의도 정하기와 함께 현재 상황을 떠올리는 정신적 대조도 사용해야 효과적이다. 그래야 현실을 극복해야 할 도전으로 인식하게 된다. 마지막으로 전략적 마인드셋을 가져야 한다. 목표 달성에 대해 스스로 질문을 떠올림으로써 행동을 계획하고 진행 상황을 모니터링하고 평가하는 것이다. 원하는 상황을 시각화하기보다는 이런 도구들을 활용한다면 목표가 정말로 이루어질 것이다.

1. 결과가 아닌 과정에 집중하라

원하는 결과를 상상하지 말고 목표를 이루도록 도와주는 행동에 집중해야 한다. 예를 들어 자신의 이름이 적힌 소설책 표지를 떠올리지 말고 책상에 앉아 소설의 첫 페이지를 쓰는 자신의 모습을 상상한다. 모든 유혹을 물리치고 마침내 커피를 들고 방으로 들어가 문을 닫고 열심히 일하는 모습을 상상할 수도 있다.

타인의 동기부여를 위해서라면 최종 결과가 아니라 목표에 이르게 해주는 행동에 집중하도록 도와준다. 목표에 도달하기 위해서 필요한 행동들을 적어보라고 한다. 예를 들어 새 차를 구매하려는 친구에게는 반짝이는 새 차를 운전하는 모습이 아니라 가장 적합한 차를 알아보고 자동차 판매점에 방문하는 모습을 떠올리라고 할 수 있다. 영업사원과 나누는 까다로운 대화 상황이 포함될 수도 있다.

2. 실행 의도를 정하라

그다음 목표를 향해 나아가게 해주는 행동을 떠올린다. 그 상황에 대해 '만약 ~하면 ~할 것이다'라는 문장을 만든다. 여기에서 '만약'에는 그 행동을 실행하도록 유도하는 시간, 장소 또는 상황이 포함될 수 있다. 예를 들어 책상이 깨끗하기를 원한다면 "아침에 사무실에 도착하면 업무를 시작하기 전에 5분 동안 책상을 정리할 것이다"라고 정할 수 있다. 잠재적인 방해 요소와 장애물에 대해서도 같은 계획을 세운다. "만약 5분 동안 책상을 청소할 때 문자가 온다면 청소가 끝날 때까지 무시할 것이다"가 될 것이다. 명확성과 특수성이 분명해져서 특정 상황이 발생하면 어떻게 행동해야 하는지 고민할 필요가 아예 없으므로 목표에 가까워지는 기회를 놓치지 않을 수 있다.

타인에게 적용할 때는 목표를 달성하려는 좋은 의도만으로는 안 되며 실행 의도라는 구체적인 계획이 필요하다고 설명하는 것이 좋다. 특정 상황이 발생하거나 신호가 나타났을 때 특정한 목표 행동을 실행할 수 있도록 '만약 ~하면 ~할 것이다'라는 형식으로 미리 행동을 지정하는 방법을 알려준다. "주간 컴퓨터 강좌 수강생 모집 공고가 뜨면 등록할 거야"처럼 간단한 예를 들어주면 더욱 좋다. 집중을 방해하는 요인과 장애물에 대해서도 미리 실행 의도를 정해놓으라고 한다. "만약 1순위 오전 강좌가 마감되면 저녁 강좌에 등록할 거야"라는 식이다. 이러한 실행 의도를 글로 적게 하는 것도 좋다. 메모지에 적어서 잘 보이는 곳에 붙여두게 하라. 이렇게 하면 의도가 더 확고해져서 실현 가능성이 높아진다.

3. 실행 의도와 정신적 대조를 함께 사용하라

목표를 시각화할 때는 원하는 미래와 현실을 같이 떠올려야 한다. 현실을 장애물로 보고 그것을 극복하기 위한 행동을 떠올리기 위함이다. 예를 들어 업무 회의에서 목소리를 내는 것이 목표라고 상상해보자. 먼저 정신적 대조를 이용해 목소리를 냈을 때의 긍정적인 결과를 상상한다(글로 적는다). 그렇게 된다면 내 생각과 아이디어가 일상적인 업무 처리 방식에 큰 영향을 줄 수 있을 것이다. 그 결과에 대해 좀 더 자세하게 생각해 볼 수도 있다. 이 상황의 부정적인 현실 또한 생각해보아야 한다. 이를테면 목소리 큰 동료 몇 명이 회의를 꽉 잡고 있어서 끼어들어 말하기가 쉽지 않을 수 있다. 이것이 극복해야 할 장애물이다. 그렇다면 회의를 더 열심히 준비하고 미리 아이디어를 생각해둘 수 있다. 상사에게 목표를 이야기하고 회의 초반에 시간을 내달라고 요청하는 방법도 있다. 어떤 방법을 쓰든 '만약 ~하면 ~할 것이다'를 정해야 한다. '이번 주에 상사를 만나면 회의에 더 적극적으로 참여하는 방법에 대해 상의할 것이다'라는 식이다. 이 기법을 사용해 원하는 미래가 현실로 바뀌는 것을 지켜보자.

한편 돕고자 하는 상대가 원하는 미래를 상상하면 목표를 이룰 수 있다고 믿고 있다면 어떻게 해야 할까? 그때는 부정적인 현실에 대해서도 생각하고 둘을 연결하는 것이 중요하다고 설명한다. 또한 목표 또는 원하는 미래와 그것을 가져다줄 행동에 대해 성찰하도록 도와야 한다. 부정적인 현실에 대해서도 말하게 한다. 그 후 그것이 바로 극복해야 할 문제이니 이제 문제를 해결할 수 있게 되었음을 알려준다. 그다음에는 문제를 극복할 수 있는 행동을 떠올리고 '만약 ~하면 ~할 것이다' 형식으로 행동 계획을 세우라고 한다. 예를 들어 이 장의 맨 앞에서 소개한 짐이라면, 만약 책을 쓰면 어떤 일이 일어날지 생각해볼 수 있을 것이다. 추가 소득을 올리고 작가로 인정받을 수도 있을 것이다. 다만 글쓰기에 전념할 자유 시간이 많지 않을 수도 있다. 그러면 시간을 마련하는 방법을 찾아보게 한다. 다른 일을 시작하기 전인 오전 8시에 1시간씩 글을 쓰기로 계획할 수 있다. 그렇게 하면 머지않아 페이지가 점점 쌓여서 진전이 이루어질 것이다.

4. 메타인지 전략을 사용하라

새로운 과제나 목표를 시작하기 전에 어떤 식으로 진행할 것인지 질문한다. "내가 하고자 하는 일은 무엇인가? 어떤 전략을 사용할 것인가? 과거에 효과적이었던 비슷한 전략은 무엇이 있는가?" 예를 들어 나(웬디)는 이 책의 첫 장을 쓸 때 약간 압도감을 느꼈다. 그래서 과거에 효과가 있었던 전략이 무엇인지 떠올렸다. 글을 쓰기 전에 기사를 읽고 메모하는 방법이 좋았던 기억이 떠올랐다. 효과적이었던 접근법이 있다는 것을 알자 시작에 대한 불안감이 사라졌다.

타인에게 적용할 때는 무턱대고 문제 해결과 과제 수행에 뛰어들지 않고 한 걸음 물러서서 앞으로의 일을 찬찬히 짚어보도록 도와준다. 이런 질문을 떠올려보게 한다. "이 과제를 수행할 때 어떤 전략을 사용할 것인가? 과거에 효과적이었던 방법은 무엇인가?" 예를 들어 시험을 앞둔 학생이라면 시험의 형식, 유익한 자원(예: 강의 노트, 연습 시험 문제, 교과서 자료, 교수 상담 등), 자원의 활용 계획 등에 대해 생각해볼 수 있도록 유도한다. 그런 다음 공부를 시작하고 공부 방법이 효과적인지 모니터링하라고 한다. 시험이 끝나면 시험 성적이 자기가 공부한 방법의 결과라고 생각되어 다시 동기부여가 될 것이다.

동기부여 처방

이 장에서는 상상과 생각의 힘을 이용해 소망과 목표를 현실로 바꾸는 다양한 방법을 알아보았다. 소설가를 꿈꾸는 짐은 글쓰기 과정에 집중하고 정신적 대조와 실행 의도를 이용해 목표를 향해 나아가면서 장애물을 극복할 수 있다. 그 과정에서 진행 상황을 모니터링하고 평가해야 한다. 필자들도 이 전략을 이용해서 이 책을 썼으니 짐도 할 수 있을 것이다.

 **동기부여 프로젝트**

시각화를 제대로 사용하는 법	자신을 위한	타인을 위한
밟아야 하는 단계에 집중	주간, 일간 또는 시간별 과제에 집중	목표 달성에 필요한 단계를 떠올리게 하기
실행 의도 정하기	특정 행동과 신호를 찾아 계획 수립	특정 상황에서 해야 하는 행동을 미리 정하게 하기
실행 의도와 정신적 대조를 함께 사용	현재를 극복해야 하는 장애물로 인식	현재를 극복해야 하는 장애물로 여기라고 조언
메타인지 전략 사용	• 과제 시작 전 어떤 전략을 어떻게 사용할지 고민 • 진행 상황을 모니터링하고 결과 평가	• 과제 시작 전 어떻게 접근할 것인지 질문 • 문제 접근법, 문제 해결 전략 등을 미리 떠올리게 하기 • 진행 상황을 모니터링하고 결과를 평가하게 유도

실전 적용

내가 동기부여를 받고 싶은 일:

내가 시도할 전략:

내가 다른 사람에게 동기를 부여하고 싶은 영역:

도움을 주기 위해 시도할 전략:

6장

"언젠가 때가 오겠지"

아메트는 의료 기기 판매원으로 일하며 가족을 부양할 만한 돈을 충분히 벌고 있다. 하지만 그는 오래전부터 요리사를 꿈꾸었다. 애인과 친구들을 위해 맛있고 근사한 저녁을 준비하는 것을 좋아하고 〈탑 셰프〉를 비롯한 요리 프로그램도 즐겨 본다. 그는 언젠가 요리 학교에 들어갈 것이라고 입버릇처럼 말한다. 애인에게도 틈날 때마다 "타이밍만 맞으면 바로 실행에 옮길 거야. 하루 종일 레시피를 만들면서 살고 싶어!"라고 말한다. 그러나 그렇게 말한 지 벌써 몇 년이나 지났지만 아메트는 여전히 병원에 의료 기기를 판매하고 있다. 또한 〈탑 셰프〉를 볼 때마다 요리사가 될 거라고 말한다.

대학원에 지원하거나, 소설의 첫 장을 쓰거나, 건강에 해로운 습관을 고치는 목표를 올바른 타이밍이 올 때까지 기다렸다가 행동으로 옮겨야 할까? 아메트가 요리 학교에 들어갈 완벽한 시기를 기다리는 것은 과연 옳은 선택일까?

직업을 바꾸는 것 같은 새로운 활동이나 도전은 절대로 쉽지 않은 일이므로 아메트가 확실하게 준비될 때까지 기다리고 싶어 하는 것도 충분히 이해된다. 아무리 셰프가 되고 싶어도 시작할 준비가 되지 않아서 압도적으로 느껴질 수도 있다. 다만 아메트에게는 안타까운 말이지만 '번개 치듯' 언젠가 동기가 부여되리라는 보장은 없다. 연구에 따르면 오히려 기다리거나 미루면 성과가 떨어지거나 아예 시도하지 않게 될 수도 있다. 목표에 도달하려면 계획을 세우고 목표를 설정해야 한다. 아메트라면 압도적으로 느껴지지 않는 하위 목표부터 시작할 수 있을 것이다. 첫 단계로 그가 사는 지역에 어떤 요리 학교가 있는지 알아보거나 가장 좋아하는 셰프들이 어디에서 공부했는지 알아볼 수 있을 것이다. 동기부여가 되는 순간을 기다리지 말고 무엇이든 실행해야 한다.

동기부여 관련 신념에 대한 필자들의 설문조사에서 응답자의 대다수는 "동기가 부여될 때까지 기다려야 한다"라는 항목에 동의하지 않았다.[1] 다행이다! 기다리다가 기회를 놓친 경험이 있거나 기다리기만 하면 오히려 심한 불안과 자기 경멸로 이어질 수 있음을 잘 알고 있어서인지도 모른다. 하지만 응답자의 9퍼센트는 동기가 부여될 때까지 기다려야 한다고 믿었다. 별것 아닌 숫자처럼 보일 수도 있지만 여기에 미국 인구수를 곱하면 숫자가 커진다. 게다가 약 15퍼센트는 동의하지도 반대하지도 않는다고 응답함으로써 잘 모르겠다는 태도를 보였다. 또한 필자들은 교수, 연구자, 심리치료사로 일하면서 좀처럼 목표 행동을 시작하지 못하고 "동기부여가 번개처럼 번쩍 내려치길 기다리고 있어요"라고 말하는 사람들을 실제로 많이 본다. 왜 우리는 동기가 부여될 때까지 기다려야 한다고 믿는 것일까?

완벽한 타이밍이라는 환상

사실은 동기부여가 어떤 식으로 작동하는지 모른다는 것이 이유일 것이다. 예를 들어 우리는 과제에 대한 자신의 동기부여 정도를 잘 예측하지 못한다. 일본 기후쇼토쿠학원대학 교육학부 교수인 쿠 쿠라토미Kou Kuratomi는 피실험자에게 길고 반복적인 과제를 제공한 일련의 실험에서 이를 증명했다.[2] 참가자들은 주어진 단어와 관련 있는 단어를 가능한 한 많이 떠올려야 했다. 이 과제를 짧은 시간 동안 수행한 후 만약 그 과제를 20분 동안 수행한다면 어떤 기분이 들지 예측하게 했고, 실제로 20분 동안 수행한 후 얼마나 열심히 했는지와 즐거움을 느꼈는지에 대해서도 답했다. 참가자들은 그들이 예상했던 것보다 적극적으로 수행했고 즐거움을 느꼈다. 한마디로 그들은 자신의 동기부여를 과소평가했다! 또한 우리가 과제 수행에 걸리는 시간을 과대평가한다는 증거도 있다.[3] 그래서 시간적 여유가 많이 생길 때까지(그런 일은 거의 드물다), 모든 조건이 완벽한 순간을(그런 순간은 절대로 없다) 기다리는지도 모른다.

자신의 동기부여 정도를 잘 모르는 데다 과제가 압도적이라고 생각한다면, 모든 조건이 완벽하게 맞아떨어져야만 목표에 뛰어들려고 하는 것도 이해된다. 하지만 이러한 오해는 생산성을 방해한다. 적절한 수준의 동기부여를 기다릴 것이 아니라 곧바로 뛰어들어 동기부여를 관찰해야 한다. 즉, 동기가 부여되어야만 행동할 수 있다고 믿지만 사실은 목표를 설정하고 행동 먼저 하면 동기가 부여된다.

아메트처럼 동기가 부여되기까지 기다리면 어쩌면 영원히 기다려야 할 수도 있다. 시작을 미루다가 영영 기회가 날아가버릴 수도 있다. 혹은 시작했더라도 처음에 동기가 부여되지 않아서 노력하지 않게 될 수도 있다.

동기부여에 대한 한없는 기다림은 아메트의 경우처럼 진로 변경에만 영향을 끼치는 것이 아니다. 이 신화에 대한 믿음은 삶의 여러 측면에 영향을 미칠 수 있다. 승진이나 연봉 인상 요구, 책 쓰기, 열심히 일한 대가로 휴가 떠나기, 집 안 DIY 프로젝트 끝내기, 운동 루틴 시작하기, 관심 있는 사람에게 데이트 신청하기와 같은 일을 끝까지 타이밍만 재고 있을 수도 있다. 꿈을 현실로 바꾸느냐, 지켜만 보다가 영영 기회를 잃느냐의 차이는 일단 하는 것에 달려 있다.

일단 행동하면 동기는 저절로 생긴다

목표와 계획은 크게 인지적 동기 이론의 범주에 속한다. 인지는 기대, 계획, 목표, 판단 등 모든 종류의 생각을 포함하는 정신적 사건이다. 인지 이론에서 이런 생각들은 행동의 용수철 역할을 할 수 있다. 무엇을 해야 하는지, 어떻게 잘할 수 있는지를 알려준다.

1960년대에 한 무리의 심리학자들—조지 밀러George Miller, 유진 갈란터Eugene Galanter, 칼 프리브람Karl Pribram—이 처음으로 계획의 개념을 사용해 인지를 연구했다.[4] 계획이라는 개념은 불일치를 감지하는 인간의 능력에서 나왔다. 예를 들어 요가 수업에 처음 나가기 시작했다고 해보자. 손을 발가락에 갖다 대는 것조차 힘든 당신이 자신은 절대로 불가능할 것 같은 어려운 동작을 척척 해내는 타인의 모습을 본다. 당신의 머릿속에는 원하는 동작을 해내는 자신의 이미지가 들어 있다. 이처럼 현재 상황과 이상적인 요가 자세의 불일치는 당신이 그 차이를 없애기 위한 계획을 세우게 만든다. 그리고 계획이 당신에게 동기를 부여한다. 매주 요가를 연습하고 특히 어려운 자세도 따라 해본다. 현재의 능력과 이상적인 자세를 계속 비교한다. 그 둘이 여전히 일치하지 않으면 연습을 계속한다. 이 과정이 반복되어서 다른 사람들과 똑같은 자세를 할 수 있게 된다. 만세!

우리는 불일치를 직접 발견하거나(예약한 호텔 방이 사진과 똑같지 않음) 누군가 지적해주기도 하며(상사가 당신의 판매실적이 남들보다 떨어진다고 지적) 스스로 차이를 만들기도 한다. 현실보다 이상적인 상황이나 상태를 머릿속으로 떠올리는 것이다. 이를테면 아메트에게는 현재 직업과 그가 꿈꾸는 직업이 있다. 불일치를 발견하고 세우는 계획은 유용한 인지이지만 매우 비특이적이다. 그래서 심리학자들은 더욱 유용하고 구체적인 인지 유형에 집중하게 되었다. 바로 목표다. 목표는 개인이 이루고자 하는 대상을 가리킨다. 학점 3.8점 받기, 100만 달러 부동산 팔기, 체중 2킬로그램 빼기, 이삿짐 싸기 등이 전부 목표에 해당한다. 목표의 중요성에 대한 연구가 시작된 것은 일찍이 1930년대부터였지만 메릴랜드 대학교 조직심리학 교수인 로크Locke의 연구로 1960년대부터 발전했다. 로크는 목표가 여러 다양한 과제의 성과에 미치는 영향 및 가장 좋은 목표 유형에 대해 연구했고,[5] 그 덕에 최적의 목표가 무엇인지 알려주는 연구가 많이 쌓였다.

목표를 설정할 때 이루고자 하는 것이 무엇인지가 큰 차이를 만든다는 사실을 보여주는 흥미로운 연구도 있다. 가장 최근에는 목표를 추구하는 이유가 목표 달성의 여부를 결정한다는 사실도 발견되었다. 목표에 관한 이러한 정보가 우리에게 알려주는 바는 다음과 같다.

구체적이고 어려운 목표일수록 좋다

심폐지구력을 기르기 위해 일주일에 몇 번씩 수영 연습을 하기로 했다고 해보자. 수영장에 가서 시작하기 전에 '랩lap(수영장의 한쪽 끝에서 반대쪽 끝까지의 거리-옮긴이)을 최대한 많이 돌 거야'라고 생각한다. 과연 이 목표가 변화를 가져올까? 이것이 가장 효과적인 목표 설정 방법일까? 랩 목표를 설정하는 더 효과적인 방법이 있을까?

로크와 캐나다 토론토 대학교 조직 효과성 분야 교수인 라탐Latham은 수십 년 동안 목표의 중요성에 관해 알아보는 연구를 했고,[6] 『목표 설정과 과제 수행 이론 *A Theory of Goal Setting and Task Performance*』이라는 책을 탄생시켰다. 책에서 그들은 참가자들이 목표 유형이 다른 상태로 과제를 수행하거나 활동에 참여하는 실험을 했다. 예를 들어 대학생들에게 발판과 조이스틱을 사용하여 녹색 조명과 빨간색 조명 패턴을 맞추게 했다.[7] 참가자들은 연습을 거친 후 과제를 수행했는데, 연습 때보다 15개 더 많이 맞추어야 한다는 구체적인 목표가 주어진 그룹도 있고 그냥 "최선을 다하라"고만 전달받은 그룹도 있었다. 그 결과 구체적인 목표가 주어진 참가자들이 그냥 "최선을 다한" 그룹보다 훨씬 더 많이 맞추었다.

다른 유형의 과제가 주어진 연구도 있었다. 학부 경영학과 학생들은 다섯 가지 수업에 대한 일정을 세워야 하는 과제를 받았다.[8] 한 그룹은 정확한 일정의 예시가 다수 주어졌고 다른 그룹은 그냥 최선을 다하면 되었다. 그 결과 구체적인 예시가 주어진 학생들이 더 정확하게 일정을 세웠다.

목표 설정에서 구체성은 중요하다. 직원들에게 그냥 고객을 친절하게 응대하라고 하기보다는, 모든 고객에게 미소로 인사를 건네고 어떤 도움이 필요한지 물어보는 것을 목표로 삼게 해야 한다. 자녀에게 그냥 책을 많이 읽으라고 하지 말고 여름 방학 동안 2주마다 한 권씩 읽으라고 하라. 나(웬디)는 막연히 글을 써야 한다고 생각하는 대신, 여름 동안 매일 하루에 최소 1시간씩 쓰기로 했다. 덕분에 이 책을 끝마칠 수 있었다.

연구 결과에 따르면 목표가 구체적일 뿐만 아니라 도전적이어야 성과가 개선된다. 한 연구에서는 소총 사격술 수업에서 135명의 대학생에게 익숙하지 않은 무릎 꿇은 자세로 총을 쏘게 했다.[9] 일부 학생들은 (사전 테스트 결과에 따라) 어렵거나 중간 수준의 목표를 받았고 다른 학생들은 그저 최선을 다하라는 지시를 받았다. 그 결과, 어려운 목표를 받은 학생들의 성적이 가장 높았다. 어려운 목표일수록 성과가 향상되었던 것이다. 이 사실은 교육, 영업, 체중 감량, 운동 등 다양한 영역의 다양한 과제를 통하여 확인되었다. 어려운 목표가 효과적으로 작동하기 위해서는 한 가지만 주의하면 된다. 어려워도 현실적이고 달성 가능한 목표로 인식되어야 한다는 것이다. 불가능해 보이는 목표는 사람들을 포기하게 만들거나 낙담하게 만든다.

구체적이고 어려운 목표가 수행 결과의 차이를 만드는 이유는 무엇일까? 첫째, 구체적인 목표는 우리를 목표와 관련 있는 행동으로 이끌어주고 관련 없는 목표와는 멀어지게 한다. 무엇을 이루고자 하는지 잘 알고 있으므로 그것에 주의를 집중하고 그것을 가능하게 해주는 전략을 사용할 수 있다. 둘째, 구체적인 목표는 행동을 조정하게 해준다. 결승선이 어디인지 알면 그곳으로 다가가려는 에너지를 키울 수 있다.

마지막으로 구체적이고 어려운 목표는 끈기에 영향을 미쳐 생각한 것보다 더 많은 일을 할 수 있게 만든다.

경영 분야에서는 이러한 생각들이 합쳐져 SMART 목표가 나왔다.[10] 다음의 다섯 가지 특징을 포함하는 목표일수록 달성 가능성이 높아진다는 뜻이다.

- **구체적**Specific: 수행에 집중할 수 있도록 목표가 명확하고 구체적이어야 한다. 예를 들어 9월까지 쿠키 500상자를 팔겠다는 목표는 구체적이다.
- **측정 가능**Measurable: 목표에는 진행 상황을 확인할 수 있는 측정 기준이 있어야 한다. 이를 통해 얼마나 진전을 이루어야 동기부여가 지속되는지 알 수 있어야 한다.
- **달성 가능**Achievable: 목표는 야심 차야 하지만 이룰 수 없는 것이어서는 안 된다. 능력의 한계를 최대한 밀어붙여야 하지만 분명히 가능해야 한다.
- **현실적**Realistic: 달성 가능하고 현실적인 목표여야 한다는 점도 중요하다. 예를 들어 9월까지 쿠키 500상자를 판매하는 것은 충분히 가능한 일이지만 먼저 쿠키 500상자를 마련하려면 감당할 수 없는 큰돈을 써야만 한다. 따라서 현실적으로 목표를 조정할 필요가 있다.
- **시간 제한**Time-bound: 목표에는 마감일이 있어야 한다. 마감일이 있으면 다른 일보다 우선적으로 목표에 집중할 수 있다.

이것들을 실천하기 위해서는 단기 목표와 장기 목표를 세워야 한다. 부담감이 너무 크면 할 수 있다고 느껴지는 작은 목표를 설정한다. 예를 들어 나(웬디)는 이 책을 쓰는 동안 창의성이 샘솟는다거나 특별히 강한 동기가 부여되는 느낌이 들지 않았다. 그럴 때는 참고 자료를 읽으며 메모하기로 목표를 세웠다. 부담스럽지 않고 할 수 있다고 느껴지는 일이었다. 이렇게 조금씩 나아가다 보니 큰 목표에 가까워졌다.

숙달 목표 vs 수행 목표

필자들은 학생들을 가르칠 때 학생들이 저마다 다른 방식으로 수업에 접근하는 것을 본다. 어떤 학생들은 과목 자체에 큰 흥미가 있는 것처럼 보인다. 그들은 피드백을 받으면 이해를 높이기 위해 노력하고 해당 주제에 대해 더 많이 배우고 싶어 한다. 그런가 하면 다른 학생들은 자신의 수행 결과, 즉 성적에 집중한다. 무언가를 배울 때는 시험에 나오는 내용인지 알고 싶어 한다("시험에 안 나오면 왜 배우지?"). 그들은 피드백을 받으면 어떻게 해야 더 좋은 성적을 받을 수 있는지를 묻는다. 그리고 다른 이들의 점수도 궁금해한다.

이 두 유형의 학생들은 보통 학생들이 성취 환경에서 지니고 있는 두 가지 유형의 목표를 대표한다. 바로 숙달 목표와 수행 목표다. 숙달 목표를 지닌 사람은 지식과 기술을 얻기 위해 학습에 집중한다.[11] 무언가에 숙달되고 최대한 배우고 개선하고 싶어 하는 것이다. 숙달 목표에서 성공은 자신의 기준에 따라 진전과 개선을 이루는 것을 의미한다. 반면 수행 목표를 가진 사람들은 멍청하지 않고 똑똑하게 보이는 것에 초점을 둔다. 특히 남들이 보고 있을 때 잘하고 싶어 한다. 그들의 성취 목표는 자신의 유능함을 증명하는 것이다. 따라서 다른 사람들보다 잘하는 것이 곧 성공이다. 그림 6.1은 이 두 가지 목표 유형의 특징을 설명한다.

목표 유형은 과제의 선택과 수행, 학습에 영향을 미친다. 하버드 대학교 인간 발달 연구소 소속 연구원인 일레인 엘리엇Elaine Elliott과 스탠

숙달 목표	수행 목표
더 많은 지식과 새로운 기술을 습득하는 역량 개발에 집중	자신의 능력을 보여주고 남들보다 잘하는 것에 집중
• 도전적인 과제 선호 • 역경을 마주했을 때 더 열심히 노력 • 도움 요청을 비롯한 유연한 학습 전략 활용	• 똑똑하지 않은 것처럼 보일까 봐 도전적 과제 회피 • 역경을 마주했을 때 노력 저하 • 얕은 전략을 사용하고 어려움을 감춤

퍼드 대학교 심리학과 교수인 캐롤 드웩Carol Dweck은 목표 유형에 따른 차이를 실험하고자 초등학교 5학년 학생들에게 패턴 인식 과제를 주었다.[12] 이때 수행 목표 그룹에 속한 아이들은 촬영과 평가가 이루어질 것이라는 말을 들었다. 나머지 절반은 숙달 목표 그룹으로 이 과제가 정신 능력을 향상해주므로 학교 공부에 큰 도움이 될 것이라는 말을 들었다. 그리고 각 그룹 내에서도 절반은 과제를 수행할 충분한 능력이 있다는 말을 들었고 나머지 절반은 능력이 제한적이라는 말을 들었다. 그 후 학생들은 어떤 문제를 수행할지 직접 선택했다. 선택지 중에서 수행 지향적인 문제는 "어려운 문제도 있고 쉬운 문제도 있으며, 새로운 것을 배울 수 없지만 자신의 능력을 보여줄 수 있다"라는 설명이 곁들여졌고, 학습 지향적인 문제는 "새로운 것을 배울 수 있다. 실수를 많이 하고 때로는 자신이 멍청하게 느껴질 수도 있지만 정말 유용한 것들을 배울 수 있다"라는 설명이 곁들여졌다.

연구자들의 예상대로 수행 목표를 지향하는 아이들은 수행 과제를 선택한 반면, 숙달 목표를 지향하는 아이들은 학습 과제를 선택했다. 또한 수행 목표를 지향하고 능력이 부족하다는 말을 들은 학생들은 어려운 문제에 부딪혔을 때 크게 당황했다. 그들은 자신의 멍청함을 탓하고 일찍 포기했다. 이 실험 연구는 수행 목표가 학습을 방해하며 특히 자신의 능력을 확신할 수 없을 때와 힘든 상황이 닥쳤을 때 개인의 가능성을 억제할 수 있음을 보여준다.

이 연구 이후에 연구자들은 아동과 성인을 대상으로 성취 과제에 접근하는 성향을 측정하는 질문지를 고안했다. 예를 들어 학생들은 "학교에서 배우는 것도 중요하지만 나에게 가장 중요한 것은 좋은 성적을 받는 것이다"(수행 목표)나 "열심히 생각할 필요가 있는 것을 배울 때 무척 즐겁다"(숙달 목표)와 같은 항목에 동의하는지 체크했다. 그 결과, 숙달 목표를 지닌 사람들은 도전적인 과제를 선택할 가능성이 높은 반면, 수행 목표를 지닌 사람들은 유능감을 느끼기 위해 쉬운 과제를 선택할 가능성이 높은 것으로 나타났다.[13] 숙달 목표를 지닌 사람들은 복습을 한다든지 어려운 내용을 열심히 공부하는 것처럼 보다 효과적인 학습 전략을 사용했지만,[14] 수행 목표를 지닌 사람들은 얕고 형식적인 전략을 사용했다. 또한 숙달 목표가 있는 사람들은 깊고 개념적인 학습과 강한 내재적 동기를 보였다.[15]

숙달 목표를 지닌 사람들은 수행 목표를 지닌 사람들보다 도움을 요청할 가능성도 높았다.[16] 수행 목표를 지닌 사람들은 유능함을 과시하고 싶어 하므로 과제를 이해하지 못하는 모습을 보이기 싫어한다. 그래서 절실히 필요할 때도 주변의 도움을 받지 못한다. 또한 수행 목표는 일이 잘 풀리지 않을 때 부정행위나[17] 노력 포기 같은 부정적인 결과를 초래할 수도 있다. 이것을 '자기불구화self-handicapping'라고 한다. "열심히 안 했어"와 같은 변명거리를 만들어 실패가 자신의 능력 부족이 아님을 강조하고 체면을 살리려고 하는 것이다.

　목표 유형 연구는 대부분 교육의 맥락에서 이루어지지만, 직장 환경에서 숙달 목표와 수행 목표의 중요성을 보여주는 연구들도 존재한다. 예를 들어 네덜란드 흐로닝언 대학교 심리학과 교수들인 얀센Janssen과 반 이페렌Van Yperen은 네덜란드 에너지 기업의 직원 288명을 대상으로 목표 지향성을 알아보는 설문 조사를 시행했다.[18] 직원들은 다음과 같은 항목에 답했다. "나는 직장에서 새로운 지식을 습득하거나 열심히 노력해 새로운 기술을 배울 때 가장 성공했다고 느낀다"(숙달 목표), "나는 동료들보다 높은 성과를 내고 남들과 달리 실수하지 않을 때 발전하고 있다고 느낀다(수행 목표)." 얀센과 반 이페렌은 상사들에게 직무 수행의 두 가지 측면에서 직원들을 평가해달라고도 했다. 업무에 필요한 행동과 과제를 잘 따르는가를 뜻하는 역할 내 수행, 새로운 아이디어를 내고 실행하는가를 뜻하는 혁신적 직무 수행이 그것이다. 그 결과, 숙달 목표 지향성은 뛰어난 역할 내 수행과 혁신적 직무 수행, 상사와의 긍정적인 상호작용과 높은 직무 만족도와 관련 있는 것으로 나타났다. 반면 수행 목표 지향성은 낮은 직무 수행, 상사와의 질 낮은 상호작용, 낮은 직무 만족도와 관련 있었다.

　이처럼 숙달 목표의 긍정적인 측면과 수행 목표의 부정적인 측면은 과학적으로 증명되지만, 일부 연구에 따르면 수행 목표에도 더 큰 노력을 유도해 성취도를 올려주는 긍정적인 측면이 있다. 한 예로, 위스콘신 대학교 심리학과 교수인 주디스 하라키에비츠는 심리학 개론 수업 초반에 대학생들의 목표를 조사했는데, 수업 과정이 끝났을 때 숙달 목표를 지닌 학생들은 수업에 대한 흥미와 즐거움은 더 컸지만 그렇다고 꼭 더 좋은 점수를 받은 것은 아니었다.[19] 반면 수행 목표를 지닌 학생들은 흥미나 즐거움과는 관련이 없었지만 더 나은 성적을 냈다.

그러나 흥미롭게도 장기적인 결과는 숙달 목표를 지지했다. 숙달 목표를 지닌 학생들이 심리학 수업을 계속 들을 가능성이 더 높았던 것이다. 즉, 이루고자 하는 것이 무엇인가에 따라 숙달 목표와 수행 목표에는 모두 긍정적인 측면이 있었다.

과학이 새롭게 제시하는 결론은 이 두 가지 유형의 목표를 모두 지닐 수 있으며 심지어 동시에 추구할 수도 있다는 것이다. 우리는 자신의 능력을 과시하고 싶어 하지만 배우고도 싶어 한다(물론 두 목표가 서로 경쟁하므로 동시에 추구하기가 어려울 수도 있다. 예를 들어 난이도가 높은 과제를 잘해낼 수는 없겠지만 많은 것을 배울 수 있다). 주디스 하라키에비츠가 시행한 연구에서 보듯, 수행 목표는 숙달 목표도 함께 있다면 성과에 도움이 된다.[20] 그럴 경우 내재적 동기와 높은 점수라는 이득을 얻을 수 있다. 다시 말해 두 가지 유형의 목표를 모두 갖는 것이 가장 효과적일 때가 많다.[21]

다만 수행 목표에는 어두면 면이 있을 수 있다. 수행 목표의 일종으로 나쁜 성과를 피하는 데 초점을 두는 '수행 회피 목표'가 바로 그것이다. 이것은 앞서 살펴본, 잘해내거나 좋은 인상을 남기려는 '수행 접근 목표'와는 대조적이다. 수행 회피 목표를 지닌 사람은 "최소한 꼴찌만은 하지 말아야지"라는 식으로, 다른 사람들보다 못하거나 부족해 보이는 상황을 피하는 데 주된 관심을 기울인다. 이러한 수행 회피 목표가 낮은 성과와 불안감 증가와 관련 있다는 사실은 연구에서 일관적으로 증명되었다.[22] 이를테면 굴욕을 피하려고 하면 다음에 느낄 굴욕감을 예상하느라 불안감이 커지므로 정서적으로 무척 해롭다. 따라서 수행 회피 목표는 부정적인 감정의 악순환을 일으킨다. 또한 수행 회피 목표를 지닌 상태에서 실패를 경험했을 때 느끼는 당혹감이 학습된 무기력으로 이어지면 아예 시도를 포기하게 될 수도 있다. 결국 수행 회피 목표는 동기를 제거한다.

서로 다른 성취 목표를 선택하는 이유

우리가 서로 다른 유형의 성취 목표를 선택하는 이유는 무엇일까? 이 질문에 대한 연구는 교육, 직장, 스포츠를 비롯한 여러 영역에서 다루어졌다.

먼저 목표 유형이 개인의 성격에서 비롯된다는 증거가 있다. 예를 들어 경쟁심이 강한 사람일수록 수행 목표를 채택할 가능성이 더 높다.[23] 하지만 대부분의 이론가들은 환경이 우리가 지향하는 목표 유형에 영향을 미친다고 믿는다. 이를테면 교실의 환경과 교사가 학생들에게 전달하는 목표 관련 메시지 및 가치관이 학생들에게 어떤 목표 유형을 선택하도록 장려하거나 방해한다는 것이다. 또한 직장에서는 업무 분배, 성과 평가 방식, 상사의 행동 방식이 영향을 끼친다. 이렇게 목표 유형에 영향을 미치는 환경의 측면을 '목표 구조'라고 한다.

어떤 목표 구조가 숙달 목표와 수행 목표를 각각 촉진할까? 숙달 목표를 촉진하는 목표 구조에서는 노력만큼이나 학습도 강조한다. 역량 개발이 중요하다는 메시지가 전달된다. 실수는 학습의 불가피한 부분으로 여겨지며 개선을 가져오므로 문제가 되지 않는다. 반면 수행 목표를 촉진하는 목표 구조는 다른 사람들과 비교해서 얼마나 잘하는지를 강조한다. 비교가 이루어지고 경쟁이 만연하다. 자신의 능력을 보여주고 좋은 성과를 내야 한다는 메시지가 전달된다.

포브스 선생의 4학년 교실은 수행 목표 구조의 전형을 보여준다. 그녀는 학생들의 성적을 게시판에 붙여놓는 것 같은 방법을 사용했다.

시험 성적표를 나눠주면서 누가 최고의 성적을 받았는지도 발표했다. 이름이 거론된 아이들은 부끄러워했다. 그리고 이름이 불리지 않은 학생들은 스스로에게 화가 났고 때로는 교사에게도 불만을 품었다. 특히 배움 자체를 좋아하는 아이들에게는 고달픈 한 해일 수밖에 없었다. 학교 환경에서 이루어진 연구에 따르면 교실의 목표 구조는 학생들의 목표에 변화를 일으켰다. 교실이 숙달 목표 구조일 때 학생들은 숙달 목표를 지향하는 경향이 있었고, 교실이 수행 목표 구조면 학생들도 수행 목표를 지향할 가능성이 높았다.[24] 즉 교사는 교실과 행동의 구조화를 통해 학생들이 지향하는 목표에 영향을 끼칠 수 있다.

직장 환경에서도 마찬가지라는 증거가 있다. 프랑스 IESEG 경영대학원 조직 심리학과 교수인 멜빈 햄스트라Melvyn Hamstra는 직원들의 목표에 영향을 미칠 수 있는 두 가지 유형의 리더십에 대해 조사했는데,[25] 변혁적 리더십을 지닌 리더는 미래의 가능성에 대한 이상주의적 관점을 전달하고 공동의 가치관에 초점을 맞췄다. 그들은 직원들의 니즈와 능력을 인식하고 성장을 자극했다. 남과의 비교가 아니라 자기계발에 집중할 수 있도록 도왔다. 반면, 거래적 리더십을 지닌 리더는 개인의 성취에 집중하고 보상을 이용해 성과를 높였다. 그들은 평가를 강조하며 직원들이 보상을 얻기 위해 자신의 역량을 발휘하고 남들보다 앞서가야만 하는 환경을 조성했다. 또한 직원들이 상사를 변혁적 리더로 볼수록 숙달 목표를 지향하는 경향이 있고, 상사를 거래적 리더로 볼수록 수행 목표를 지향하는 경향이 있는 것으로 나타났다. 즉 직장에서도 목표 구조는 성취 목표에 큰 차이를 가져왔다.

이 결과를 토대로 학교에서와 마찬가지로 직장에서도 숙달 목표를 장려하고 싶을 수도 있다. 다만 이 사실을 기억해야 한다. 직장에서의 숙달 목표는 개인이 일에 어느 정도 흥미를 느껴야만 내재적 동기와 수행으로 이어진다는 것이다. 만약 일이 아무런 자극도 주지 못한다면 숙달 목표는 실망으로 이어질 뿐이다. 실제로 400개 이상의 조직에서 근무하는 직원들을 대상으로 한 연구에서는 숙달 목표를 지닌 사람일수록 성장하고 배움을 얻기 위해 새로운 곳으로 이직할 확률이 높은 것으로 나타났다.[26] 다행인 점은 이것은 내재적 동기가 약한 경우에만 해당했다. 일을 즐기고 도전 의식을 느끼는 사람들은 성장과 배움의 욕구를 현재 직장에서 충족할 수 있었다.

스스로 주도한다는 감각이 중요하다

해마다 미국 성인의 약 절반이 새해 계획을 세운다. 헬스장 꾸준히 나가기, 체중 감량하기, 돈 더 많이 벌기(가장 흔한 새해 계획은 체중 감량, 금연, 술 줄이기다). 안타깝게도 연구에 따르면 1월 말에 목표 달성에 실패한 사람은 약 40퍼센트에 이른다. 6개월째가 되면 그 수치는 최대 60퍼센트에 달한다. 듣기만 해도 우울해지는 이 결과에는 많은 원인이 있을 테지만, 앞에서 우리가 다룬 내용과도 분명 관련이 있을 것이다. 바로 목표가 충분히 구체적이지 않기 때문이다. 단순히 결과만 시각화해서는 안 되고 목표에 다가가게 해주는 단계에 집중해야 한다.

또한 우리가 목표를 추구하는 이유도 영향을 미칠 것이다. 자율적으로 직접 선택한 목표인지, 자신이나 타인의 강요로 어쩔 수 없이 추구하는 목표인지에 따라 결과가 다를 것이다. 직접 선택한 목표는 내재적일 수 있다. 재미있거나 흥미를 느껴서 하는 것이다. 자신에게 가치 있거나 중요하기 때문에 추구할 수도 있다. 예를 들어 지역 사회를 돕는 일이 중요하다고 생각해서 자원봉사 활동을 늘리는 것이다. 다른 누군가가 원해서 목표를 추구하게 되는 경우도 있다. 알다시피 이것을 외재적 동기라고 한다. 이를테면 파트너가 원해서 일주일에 서너 번씩 운동을 하기로 할 수도 있다. 부모의 잔소리 때문에 성적을 올리려고 열심히 공부할 수도 있다. 한편 스스로 그래야만 한다고 생각해서 목표를 추구하는 경우도 있다. "(평소 읽는 책들도 좋지만) 고전도 많이 읽어야겠어", "남들 눈에 지저분해 보이면 안 되니까 사무실 책상을 깔끔하게 치워야겠어."

미국 미주리 대학교 컬럼비아 캠퍼스 심리학과 교수인 켄 셸든Ken Sheldon은 다수의 연구를 통해 목표를 추구하는 이유가 목표 달성에 과연 영향을 미치는지 조사했다. 셸든은 대학생들에게 학기 중에 이루고자 하는 목표 다섯 가지를 적으라고 했다.[27] 학생들은 목표를 추구하는 이유도 적었다. 예를 들어 관심이나 가치 같은 자율적인 이유가 있었고, 타인의 압력 같은 통제적인 이유도 있었다. 그리고 연구진은 학생들이 목표를 향해 나아가는 과정을 관찰했다. 그 결과, 자율적인 목표를 지닌 사람일수록 통제적인 목표를 지닌 사람보다 목표에 진전이 나타날 확률이 높다는 사실이 일관적으로 나타났다. 이 결과는 단기 목표(예: 주말)와 장기 목표(예: 수년)를 다룬 연구에서 모두 여러 차례 재현되었다. 12개 연구를 종합한 메타 분석 결과에서도 개인의 관심사나 가치관과 관련된 목표일수록 진전이 분명한 것으로 나타났다.[28] 또 다른 연구에서 셸든은 자율적인 장기 목표가 통제적인 목표보다 큰 안녕감을 가져온다는 사실도 발견했다.[29] 스스로의 선택으로 설정하고 자율적인 이유로 추구하는 목표일수록 성공 가능성이 높아질 뿐만 아니라 기분도 좋아졌던 것이다.

이 부분에서 고개가 끄덕거려지는 사람이 많을 것이다. 책상을 깨끗하게 관리하기로 목표를 세웠는데도(매일 10분간 정리하는 시간을 떼어 놓기까지 했는데) 내(웬디) 책상이 항상 지저분한 이유도 그 때문일 것이다. 솔직히 나는 책상이 지저분하든 말든 상관없고 남편이 하도 잔소리해서 억지로 깨끗하게 유지하려고 애쓸 뿐이다! 그래서일까? 책상을 정리할 때마다 책상 위의 무언가가 눈길을 끌어내 주의를 흐트러뜨린다. 나의 책상 정리 목표 실패 경험은 자율적으로 설정한 목표여야 집중이 무너지지 않아서 계속할 수 있다는 연구 결과를 뒷받침한다.

맥길 대학교의 리처드 케스트너Richard Koestner의 연구도 같은 사실을 입증한다. 그는 학생들에게 새해 목표를 적게 하고 그 목표를 추구하려는 이유를 조사했다.[30] 그 결과, 자율적인 이유로 목표를 추구하는 학생들일수록 통제적인 이유로 목표를 추구하는 이들보다 큰 진전을 보였다. 또한 자율적인 목표를 지닌 학생들은 목표를 추구할 준비가 되어 있다고 말했다. 스스로 주도한다는 감각이 목표 달성에 중요한 것이다.

마지막으로 한 가지 사례를 살펴보며 이 장을 끝내고자 한다. 서두의 아메트와 비슷한 경우이면서 우리 대부분이 꿈을 포기하는 모습을 재현한다.

데이브는 자동차 업계에서 일했다. 전국을 돌아다니며 자동차 기업들을 위해 자동차 쇼를 준비하는 것이 그의 일이었다. 좀 더 젊은 시절에는 아주 멋진 직업이라고 느꼈다. 서부에서 동부까지 미국 전역을 바쁘게 오갔다. 하지만 나이가 들면서 조금씩 어긋나기 시작했다. 출장을 자주 다녀야 하는 직업이 큰 부담으로 다가왔다. 그는 직장을 그만두고 프로 골프 매니저에 도전하는 꿈을 꾸기 시작했다. 데이브는 골프 실력은 뛰어났지만 골프 매니지먼트 교육은 전혀 받은 적이 없었다. 어느 날, 평소와 다름없이 전국 출장을 다니던 그는 또다시 골프장에서 일하는 자신의 모습을 상상했다. 프로 골프 매니저가 되기 위해 거쳐야 하는 단계들에 대해 찾아보기 시작했다. 무척 힘들어 보였다. 몇 년 동안 견습생으로 일해야 하고 자격증을 따기까지도 몇 년이 걸렸다. 출장 다니느라 바쁜 이 일을 계속하면서 과연 저 과정을 해낼 수 있을까? 데이브는 좌절감을 느끼며 노트북을 닫았다. 모든 상황이 완벽해지면 그때 꿈을 좇자고 생각하면서.

아니, 완벽한 타이밍 따위는 없다! 물론 직업을 바꾸는 것은 무서운 일이다. 데이브는 현재 직업에 매우 유능하다. 힘들지만 벌이도 꽤 좋고 안정적인 직업이다. 그는 프로 골프 매니저의 목표를 추구하려면 올바른 조건이 갖추어질 때까지 기다려야 한다는 신화를 진심으로 믿고 있다. 바로 이것이 그가 꿈을 이루지 못하게 가로막는 장해물이었다. 이제 데이브는 시작하기로 결심했다. 완벽한 때가 다가오기를 기다려서는 안 되며, 모든 것이 맞아떨어지는 타이밍은 절대로 오지 않으리라는 것을 깨달았다. 언제가 되든 힘들 수밖에 없는 길이라는 것을 알게 된 것이다. 어차피 데이브가 선택할 수 있는 것은 도전하지 않고 가만히 앉아서 불행하느냐, 프로 골프 매니저 자격증을 취득하기 위한 목표를 세우고 힘들게 도전하느냐 둘 중 하나였다. 데이브는 후자를 선택했다.

그는 자동차 회사를 그만두었다. 골프장에 카트 담당 직원으로 취직해 일하면서 프로 골프 매니저 온라인 과정을 하나씩 수료했다. 골프장의 프로 골프 매니저를 보며 배움도 얻었다. 하위 목표를 하나씩 이루어 승진도 했다. 그 결과 데이브는 현재 디트로이트의 한 골프장에서 프로 골프 매니저로 일하고 있다. 그는 목표를 이루었다. 만약 그가 언젠가 동기부여의 번개가 치는 완벽한 순간이 있다는 신화를 계속 믿었더라면 꿈을 이루지 못했을지도 모를 일이다.

힘든 목표에 도전하려면 동기부여의 완벽한 순간이 다가올 때까지 기다려야 한다고 생각할지도 모르지만, 과학은 목표를 설정하고 곧바로 뛰어드는 것이 가장 효과적인 방법이라고 말한다. 물론 아무 목표나 다 되는 것은 아니다. 목표가 구체적이고 약간 어렵고 개인의 가치관과 일치하고 중요한 의미가 있을수록 성공 가능성이 높아진다. 그리고 자기 과시가 아닌 학습을 촉진하는 목표—즉 수행 목표가 아니라 숙달 목표—를 지향하게 해주는 환경일수록 기술과 능력을 키우고, 불안감을 줄이고 긍정적인 기분을 느끼면서 수행할 수 있다. 이러한 유형의 목표를 설정해서 추구하면 동기가 부여되고 부담감은 줄고 즐거움은 커질 것이다.

1. 구체적이고 어려운 목표를 설정하라

먼저 구체적이고 측정 가능한 목표를 세운다. 큰 목표는 작은 목표로 나눈다(SMART 목표). 평소보다 좀 더 노력할 필요가 있도록 약간 어렵게 설정한다. 예를 들어 보스턴 하프 마라톤 완주가 목표라고 해보자. SMART 목표 구조를 이용해 다음과 같이 작성한다. (a) 매일 훈련한다(구체적) (b) 핏빗Fitbit으로 추적해 뛰는 거리를 매달 1킬로미터 늘린다(측정 가능) (c) 현재 8킬로미터를 뛸 수 있으므로 9개월 안에 하프 마라톤에 도전할 수 있다(달성 가능) (d) 출근 시간이 오전 9시 30분이므로 출근하기 전에 달릴 시간이 있다(현실적) (e) 9개월이면 하프 마라톤을 완주할 체력을 키우기에 충분한 시간이다(시간 제한). 이런 식으로 SMART 목표를 설정하면 하프 마라톤 완주라는 목표를 성공적으로 달성할 확률이 극대화된다.

타인에게 적용할 때는 약간 도전적이지만 해낼 수 있다고 느껴지는 목표를 세우도록 도와준다. 수행 과정을 추적할 수 있도록 구체적이고 측정 가능한 목표를 세우는 방법을 알려준다. 또한 큰 목표를 현실적인 작은 목표로 세분화할 수 있도록 도와준다. 다만 당사자가 목표를 받아들여야 한다. 만약 수용하지 않으면 당사자의 의견을 반영해서 조정한다.

2. 수행 목표가 아닌 학습 목표에 집중하라

목표를 설정할 때는 새로운 기술을 배우고 타인이 아닌 자기 기준의 개선을 이루는 데 집중해야 한다. 타인의 평가를 의식하면 안 된다. 또한 실수가 목표 추구 과정의 일부임을 기억한다. 예를 들어 커리어를 생각한다면 상사에게 칭찬받을 수 있는 일보다 새로운 기술을 배울 수 있는 기회를 선택하라. 이 접근법은 성장과 발전을 도와주고 궁극적으로 능력을 인정받을 수 있게 해준다.

한편 타인에게는 비판이 따르지 않는 안전한 학습 환경을 조성해주어야 한다. 평가를 강조하지 말라. 대신 개선에 활용할 수 있는 피드백을 제공한다. 실수는 피할 수 없으며 실수해도 도움을 받을 수 있다는 믿음을 주어야 한다. 예를 들어 축구 코치가 선수들에게 개선하고 싶은 부분을 묻고 목표 달성에 도움 되는 개인적인 피드백을 제공하려고 한다고 해보자. 개인마다 수준이 다르고 목표도 다르며 노력이 중요하다는 것을 강조해야 한다. 이렇게 하면 선수들은 다른 사람과 비교당하지 않는다는 것을 알고 현재 잘 풀리지 않는 어려움을 솔직하게 털어놓고 도움을 구할 것이다.

3. 자신의 가치관과 관심사에 부합하는 목표를 선택하라

목표를 설정하는 이유에 대해 돌아본다. 다른 사람들의 압박 때문에 어쩔 수 없이 하는 일이라면 이 목표를 추구하는 것이 과연 도움이 되는지 다시 생각해보라. 가능하면 자신의 가치관과 관심사와 일치하는 목표를 찾는다. (가치관 및 관심사에 부합하지 않지만) 추구해야만 하는 목표라면 목표 추구와 관련된 중요하거나 유익한 일을 찾아본다. 예를 들어 돈을 아끼기 위해 가급적 외식을 줄이고 집에서 요리하기로 했다고 해보자. 하지만 당신은 요리하는 것을 싫어해 집에서 해 먹고 싶지 않다! 이런 상황이라면 성공에 유리한 조건이 아니다. 돈을 아끼는 다른 방법, 즉 거부감이 들지 않는 방법을 찾는 것이 더 나을 수 있다. 하지만 어쩔 수 없이 이 목표를 추구해야만 한다면 집밥이 건강한 식습관을 비롯한 다른 목표에 어떤 도움이 될지 생각해본다.

타인을 동기부여할 때는 자신의 가치관과 우선순위를 기준으로 목표를 찾을 수 있도록 도와준다. 가치관과 관심사에 부합하지 않는 목표를 추구하라고 강요하지 말아야 한다. 개인의 가치관과 관심사에 맞는 목표를 추구할 때의 장점을 알려준다. 예를 들어 운동량을 늘리는 것을 망설이고 있는 연인에게 강요나 압박은 도움이 되지 않는다. 이 목표가 연인에게 중요하거나 중요하지 않은 이유에 대해 함께 이야기를 나누고 가치관에 부합한다고 느껴지는 목표를 찾을 수 있도록 도와준다.

동기부여 처방

"철이 뜨거워질 때까지 기다리지 말고 두드려서 철을 뜨겁게 만들어라." 시인 윌리엄 버틀러 예이츠William Butler Yeats가 오래전에 한 이 말은 과학적으로도 증명이 되었다. 앞선 사례 속 아메트는 요리사를 향한 자신의 열정이 뜨거워질 때까지 기다리지 말고 일단 실행해서 가능성을 확인해야 한다. 요리사의 꿈과 부합하는 구체적이고 도전적인 목표를 설정해야 한다. 그러면 미슐랭 스타 셰프가 될 수 있을지 누가 아는가!

🏔 동기부여 프로젝트

지금 당장 시작하는 방법	자신을 위한	타인을 위한
구체적이고 약간 어려운 목표를 설정	• 약간 도전적인 목표 설정 • "언제, 어디서, 어떻게"가 구체적으로 명시된 목표 (SMART 목표) 설정	약간 도전적인 목표를 세우도록 지원
숙달 목표 설정	• 목표를 세울 때 타인과 비교하지 말기 • 학습과 개선에 집중	• 타인과 비교하지 말고 결과를 강조하지도 않기 • 개선이라는 과정에 집중
자신에게 의미 있는 목표 선택	자신의 가치관과 관심사에 부합하는 목표 선택	자신의 가치관과 관심사에 부합하는 목표를 찾도록 지원

실전 적용

내가 동기부여를 받고 싶은 일:

내가 시도할 전략:

내가 다른 사람에게 동기를 부여하고 싶은 영역:

도움을 주기 위해 시도할 전략:

7장

"나는 내가 제일 잘 알잖아"

디스커버리 채널에서 방영 중인 인기 리얼리티 프로그램 〈대게잡이*Deadliest Catch*〉는 위험천만한 베링해에서 알래스카 킹크랩과 스노크랩을 잡는 용감한 대게잡이 어부들을 보여준다. 거친 파도가 몰아치는 바다에서 며칠 또는 몇 주를 보내야 하는 엄청나게 힘든 일이다.

이 프로그램의 한 에피소드에서는 칸막이 사무실에서 일상에 신물 난 직장인을 보여주었다. 그는 쳇바퀴 돌 듯 매일 똑같은 삶을 벗어나 새로운 도전을 원했다. 어려서부터 바다를 좋아했던 그는 사무직을 그만두고 게잡이 어부가 되기로 결심했다. 비록 게잡이 경험은 없었지만 어렸을 때 친구들과 낚시를 자주 했다. 늘 잔잔하고 아름다운 바다에서 하루 종일 뱃놀이도 하고 친구들과 낚시하는 모습을 상상했었다. 분명 자신이 유능하고 행복한 어부가 될 것이라고 믿어 의심치 않았다. "힘들어봤자 얼마나 힘들겠어?" 그렇게 그는 게잡이 어선을 타고 베링해로 나갔다. 그러나 현실은 상상과는 전혀 딴판이었다. 그는 베링해의 거친 파도 때문에 매일 멀미를 해댔다. 심하게 흔들리는 배에서 작업할 때 균형을 잡는 것조차 힘들었다. 트랩을 설치하고 거두는 방법도 도무지 깨치기가 어려웠다. 그는 연신 불만을 늘어놓았고 다른 선원들과도 잘 어울리지 못했다. 어부가 생각했던 것보다 훨씬 어려운 일이라는 것을 깨달았다. 바다에서 겨우 며칠을 보낸 그는 선장에게 육지로 데려가달라고 부탁했다. 그렇게 그만두었다.

어떻게 이 남자는 경험도 전혀 없는 게잡이 어부가 되기 위해 자신 있게 직장을 그만둘 수 있었을까? 그 이유는 인간은 자신이 무언가를 잘하는지 못하는지 정확하게 알지 못하기 때문일 것이다.

신화 자신의 능력은 스스로가 가장 잘 안다

인간은 자신의 능력을 정확하게 평가하지 못한다. 우리는 잘 알지도 못하는 일을 잘할 수 있다고 자신을 과대평가한다. 아마도 그 일에 필요한 기술에 대해 잘 알지 못해서 자신의 능력을 판단하기가 어렵기 때문일 것이다. 간호사인 내(벤저민) 동생이 나더러 그 일을 할 수 있을 것 같은지 물은 적이 있다. 처음 든 생각은 나도 적당히 똑똑한 사람이니 간호사의 업무를 훌륭하게 해낼 수 있으리라는 것이었다. 곧바로 뛰어들어 환자들을 척척 돌볼 수 있을 것 같았다. 간호사의 일상적인 행위에 대한 무지가 내가 그 역할을 제대로 수행할 수 없을 것이라는 사실을 이해하지 못하게 만든 것이다. 수년간의 교육 없이 곧바로 뛰어들어 간호사 역할을 해내는 것은 불가능하다. 동생이 간호사의 일상을 설명해주었다. 응급실에 들어온 환자를 돌보기 위해 해야 하는 일들을 전부 알려주었다. 들으면 들을수록 간호사가 환자를 돌보기 위해 필요한 기술에 대해 내가 완전히 무지했다는 사실이 분명해졌다. 주제에 대해 자세히 알게 되자 이 직업을 수행하기 위해 필요한 기술을 갖추지 못한 내가 간호사로서는 빵점이라는 것을 깨달았다. 이 사례에서 내가 간호사로서의 내 능력을 과대평가한 이유는 간호사에게 어떤 기술이 필요한지 전혀 몰랐기 때문이다. 간호사의 일에 대해 알게 될수록 내가 간호사에 대해 아무것도 모른다는 사실을 알 수 있었다.

하지만 우리가 자신의 능력을 평가할 때 문제가 되는 것은 과대평가 뿐만이 아니다. 자신의 능력을 과소평가하는 경우도 많다. 이는 끔찍한 결과를 가져올 수 있다. 유명 TV프로그램 진행자이자 작가인 오프라 윈프리Oprah Winfrey는 1976년에 당시 그녀가 진행하고 있던 뉴스 앵커 자리에서 해고되었다. "TV 방송에 적합하지 않다"라는 이유였다. 이 일로 그녀는 자신의 능력을 의심하게 되었다. 당연히 성차별과 인종차별, 괴롭힘 문제와도 마주하고 있었다. 그녀는 TV에 나오는 사람이 되겠다는 꿈을 포기해야 할지 고민했다. 자신에게 목표를 이룰 만한 능력이 없을지도 모른다는 생각이 들기 시작했다. 그래서 거의 포기할 뻔했다. 결론적으로 다행스럽게도 그녀는 스스로를 포기하지 않았고 자신을 유명하게 만든 낮 시간대 TV프로그램을 맡게 되었다. 그녀가 좌절을 이겨내지 못했다면 오늘에 오르지 못했을지도 모른다(오프라 윈프리의 이야기를 더 자세히 알고 싶다면 그녀의 팟캐스트 〈메이킹 오프라*Making Oprah*〉를 확인하길). 요점은 우리가 거절과 실패에 직면했을 때일수록 자신의 기술을 과소평가하는 경향이 있다는 것이다. 자신에 대한 과소평가는 동기를 크게 저하시킬 수 있다.

동기부여 관련 신화에 대한 필자들의 설문조사에서 응답자의 절반 이상이 우리가 자신의 능력을 정확하게 평가한다고 믿는 것으로 나타났다.[1] 하지만 실제로는 자신의 능력을 제대로 평가하지 못하는 일이 부지기수다. 자신을 과대평가해서 필요한 기술을 갖추지 않은 일에 도전했다가 실패한다. 반대로 자신을 과소평가해 아예 시도도 하지 않거나 잠재력을 발휘하지 못하기도 한다. 이렇게 잘못 평가하는 경우가 빈번한데 왜 우리는 이 신화를 계속 믿을까?

낙관주의의 배신

우리가 자신의 능력을 제대로 평가한다고 믿는 데는 여러 가지 이유가 있다. 가장 큰 이유는 지금까지 살아오면서 능력에 대해 받은 피드백을 해석해온 방법 때문이다. 능력에 대해 긍정적인 피드백을 받으면 우리는 성공이 자기 덕분이라고 생각하고, 실패에 대해서는 나쁜 상사를 비롯한 외부 원인을 탓한다. 대부분 자신에 대한 평가가 옳다고 느낀다. 성공할 때마다 본인의 능력 덕분이었고 그 능력은 사실이었기 때문이다. 그리고 실패했을 때는 우리의 능력 때문이 아니었고 그 예측 또한 맞았다.

자신에 대해 언제나 올바로 평가하고 있다고 믿으므로 우리가 자신의 능력을 정확하게 평가한다는 신화 또한 믿는 것이다. 사람들이 이 신화를 믿는 또 다른 이유는 낙관주의 때문이다. 우리는 낙관적으로 바라보고 싶어 하고 성공할 수 있다고 믿고 싶어 한다. 무조건 시도하기만 하면 성공할 수 있다는 말에도 귀 기울인다. 하지만 그 말이 항상 사실인 것은 아니다. 필수 전제 조건이 되는 기술과 지식이 없으면 아무리 노력해도 성공하지 못할 것이다. 하지만 무한한 낙관주의는 무슨 일이 있어도 성공할 수 있다는 믿음을 주고 결국 우리가 자신의 능력을 정확하게 평가할 수 있다고 믿게 한다.

우리가 자신의 능력을 정확히 평가할 줄 안다는 신화는 반드시 깨뜨려야 한다. 그래야 자신의 기술을 정확하게 평가하고 목표 행동에 필요한 전략을 실행할 수 있다. 여기에는 언제 시작해야 하고 언제 멈추어야 하는지 아는 것도 포함된다. 컨트리 가수 케니 로저스Kenny Rogers는 그의 히트곡 〈겜블러The Gambler〉에서 이렇게 노래한다. "언제 계속할지, 언제 접을지 알아야 한다네.You gotta know when to hold 'em, know when to fold 'em." 이

가사를 과학적으로 해석하자면, 언제 최선을 다하고 필요한 경우 개선을 위해 노력할지, 언제 그만두고 더 생산적인 일로 옮겨갈지 판단하려면 자신의 능력을 정확히 알아야 한다는 뜻이다. 자신의 능력을 과소평가하거나 과대평가하면 동기부여에 서로 다른 영향을 끼친다.

자신의 능력에 대한 과대평가는 심각한 결과를 초래할 수 있다. 앞에서 소개한 게잡이 어부로 변신한 사무직 남성도 엄청난 실수를 저질렀다. 그는 게잡이에 대해 전혀 알지 못하면서 자신이 그 일을 잘해낼 수 있다는 과도한 믿음으로 멀쩡한 직장을 그만두었다. 게잡이에 대해 전혀 몰랐기에 자신이 어떤 기술을 갖추지 못했는지도 몰랐던 것이다. 그의 과대평가는 매우 부정적인 결과를 초래했다. 부디 그가 생계를 이어갈 수 있도록 새로운 직장을 곧바로 구했기를 바란다. 만약 그가 이 신화에 대해 알고 있었더라면 자신의 능력을 실제보다 높이 평가하지 않았는지 의문을 던져보았을 것이다. 좀 더 정확하게 평가하기 위한 전략을 썼을 수도 있다. 그렇다면 경험도 없는 데다 상당히 고된 직업에 도전하겠다고 직장을 그만두는 일은 없었을지도 모른다.

과대평가의 부정적인 영향이 이렇게 거대한 규모로만 나타나는 것은 아니다. 보통은 직장을 그만두는 수준까지는 아니라는 이야기다. 과대평가는 직장과 교실, 일상생활에서 훨씬 작은 규모로 빈번하게 일어난다. 예를 들어보자. 상사가 디에고에게 통계 분석 업무를 맡을 수 있는지 물었다. 승진을 원했던 디에고는 할 수 있다고 했다. 그는 자신이 그 업무에 필요한 기술을 갖추었다고 믿었다. 하지만 막상 시작하자 그 업무에 대해 잘 모른다는 사실을 깨닫게 되었다. 디에고는 방법을 익히기 위해 많은 시간을 쏟아부었다. 며칠 동안 어려운 분석 기법을 익히려고 발버둥쳤지만 결국은 통계 기법에 더 뛰어난 동료에게 넘겨야만 했다. 디에고는 과대평가의 희생양이 되었다. 비록 피해 규모는 작지만 그래도 며칠씩이나 소중한 시간을 낭비한 데다 결국은 스스로 처리하지 못하고 남에게 맡겨야만 했다. 만약 그가 자신의 기술을 올바로 평가했다면 즉시 업무를 위임하고 더 유용한 일에 시간을 쓸 수 있었을 것이다.

이런 종류의 과대평가는 사소해 보이지만 실수가 쌓이면 엄청난 생산성의 낭비가 초래된다. 우리가 신화를 깨고 과대평가를 정확하게 감지하는 방법을 배운다면 일상생활에 큰 변화가 생길 수 있다. 물론 자신에 대한 믿음은 매우 중요하다. 하지만 믿음이 지나치면 오만한 사람으로 보일 수 있고 부정적인 영향으로 이어진다. 오만한 사람으로 인식되면 대인관계에 해롭고 직장과 가정에서 믿음이 깨진다. 미시간 주립대학교 조직심리학과 교수인 존슨Johnson은 오만함이 직장에서 동료들에게 받는 업무 평가에 부정적인 영향을 끼친다는 사실을 발견했다.[2] 즉, 동료들에게 오만한 사람으로 인식될수록 실제 업무 수행 능력과 상관없이 나쁜 평가를 받는다.

자신에 대한 과대평가는 큰 문제를 일으킬 수 있지만 과소평가는 더 끔찍한 결과로 이어질 수 있다. 자신을 과소평가하거나 자기 효능감이 낮은 사람들은 아예 시도 자체를 하지 않기 때문이다. 시도하지 않으면 배울 기회를 잃는다. 이는 연구 결과에서도 입증된다. 캐나다 토론토 대학교 공중보건과 교수인 앨리슨Allison은 고등학생들을 대상으로 신체 활동 참여에 대한 자기 효능감을 조사하고 그것이 신체 활동 참여에 어느 정도 영향을 미치는지 알아보았다.[3] 그 결과, 자기 효능감이 낮은 학생들은 신체 활동에 참여할 가능성이 낮은 것으로 나타났다. 즉, 신체 활동에 대한 자기 효능감이 낮으면 운동을 하지 않을 가능성이 높고 이는 건강을 해칠 것이다. 낮은 자기 효능감은 운동처럼 중요한 행동에 실질적으로 심각한 영향을 미친다. 그리고 자기 효능감이 낮은 학생들은 질문하지 않거나 수업 활동에 참여하지 않을 수 있다. 결국 배움의 기회가 줄어든다.

직장에서도 비슷하다. 자기 효능감이 낮은 직원들은 업무에 대한 적극성이 낮을 것이다. 이는 승진과 연봉 인상 가능성에 부정적인 영향을 미친다. 나아가 직원들이 업무에 최대한의 노력을 쏟지 않으면 조직의 생산성은 크게 떨어질 것이다.

뿐만 아니라 낮은 자기 효능감이 다른 부정적인 동기부여 행동과 결합하면 매우 해로운 결과를 초래한다. 예를 들어 귀인 이론에 따르면 우리는 성공과 실패의 원인을 찾아 설명하고자 하는데, 실패의 원인을 낮은 능력 수준 탓으로 돌린다면 자기 효능감이 떨어진다. 자신이 똑똑하지 않거나 유능하지 않아서 실패한 것이라고 보는 것이다. 실패와 과소평가가 반복되면 우리는 스스로 똑똑하지 않다고 느끼지 않으려고 또는 타인에게 무능해 보이지 않으려고 자기 가치를 보호하는 전략을 사용한다. 시험 전날 공부를 팽개치고 노는 의도적인 미루기, 일부러 수업 시간에 문제를 일으켜 수업에서 쫓겨나기 등이 포함된다. 그렇게 하면 능력 부족이 아니라 행동 탓으로 돌릴 수 있기 때문이다. 이렇게 일부러 자신의 성과를 떨어뜨리는 것을 '자기불구화'라고 한다.[4] 멍청해 보이는 것보다 차라리 게으름 부리는 것처럼 보이는 것이 낫다고 생각하는 것이다.

여기서 과소평가가 더 심해지면 최악의 결과로 학습된 무기력이 발생한다. 학습된 무기력은 아무리 노력해도 성공하지 못할 것이라고 생각해서 시도 자체를 완전히 포기하는 것이다. 동기를 아예 잃는 상태로 학교와 직장, 가정에서 모두 최악의 상황이다. 그들은 노력조차 하지 않으며 희망이 전혀 없다고 느낀다. 실제로 연구에 따르면 학습된 무기력에 빠진 사람들은 자신의 성공을 과소평가하고 실패를 과대평가하며 성공을 운 탓으로, 실패를 능력 탓으로 돌릴 가능성이 크다.[5] 그러나 학습된 무기력의 특징인 이 태도는 현실에 근거하지 않을 때가 많다. 필요한 기술이나 지식을 익히고, 노력을 기울이고 경험이 풍부한 타인에게 도움을 받으면 과제를 성공적으로 완료할 수 있다.

도움이 있어야 자신의 능력을 정확히 평가한다

:

과학자들은 우리가 자신을 제대로 평가하지 못하는 이유를 밝혀냈다. 평가 기술을 개선하는 효과적인 방법도 개발했다. 메타인지와 자기 효능감의 과학은 왜 우리가 자신의 능력을 종종 잘못 평가하는지 이해할 수 있게 해준다. 또한 자기 능력 예측의 정확도도 개선할 수 있다.

자신의 능력을 평가하려면 생각과 행동에 주의를 기울이고 성찰해야 한다. 메타인지는 우리가 아는 것(그리고 모르는 것)에 대한 인식을 구축하는 것이다. 아는 것에는 사실, 작업 방법, 다양한 상황에 적용하는 전략 지식이 포함된다.[6] 나아가 (a) 안다는 느낌(어떤 주제에 대해 얼마나 알고 있다고 느끼는가) (b) 학습에 대한 판단(어떤 것에 대해 얼마나 많이 배웠는지 평가) (c) 학습의 용이성(얼마나 쉽게 학습할 수 있는지 평가)도 포함된다.[7] 즉 과제 수행 전후의 이 요소들이 전부 메타인지의 일부분이다.

여기서 보정calibration 개념이 등장한다. '해당 주제 또는 과제에 대해 이미 얼마나 알고 있는가?'라는 질문을 통해 우리는 자신의 수행에 대한 판단을 내린다. 주어진 과제를 수행하는 자신의 능력에 대한 믿음을 측정하는 것이다. 이때 자신의 판단과 실제 수행 능력이 어느 정도 일치하는가를 보정 정확도calibration accuracy라고 한다. 또한 자신의 능력에 대한 판단이 실제 수행 결과와 일치하지 않는 정도를 보정 편향calibration bias이라고 한다. 보정 편향(보정 오류)이 클수록 오보정miscalibration에 가깝다. 이것은 이 장의 주제와 가장 관련 있는 개념이다.

지식이 없을수록 자신을 과대평가한다

오측정은 사람들이 자신의 능력을 잘못 평가하는 주요 원인이다. 오측정이 발생하는 이유에는 여러 가지가 있다. 우선은 어떤 활동을 성공적으로 수행하는 데 필요한 지식이 부족하기 때문이다. 사회 심리학자 저스틴 크루거Justin Kruger와 데이비드 더닝David Dunning은 논리, 문법, 유머의 세 가지 주제에서 사람들의 능력 수준을 테스트했는데, 능력 수준이 낮은 사람일수록 자신의 능력을 과대평가하는 것으로 나타났다.[8] 즉, 제한적인 지식이나 기술을 지닌 사람일수록 자신을 심하게 과대평가했다. 이러한 경향에는 '더닝-크루거 효과'라는 이름이 붙었다.

영화 〈유치원에 간 사나이〉에서 아놀드 슈워제네거Arnold Schwarzenegger는 규칙을 따르지 않고 거친 형사 존 킴블을 연기한다. 킴블은 끈질기게 범죄자들을 뒤쫓아 언제나 검거에 성공한다. 그러던 중 그는 마약상이자 살인범을 추적하기 위해 비밀리에 유치원 교사로 일하게 된다. 그는 파트너에게 자신이 범죄가 들끓는 도시에서 경찰로 활약하고 있는데 유치원 교사가 힘들어봤자 얼마나 힘들겠느냐는 반응을 보인다. 하지만 첫날부터 문제가 발생한다. 아이들은 말을 듣지 않고 제멋대로 날뛰고 교실은 엉망진창이다. 킴블은 평소 성격대로 아이들에게 "닥쳐!"라고 소리친다. 그러자 아이들이 울음을 터뜨린다. 킴블은 괴로워하면서 교실 밖으로 뛰쳐나간다. 존 킴블이 유치원 교실에 곧바로 적응하고 훌륭한 교사가 될 수 있을 거라고 믿은 이유는 무엇일까?

앞에서 말한 것처럼 능력 평가는 메타인지 과정이다. 메타인지는 학습 가능한 기술이다. 우리의 자기 평가 능력이 떨어지는 이유는 메타인지 기술을 배우지 못했기 때문이기도 하다. 자신의 강점과 약점에 대해 또는 제한적인 지식에 대해 따로 생각해본 적 없는 사람들이 많다. 강점과 약점 평가는 실수를 피하게 해주는 매우 유용한 기술이다. 〈유치원에 간 사나이〉의 킴블 형사가 유치원 아이들을 가르치는 기술에 대한 자신의 지식을 먼저 평가했더라면 무작정 유치원으로 가지 않았을 것이다. 하지만 킴블은 메타인지 모니터링을 배운 적이 없었다. 덕분에 웃음 폭탄이 터지는 영화가 탄생할 수는 있었지만!

더닝-크루거 효과는 메타인지 인식 부족을 설명하는 데 도움이 된다. 독일 쾰른 대학교 사회심리학과 교수인 슐로서Schlösser는 더닝-크루거 효과를 알아보는 연구에서 학생들에게 자신이 시험을 얼마나 잘 볼 것이라고 생각하는지 평가하도록 했다.[9] 그 결과, 상위권 학생들은 자신의 능력을 과소평가하고 하위권 학생들은 지신의 능력을 지속적으로 과대평가하는 것으로 나타났다. 과제 완료에 필요한 기술에 대해 이해하지 못한 채 자신이 필요한 기술을 갖추고 있다고 가정하기 때문이다. 막상 과제를 성공적으로 수행하기 위해 어떤 지식이 필요한지 알게 되면 그제서야 '아차' 하는 것이다.

아마 미국인 대부분이 킴블과 비슷한 생각을 지니고 있었던 듯하다. 그들은 교사에게 어떤 기술이 필요한지 몰랐고 누구나 할 수 있다고 생각했다. 그러다 팬데믹이 닥치고 교사가 쉬운 직업이라고만 생각했던 많은 이들이 갑자기 재택 학습을 하게 된 아이들의 교사 역할을 맡게 되었다. 그들은 교사라는 직업이 얼마나 힘든지 곧바로 깨달았다.

우리가 자신을 과대평가하는 또 다른 이유는 비효과적인 피드백을 받기 때문이다.[10] 우리는 실제보다 유능하다는 내용의 피드백을 받을 때가 많다. 이렇게 잘못된 피드백이 발생하는 이유는 여러 가지가 있을 수 있다. 우선 좋은 관계를 맺고 있는 상대에게 냉정한 피드백을 줌으로써 기분을 상하게 하고 싶지 않은 마음 때문이다. 상대에 대한 호의적인 선입견은 비록 의도는 좋더라도 결국 그들이 능력을 과대평가하게 만든다. 반대로 상대에 대해 좋지 않은 편견이 있어서 그들의 능력에 대한 효과적인 피드백을 제공하지 않을 수도 있다. 혹은 편견과 상관없이 피드백이 모호하거나 도움이 되지 않을 수도 있다. 개선이 필요한 부분 대한 충분한 정보 없이 무엇을 잘했는지에만 집중된 피드백이 그 예다.

자신의 능력에 대한 인식을 보정하는 방법을 배우면 정확한 평가로 이어질 수 있다. 한 연구에서 미국 조지아 서던 대학교 교육심리학 교수인 구티에레즈 드 블루메Gutierrez de Blume는 메타인지 모니터링 교육이 능력 측정에 끼치는 영향을 조사했다.[11] 연구자는 3RM(읽기reading, 검토review, 관련 짓기relate, 모니터링monitor)를 가르쳤다. 학생들은 학습 목표를 설정하고 메타인지 모니터링을 사용해 과정 및 결과를 평가하는 방법을 배웠다. 그 결과, 3RM을 배운 학생들은 자기 효능감을 더 정확하게 평가했다. 과제를 완료하려는 동기부여가 유지된 것은 물론이다.

보정 정확도를 높이는 효과가 검증된 또 다른 전략은 수행과 보정에 초점을 맞춘 피드백을 제공하는 것이다. 정확하고 유익한 피드백은 자신의 기술에 대한 보다 정확한 이해를 돕는다. 한 연구에서 대학생들은 그들의 시험 성적을 예측했다.[12] 그리고 자신감, 과대평가, 보정의 개념을 배웠다. 시험을 본 후 강사가 학생들의 수행 결과와 성공적인 보정과 관련한 피드백을 제공했다. 그 결과, 보정을 연습하고 그 과정에 대한 직접적인 피드백을 받으면 보정 정확도가 개선되는 것으로 나타났다. 보정 연습은 자기 평가의 정확성을 늘리는 효과적인 방법이다. 연습하면 완벽해진다. 아니, 적어도 진전이 생긴다.

과소평가의 늪에서 벗어나는 4가지 방법

우리가 자신의 능력을 제대로 평가하지 못하는 또 다른 이유는 자기 효능감이 실제 능력과 일치하지 않는 경우가 많기 때문이다. 이미 이 장에서 자기 효능감을 몇 번 언급했지만 공식적인 정의는 이렇다. 자기 효능감은 어떤 과제 또는 특정 영역에서 성공할 수 있다는 신념을 말한다. 이것은 심리학 연구에서 특히 동기부여 연구에서 가장 영향력 있는 개념 중 하나다. 연구자들은 자기 효능감이 실제 능력보다 더 뛰어난 성과 예측 지표임을 검증했는데, 미국 켄터키 대학교 교육심리학과 교수인 어셔Usher가 진행한 2,000명 이상의 초등학생 및 중학생 대상의 조사가 그 예다.[13] 연구진은 "나는 어려운 수학 문제를 풀 수 있다", "나는 수학 시험을 잘 볼 수 있다고 생각한다"와 같은 설문을 했는데, 해낼 수 있다고 대답한 아이들일수록 실제 학업 성취도가 높았다. 자기 효능감이 성취의 중요한 예측 요인이라는 것이다.

문제는 우리의 자기 효능감이 부정확한 경우가 많다는 것이다. 부정확한 자기 효능감이 동기부여에 끼치는 영향을 아들 잭슨과 그의 아버지 사례를 통해 살펴보자.

잭슨은 학교 미식 축구부에 들어가고 싶지만 입단 테스트를 앞두고 자기 효능감이 흔들렸다. 어느 날 잭슨이 속상한 표정으로 학교에서 돌아왔다. 아버지는 아들에게 이유를 물었다. 잭슨은 미식 축구부에 들어가고 싶었지만 합격할 자신이 없어서 테스트를 포기했다고 말했다. 잭슨은 운동신경이 뛰어나고 어렸을 때 축구를 배운 경험도 있었다. 운동신경이 좋고 경쟁에 필요한 기술과 지식도 갖추었으니 만약 학교 미식축구부 입단 테스트에 도전했더라면 잘할 수 있었을 것이다. 하지만 잭슨은 미식 축구에 대한 자기 효능감이 낮았다. 아버지는 그 이유를 알 수 없었다.

자기 효능감에 대한 연구 결과는 잭슨이 축구에 대한 자기 효능감이 낮았던 이유를 설명해준다. 스탠포드 대학교 심리학과 교수였던 앨버트 반두라Albert Bandura의 연구다. 그는 자기 효능감이 동기부여 과정의 필수 요소라는 이론을 제시했다.[14] 즉, 우리는 자신이 효과적이라고 느낄수록, 즉 무언가를 시도해 성공적으로 해낼 수 있다고 생각할수록 실제로 시도하고 성공할 가능성이 높아진다는 것이다. 또한 반두라는 우리가 어떤 과제나 영역에 자신 있다고 느낄 때는 다음 네 가지 원천이 영향을 미친다고 했다. 바로 (a) 숙달 경험 (b) 대리 경험 (c) 사회적 설득 (d) 감정 상태다. 이 네 가지 원천이 자기 효능감에 끼치는 영향은 연구를 통해 지속적으로 확인되었다.[15] 이 원천들은 정확한 자기 평가를 도와주지만 자기 효능감의 오보정이라고 불리는 과대평가나 과소평가로 이어질 수도 있다.

여기서 숙달 경험은 이전에 어떤 과제 또는 유사한 과제를 성공적으로 수행한 경험을 말한다. 이전에 경험한 과제와 새로운 과제가 비슷할수록 자기 효능감을 높인다. 과거의 숙달이 네 가지 원천 중에서도

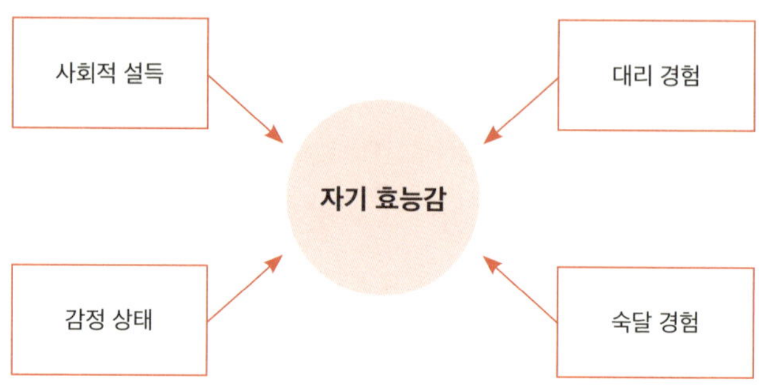

자기 효능감에 가장 큰 영향을 미친다는 사실은 연구를 통해 지속적으로 확인되었다. 프랑스의 교육심리학자 조에트Joët는 네 가지 원천이 초등학교 3학년 학생들이 해야 하는 수학과 프랑스어 학습에 각각 어떤 영향을 미치는지 조사했다.[16] 그 결과, 두 과목 모두에서 과거의 성공 경험이 자기 효능감을 예측하는 것으로 나타났다. 흥미롭게도 수학 과목에서 남학생이 여학생보다 뛰어났고 자기 효능감도 더 높았다. 프랑스어에서는 여학생들이 남학생들보다 더 높은 점수를 받았지만, 자기 효능감이 더 높게 나타나지는 않았다. 다시 말해 능력과 자기 효능감이 일치하지 않을 수도 있다는 사실을 알 수 있다.

이러한 자기 효능감과 능력의 불일치는 동기부여에 부정적인 영향을 미칠 수 있다. 자기 효능감이 낮으면 시도 자체를 안 하거나 최선을 다할 가능성이 줄어든다. 학교 미식 축구부 입단 테스트를 포기한 잭슨의 예로 돌아가보자. 아버지가 테스트에 도전하지 않은 이유를 묻자, 잭슨은 예전에 축구를 해보았지만 별로 잘하지 못한 이야기를 꺼냈다. 그가 보기에 축구와 미식 축구는 비슷한 스포츠이고 자신은 축구를 그리 잘하지 못하니 미식 축구도 잘하지 못할 것이라고 생각했다. 축구에 대한 과거의 실패 경험이 미식 축구에 대한 잭슨의 자기 효능감에 영향을 끼친 것이다. 또 실패할까 봐 두려워서 아예 도전을 포기하게 되었다. 동기에 부정적인 영향을 준 것이다.

대리 경험도 자기 효능감에 커다란 영향을 미치는 요인이다. 다른 사람들의 실패나 성공을 지켜보는 것이 대리 경험이며 이는 자신의 능력에 대한 믿음에 영향을 미칠 수 있다. 누군가의 성공을 지켜보면 자기 효능감이 높아지고 누군가가 실패하는 모습을 보면 자기 효능감이 줄어들 수 있다. 특히 자신과 비슷한 사람의 성공과 실패일수록 자기 효능감에 큰 영향을 준다.

자기 효능감 연구의 권위자로 불리는 교육심리학자 파자레스Pajares는 수학, 과학, 기술처럼 남성이 지배적인 분야에서 탁월한 커리어를 쌓은 여성들의 개인적인 이야기를 조사했다.[17] 그들의 사연을 분석한 결과, 같은 분야에서 성공한 다른 여성들과 관련된 대리 경험이 이 여성들의 자기 효능감에 중대한 역할을 했다는 사실이 드러났다. 다른 여성들의 성공을 지켜본 것이 남성이 지배하는 분야에서의 커리어 추구에 대한 자기 효능감에 상당한 영향을 주었다. 이 연구는 대리 경험이 자기 효능감에 끼치는 영향력을 보여주고 특히 모델과의 유사성이 중요하다는 증거를 제공한다.

대리 경험은 자기 효능감에 큰 영향을 주어 결과적으로 동기부여와 성과에도 영향을 미치지만 때론 자기 능력에 대한 잘못된 판단으로 우리를 이끌기도 한다. 누군가의 실패를 지켜볼 때가 그렇다. 예를 들어 잭슨은 아버지가 미식 축구부 입단 테스트에 도전하지 않은 이유를 묻자 작년에 떨어진 친구 이야기도 했다. 친구가 떨어졌으니 분명 자신도 합격할 수 없으리라고 생각한 것이다. 그래도 잭슨은 테스트에 도전했고 합격했다. 충분한 능력을 지니고 있는데도 친구의 실패를 보고 자신을 과소평가한 것이다.

사회적 설득 및 타인의 피드백도 자신의 능력 인식에 큰 영향을 미친다. 우리는 다른 사람들로부터 자신의 능력에 대한 공식적이고 비공식적인 피드백을 지속적으로 받으며, 그 피드백은 자기 효능감에 영향을 끼친다. 이를테면 타인이 우리가 어떤 과제를 할 수 있거나 할 수 없다고 말하는 직접적인 피드백이 있다. 체육 시간에 경기에 참여할 선수를 뽑을 때 늘 마지막으로 불린다거나 일반반이 아니라 심화반 수업에 배정된다거나 하는 것처럼 간접적으로 피드백을 받기도 한다. 사회적 설득 및 피드백이 자기 효능감에 끼치는 영향력은 설득자의 신뢰성에 따라 좌우된다. 피드백을 제공하는 사람이 해당 영역에 대한 신뢰성이나 전문성을 갖춘 사람이라면 그 피드백은 우리의 자기 효능감에 더 큰 영향을 미칠 것이다.

실제로 미국 오클라호마 대학교 교육심리학과 교수인 코엔카_{Koenka}가 여중생과 여고생을 대상으로 그들의 성과에 대한 피드백과 격려를 제공하는 연구를 시행했을 때, 제공되는 피드백 유형이 동기부여와 자기 효능감에 큰 영향을 미친 것으로 나타났다.[18] 구체적으로 말하자면 격려와 개선을 위한 건설적인 제안으로 구성된 피드백은 비격려적인 피드백보다 동기부여와 자기 효능감을 증진하는 효과가 있었다. 이것은 타인의 설득이 우리의 자기 평가에 영향을 미친다는 증거가 된다.

자기 평가에 영향을 미치는 피드백은 일상생활에서도 일어난다. 예를 들어 잭슨이 축구부 입단 테스트를 포기한 것도 부분적으로는 타인에게 받은 비공식적인 피드백 때문이었다. 테스트를 포기한 이유를 곰

곰이 생각해본 잭슨은 친구들에게 운동신경이 그다지 뛰어나지 않다는 말을 들었다고 했다. '공부 머리'는 좋지만 운동 실력은 별로라고. 그들이 운동을 잘하는 친구들이므로 잭슨은 그들의 말을 신뢰했다. 친구들의 피드백은 사회적 설득의 한 형태로 잭슨이 자신의 축구 능력을 과소평가하게 만들었다. 이와 같이 타인의 사회적 설득으로 인해 자기 효능감과 실제 능력이 불일치되는 경우는 흔하다.

마지막으로 우리의 감정 상태는 어떤 활동에 참여하기 위한 자기 효능감을 평가할 때 중요한 역할을 한다. 일반적으로 관심, 흥분, 즐거움과 같은 긍정적인 감정은 자신을 과대평가하게 만든다. 두려움, 불안, 절망과 같은 부정적인 감정은 능력을 과소평가하게 한다. 그 증거는 두 명의 교육심리학자 파자레스와 크란즐러Kranzler가 진행한 연구에서도 나타난다. 그들은 고등학생들을 대상으로 불안과 자기 효능감, 수행의 관계를 조사했다.[19] 그 결과, 수학 과목에 대한 불안이 클수록 자기 효능감이 낮았고 그로 인해 수학 점수도 낮았다.

잭슨 역시 테스트에 도전하지 않은 또 다른 이유로 불합격에 대한 불안감을 들었다. 실패에 대한 두려움이 가져온 불안감이 축구부 입단 테스트에 대한 자기 효능감을 떨어뜨린 것이다.

숙달 경험, 대리 경험, 사회적 설득, 감정 상태는 우리의 자기 평가에 끊임없이 영향을 미친다. 이 네 가지는 서로 연결되어 영향을 주고받는다. 서로 조합되어 동시에 발생할 수도 있다. 희망적인 사실은 이러한 요소들을 활용해 낮은 자기 효능감을 물리치고 정확한 보정을 장려할 수도 있다는 것이다.

이를테면 자신의 능력을 과소평가하는 경우, 네 가지 원천을 모두 활용해 자기 효능감을 높일 수 있다. 실제로 마이애미 대학교 교육건강학과 교수인 바티스타Bautista는 숙달 경험과 대리 경험이 초등학교 예비 교사들의 수업 자기 효능감에 끼치는 영향을 조사했다.[20] 예비 교사들은 초등학생들을 위한 과학 수업을 계획하고 실행한 후 그 경험의 성공 요소에 대해 성찰했다. 이는 숙달 경험의 기회였다. 참가자들은 대리 경험에도 참여했다. 강사가 시연을 통해 효과적인 수업 방식의 본보기를 보여준 것이다.

사회적 설득이나 피드백을 사용해서 보정의 정확성을 높일 수도 있다. 피드백이 자기 효능감과 수행에 끼치는 영향의 증거는 많은 문헌을 통해 확인된다. 예를 들어 그린즈버러 노스캐롤라이나 대학교 교육심리학 교수인 슝크Schunk의 실험을 보자. 글쓰기 전략을 배우는 두 그룹이 있다.[21] 이때 한 그룹은 과정에 대한 피드백과 격려를 받았다. 그 결과 이 그룹에서 더 높은 자기 효능감과 성과가 나타났다. 효과적인 피드백을 제공하려면 노력과 수행에 집중해야 한다. 수행이 성공적인 이유를 포함해 성공에 대한 유용한 정보를 제공하는 것이 중요하다. 개선할 수 있는 부분을 알려주고 개선을 이끄는 명시적인 단계를 제시하는 것도 필수적이다. 마지막으로 격려에서 진정성이 엿보여야 한다. 그렇지 않으면 계속 노력하도록 통제하려는 것으로 비칠 수 있다.

또한 감정 상태를 활용하여 두려움과 불안을 줄이고 흥미와 즐거움을 높여 자기 효능감이 개선되는 것도 연구로 검증되었다. 캐나다 토론토 대학교 교육심리학 교수인 수잔 하이디Suzanne Hidi는 개인적으로 관련 있는 주제나 또래 의견이 포함된 자료를 제공하는 수업을 설계했다.[22] 이 개입은 정서적 반응을 동반한 상황적 흥미를 증가시켰고, 수업 참여도를 높였다. 긍정적인 감정 상태일수록 자신감을 느낄 가능성이 크다는 뜻이다.

메타인지, 보정, 자기 효능의 과학을 알면 보다 정확하게 자신을 평가할 수 있다. 자신을 과대평가하는 경우 보정을 통해 큰 대가가 따르는 실수를 피할 수 있다. 반대로 자신을 과소평가하는 경우에는 자기 효능감의 네 가지 원천을 활용해 자신감을 높일 수 있다.

1. 수행의 질을 모니터링하고 능력을 성찰하라

과제 수행에 필요한 지식과 기술에 대한 자신의 수준을 모니터링할 때는 명확성을 추구해야 한다. 자신의 능력을 예측하고 그렇게 생각하는 이유도 고려한다. 과제를 수행한 후에는 결과를 되돌아보면서 본인이 필요한 기술을 갖추고 있는지 확인한다. 나아가 필요한 기술을 습득하기 위한 전략을 개발한다. 예를 들어 상사가 어떤 업무를 맡겼다면 시작하기 전에 그 업무를 완료하기 위해 필요한 기술을 갖추었는지 생각해보고 기술을 갖추기 위한 전략을 세운다. 과제를 수행하는 동안에는 진행 상황을 점검하고 전략이 효과적인지 평가한다. 만약 효과적이라면 나중에도 사용할 수 있도록 메모해둔다. 효과적이지 않다면 새로운 전략을 세운다.

타인에게는 노력과 수행에 대한 피드백을 제공한다. 솔직하고 건설적인 피드백이어야 한다. 무엇을 잘했는지, 그 이유는 무엇인지 설명한다. 또한 개선할 수 있는 부분과 그 이유도 제시한다. 잘한 점을 알려주면 어떤 기술이 자신에게 효과적인지 깨달을 것이다. 개선이 필요한 점을 알려주면 성장 가능성을 알아차릴 것이다. 이때 사용하는 언어에 세심한 주의를 쏟아야 한다. '약점'이 아닌 '개선'이라는 단어를 사용함으로써 자기 효능감을 지켜주고 노력을 포기하지 않게 만들어라. 예를 들어 상사가 신입 영업사원에게 피드백을 준다고 해보자. 그의 영업 전화 업무를 모니터링한 뒤 잘하고 있는 점과 개선이 필요한 점에 대해 말해준다. 도입부는 좋았지만 제품의 세부사항을 설명할 때 몇 가지 요소가 빠졌다고 말하는 식이다. 이렇게 하면 자신감을 잃지 않으면서도 성장과 개선에 집중할 수 있다.

2. 숙달 경험을 활용하라

비슷한 과제를 성공적으로 수행했던 경험을 떠올려 글로 적는다. 비슷한 수업을 무사히 수강했는가? 비슷한 업무를 완료한 적 있는가? 지금의 위치에 이르기까지 사용했던 기술과 노력을 생각해본다. 그 기술과 노력을 현재 또는 미래의 과제에 어떻게 사용할 수 있을지 생각한다. 예를 들어 책을 쓰려고 한다고 해보자. 과거에 했던 일이나 들은 수업 중에서 글쓰기에 도움이 될 만한 것을 전부 다 적는다. 비슷한 일을 해본 적 있으니 이 일도 해낼 수 있다고 생각하게 된다.

타인에게는 이전에 비슷한 과제를 성공한 경험에 대해 적어보라고 한다. 그 후 그때의 기술과 노력을 지금 앞둔 과제에 어떻게 적용할 수 있을지 대화를 나눈다. 성공 경험을 제공하는 것도 중요하다. 성공적으로 완료할 수 있는 과제를 내주고, 그 과제에 사용한 기술과 노력에 대해 이야기해야 한다. 무엇보다 속도가 붙을 때까지 도전 과제의 난이도는 천천히 높여야 한다. 예를 들어 자녀가 수학 숙제를 힘들어한다면 잠깐 숙제를 쉽게 하고 아이가 충분히 풀 수 있는 수학 문제를 낸다. 그리고 서서히 좀 더 어려운 숙제 문제로 옮겨가는 식이다.

3. 대리 경험을 강조하라

동료들의 성공에 대해 생각해본다. 그들의 공통점은 무엇인가? 동료에게 면담을 신청해서 작업 방식을 물어보아도 된다. 어떤 방식을 이용해서 성공했는지 알아본다. 멘토를 찾아 지도받을 수도 있다. 성공한 사람들의 이야기도 읽어보자. 그들이 도전과 역경을 이겨내고 계속 목표를 향해 나아간 비결은 무엇인가? 예를 들어 테크 산업에 종사한다면 빌 게이츠, 스티브 잡스 등 같은 업계에서 성공한 사람들의 책을 읽는다.

타인에게는 해당 과제를 훌륭하게 해낸 동료 모델을 제공한다. 모델이 학습자와 비슷한 점이 있어야 한다. 그가 모델과 함께 작업할 수 있도록 지원할 수도 있다. 예를 들어 선배 동료들이 신입 사원들의 멘토가 되어 일주일에 한 번씩 점심 식사 자리를 만들 수 있다.

4. 사회적 설득을 사용하라

진행 상황에 대한 피드백과 격려를 활용하는 방법이다. 진행 상황을 소셜 미디어에 올린다. 이렇게 하면 과제 수행에 대한 책임감이 커지고 친구들과 멘토들에게 격려받을 수 있다. 예를 들어 규칙적으로 운동을 하고 싶다면 페이스북이나 인스타그램에 운동 목표를 올린다. 가족과 친구들의 격려가 포기하지 않고 나아갈 힘을 준다. 자신에게 친절하려고 노력하는 것도 필요하다. 열심히 노력하고 좋은 성과를 올린 자신에게 스스로 칭찬의 말을 해주는 연습을 한다.

타인에게는 "잘할 수 있다고 믿어"라고 말해준다. 그 말에는 반드시 진심이 담겨 있어야 한다. 그렇게 믿는 이유를 구체적으로 덧붙인다. 가진 기술을 과제 수행에 사용하는 방법도 알려준다. 노력과 연습을 통해 더 잘 해낼 수 있음도 설명한다. 상대의 노력과 성과에 대한 고품질의 의미 있는 피드백을 제공해야 한다. 예를 들어 스포츠를 하는 자녀에게 많은 격려를 해주고 얼마나 많이 성장했는지를 알려주는 식이다.

5. 긍정적인 감정을 높여라

과제가 주는 즐거움에 대해 생각한다. 이 과제가 가치 있고, 흥미롭고, 의미 있는 이유는 무엇인가? 이유를 적어놓고 자주 확인한다. 예를 들어 새로운 진로를 위해 학위를 따려고 공부를 시작했다면 새 직업에 대해 기대되는 점을 정기적으로 적어본다. 과제에 대한 불안감이 느껴질 때는 그 이유를 생각해본다. 어떻게 하면 불안감을 줄일 수 있을까? 마음챙김 명상이 도움될 수도 있다. 절대 타인과 비교하지 않는다.

타인을 동기부여할 때는 과제의 흥미롭고 즐겁고 의미 있는 부분에 대해 적어보라고 한다. 과제를 상대의 관심사 및 목표와 연결한다. 예를 들어 교사라면 학생들에게 수업의 흥미로운 점을 적어보라고 한다. 과제 완료가 그들에게 어떤 가치가 있는지 강조하는 것도 좋은 방법이다. 공개적으로 누군가와 비교하는 일은 절대 삼간다. 남들과의 경쟁이 아니라 개인의 성장과 자기계발이 목표가 되어야 한다.

동기부여 처방

게잡이 어부에 도전한 직장인은 좀 더 신중했어야 했다. 그는 자신을 과대평가하는 더닝-크루거 효과의 희생양이 되었다. 게잡이에 대해 거의 몰랐기 때문에 그 일이 얼마나 어려운지도 몰랐던 것이다. 사무직을 그만둔 것 자체는 옳은 선택이었을 수도 있다. 하지만 전혀 경험도 없는 게잡이 어부의 길을 무턱대고 선택한 것은 잘못된 판단이었다. 만약 그가 더닝-크루거 효과에 대해 알았다면, 자기 효능감과 실제 능력이 일치하도록 보정하는 법을 알았다면, 이런 큰 비용이 드는 실수를 피할 수 있었을 것이다.

메타인지 전략	자신을 위한	타인을 위한
수행의 질 모니터링 및 능력 성찰	• "얼마나 잘했는가?" • "최적의 수행에 필요한 기술과 지식을 갖추었는가?"	• 수행 능력에 대한 솔직하고 분명한 피드백 제공 • 친절하되 포장하지 말기
숙달 경험 활용	• 비슷한 과제를 성공적으로 수행한 경험 떠올리기 • 과거 성공 경험을 전부 적기	• 성공 경험 제공 • 성공적으로 완료할 수 있는 비슷한 과제 제공 후 서서히 수준 높이기
대리 경험 강조	자신과 비슷한 사람 중 성공한 사람 떠올리기	해당 과제를 성공적으로 수행한 모델 제공
사회적 설득 사용	• 소셜 미디어에 목표 올리기 • 주변 사람들에게 긍정적인 피드백 받기	• 성공할 수 있는 이유를 구체적으로 언급 • 노력과 성실 등 성공할 수 있는 이유 대화
긍정적인 감정 높이기	• 과제가 주는 즐거움 상기 • "왜 흥미를 느끼는가?" • "이 과제에는 어떤 가치가 있는가?"	• 과제에서 느끼는 흥미와 가치를 적어보라고 권유 • 목표나 관심사와 과제를 연결 짓기 • 비교와 경쟁을 최소화시켜 불안감 줄여주기

실전 적용

내가 동기부여를 받고 싶은 일:

....

내가 시도할 전략:

....

내가 다른 사람에게 동기를 부여하고 싶은 영역:

....

도움을 주기 위해 시도할 전략:

....

8장

규칙과 지침은 없을수록 좋다?

크리스는 피부과 병원에서 10명의 의사를 담당하는 행정 업무 책임자다. 의사마다 업무 방식이 다른데, 그녀는 의사들이 불만을 가지거나 열심히 일하려는 동기가 약해질까 봐 불간섭주의를 원칙으로 삼고 있다. 한편 행정 직원들은 의사들과 다른 처우에 대해 끊임없이 불만을 크리스에게 제기하고 있으며, 이직률도 매우 높다. 그래서일까? 의사들과 행정 직원이 모두 모여 하는 회의는 난장판이 따로 없다. 뿐만 아니라 환자들은 의사의 진료를 받을 때까지 말도 안 될 정도로 오래 기다리는 일이 부지기수다.

크리스는 불간섭주의에서 벗어나 정책과 지침을 도입해야 할까? 그렇게 하면 혹시 오히려 상황이 악화될까?

(신화) 짜여진 구조는 동기부여를 방해한다

크리스는 의사들에게 지침과 정책, 즉 짜여진 구조를 적용하기 시작하면 그들이 원하는 방식으로 일할 수 없다고 느끼고 결국 열심히 일하지 않게 될까 봐 걱정스럽다. 지침과 정책이 병원에 이로운 혁신을 억제할까 봐 염려스럽기도 하다. 어쩌면 화난 의사들이 항의할지도 모른다. 그런데 과연 짜여진 구조는 정말 동기부여와 충돌할까?

필자들은 약 500명을 대상으로 한 연구에서 구조가 동기부여를 방해한다는 신화를 얼마나 많은 사람들이 믿고 있는지 조사했다.[1] 전체 응답자의 절반보다 조금 많은 이들이 "구조는 동기부여를 방해한다"라는 항목에 동의하지 않았고 24퍼센트만이 동의했다. 하지만 28퍼센트는 동의하지도 반대하지도 않았다. 아마도 구조가 정확히 무엇인지, 그것이 동기부여와 어떤 관련이 있는지 잘 모르기 때문인 듯하다. 그렇다면 구조는 무엇을 의미할까?

자기결정이론의 관점에 따르면 구조는 사람들이 유능감을 느끼고 성공 확률이 가장 높아지도록 설정된 환경을 말한다.[2] 여기에는 사람들이 무엇을 해야 하는지 알고 앞으로 나아가는 방법을 안다고 느끼도록 정보를 제공하는 것이 포함된다. 구조에는 기대와 지침, 그것들을 충족하거나 충족하지 않는 경우의 결과가 포함되어 성공하는 방법과 실패를 피하는 방법을 명확하게 알려주어야 한다. 예를 들어 교수는 과제를 수요일 수업 시작 시에 제출해야 하며 늦을 경우 점수의 절반이 깎인다는 조건을 정해놓을 수 있다. 아이는 토요일 아침에 놀러 나가기 전에 방을 청소해야 한다는 것을 알고 있다. 이런 정보는 사람들이 행동을 계획하기 위해 알아야 하는 것이다. 그래야 학생은 과제 마감일을 맞추기 위해 시간과 에너지를 어떻게 분배해야 하는지 결정할 수 있다. 그리고 방 청소를 해야만 하는 아이는 놀이시간을 최대한 늘리기 위해 청소를 언제 시작할지 결정할 수 있다.

회사에서 당신에게 직원들의 불만사항을 원하는 방식으로 처리해도 된다고 허락했다고 해보자. 자신이 옳다고 생각하는 일을 할 수 있으므로 잘된 일이다. 하지만 불만을 처리하기 시작하면 조금씩 마음이 불편해지기 시작한다. 과연 금전적 보상을 주어도 될까? 인정은? 지나친 기준이란 과연 무엇일까? 지침이 있으면 도움이 될까? 생각해보면 우리 주변에는 어딜 가나 정해진 구조가 있다. 교통 규칙이 대표적인 예다. 특정 구간에서는 다른 차량을 추월하면 안 되고 빨간불에서 멈추지 않으면 과태료를 내야 한다. 하지만 이런 것들이 특별히 제약이라고 느껴지지는 않는다. 일상적인 풍경의 일부니까. 나중에 살펴보겠지만 규칙, 기대, 지침 같은 구조가 얼마나 통제적인 느낌을 주느냐는 그것이 시행되는 방식에 따라 달라진다.

구조와 자율성은 상충한다는 편견

사람들이 구조가 동기부여를 방해한다는 신화를 믿는 이유는 구조를 자유의 반대 개념으로 바라보기 때문일지도 모른다. 지침과 기대가 선택권을 제한하고 자유로운 선택과 충돌하므로 동기를 억제한다고 생각하는 것이다. 반대로 개인에게 행동 방식을 결정할 수 있도록 권한과 선택권을 부여하면 사람들이 제멋대로 행동해 조직 전체가 혼란스러워진다고 생각한다. 사공이 많으면 배가 산으로 가는 것처럼 말이다. 하버드 경영 대학원 교수인 란자이 굴라티 Ranjay Gulati 는 〈하버드 비즈니스 스쿨 리뷰〉에 기고한 글에서 리더 대부분이 규제와 직원들에게 의사 결정을 내릴 수 있도록 힘을 실어주는 것이 절대로 공존할 수 없는 것이라고 생각하는 경향이 있다고 말했다.[3] 둘 중 하나만 가능하다고 말이다.

구조와 자유는 정반대처럼 보이지만 그렇지 않다. 구조를 제공하는 것은 통제나 강제와는 다르다. 자기결정이론에서 동기부여가 되는 환경은 두 개의 개별적인 차원으로 살펴볼 수 있다.[4] 첫 번째 차원은 환경에 구조(명확한 규칙, 지침, 기대)가 포함되는지의 여부로, 이 차원의 반대편에는 혼란이 자리한다. 혼란스러운 환경에서는 일이 어떤 식으로 돌아가고 무엇을 해야 하는지가 불분명하다. 다른 차원은 자율성 지원(선택권, 시작 행동 지원 등)으로 이 차원의 반대편은 통제다. 압력, 선택권 부재, 의견 제시 금지 등이 포함된다. 따라서 자기결정이론 관점으로 보면 구조는 자율성을 지원하고 제약이 느껴지지 않는 방식으로 제공될 수 있으며, 사람들이 최선을 다하도록 힘을 실어줄 수 있다.

구조를 통제와 제약으로 보고 지침과 기대를 없애면 사람들에게 성공의 기회를 빼앗는 셈이다. 학생이든 환자든, 직원이든, 팀원이든 모든 개인은 전반적인 목표와 우선순위가 무엇인지, 어떻게 하면 그것을 성공적으로 실행할 수 있는지 알아야 한다. 이 정보가 없으면 허둥거리게 된다. 동시에 선택권이 있고 의견 제시와 문제 해결 기회가 있다고도 느껴야 한다. 즉, 구조와 자율성 지원은 상충 관계가 아니며 둘 다 제공되어야 한다.

과학 잘 정립된 구조에서 동기가 발생한다

1980~1990년대에 자율성 지원에 관한 자기결정이론 연구가 많이 이루어졌지만 구조에 초점이 맞춰진 것은 그 후의 일이었다. 현재는 육아와 교육, 조직 분야에서 구조가 동기부여에 끼치는 중요한 영향력을 살펴보는 연구가 많이 진행되었다.

구조는 유능감을 높여준다

환경 속의 구조가 역량을 강화한다는 증거는 무엇일까? 구조가 사람들의 동기에 미치는 영향을 알아보기 위해 우리는(웬디의 연구진) 부모에 초점을 맞춘 일련의 연구를 시행했다. 우리의 첫 번째 과제는 현실 세계의 구조가 무엇인지 파악하고 구성 요소로 분해하는 것이다. 이에 부모를 대상으로 한 연구에서 다음에 나오는 구조의 여섯 가지 요소가 확인되었다.[5]

(a) 명확하고 일관적인 규칙과 기대: 개인은 무엇을 해야 하는지, 자신의 행동에 어떤 규칙이 적용되는지 안다.

(b) 예측 가능한 결과: 개인은 기대를 충족하지 못하면 어떻게 되는지 알고, 그 결과에 대한 후속 조치가 있다는 것도 안다.

(c) 이유 제공: 규칙이나 기대가 왜 존재하는지에 대한 정보가 제공된다.

(d) 피드백 제공: 기대를 잘 충족하고 있는지에 대한 피드백이 제공된다.

(e) 성공 기회: 개인이 기대나 규칙을 충족하기 위해 필요한 것을 갖추고 있다(예: 시간, 지원).

(f) 권한: 책임자는 사람들을 지도하고 리더 역할을 수행한다.

우리는 이러한 유형의 구조가 가족에게 어떤 영향을 미치는지 알아보기 위해 먼저 부모와 그들의 중학생 자녀를 대상으로 인터뷰를 실시했다. 예를 들어 아이들에게 이런 질문을 했다. "숙제와 공부를 할 때 너희 집에 대해 말해줄래? 집에 규칙이나 기대가 있니? 숙제와 공부에 대한 규칙을 따르지 않으면 어떻게 되니? 부모님이 이런 규칙이나 기대가 존재하는 이유에 대해 뭐라고 말씀하셔?" 인터뷰가 끝난 후에는 부모가 얼마나 명확하고 일관적인 구조를 제공했는지를 앞서 이야기한 여섯 가지 구성 요소로 평가했다. 그 결과, 부모가 명확하고 일관적인 구조를 제공할수록 자녀가 학교에서 유능감을 느끼고, 학교에서의 성공과 실패를 스스로 통제할 수 있다고 느꼈으며 수업 참여도와 성적도 높았다. 또 다른 연구에서 라발 대학교 교육과학부 교수인 캐서린 라텔Catherine Ratelle은 청소년들을 대상으로 부모가 가정에서 얼마나 명확하고 일관적인 구조를 제공하는지 조사했다.[6] 그 결과, 부모가 여섯 가지 구성 요소를 통틀어 명확하고 일관적인 구조를 제공할수록 아이들의 자기 효능감, 학업 적응, 성취가 뛰어난 것으로 나타났다. 즉, 가정 내 구조의 존재는 아이들이 자신의 능력을 믿고 과제를 완수하는 데 영향을 미쳤다.

교사가 수업의 구조를 제공하는 방식이 학생들에게 큰 영향을 미친다는 증거도 있다. 교육심리학자들인 장형심Hyungshim Jang과 존마샬 리브, 에드워드 데시는 교실 구조를 "교사가 학생들에 대한 기대와 바람직한 교육 결과를 달성하는 방법에 대해 제공하는 정보가 많고 명확한 상태"라고 정의했다.[7] 그들은 133개의 교실을 관찰하고 교사들이 분명하고 명시적인 지침, 수업 중 강력한 지도, 건설적인 피드백을 얼마나 제공했는지 평가했다. 그 결과, 학생들이 교실의 구조를 높이 평가할수록 학생 본인의 평가와 교사의 관찰에서 모두 수업 참여도가 높은 것으로 확인되었다.

또한 심리학자 아타나시오스 모우라티디스Athanasios Mouratidis는 1만 2,000명 이상의 터키 청소년을 대상으로 교사가 다음의 네 가지 방식으로 구조를 제공했는지 물은 연구도 있다.[8] (a) 학생의 행동에 대한 직접적 반응 (b) 명확한 기대 (c) 도움과 지원 제공 (d) 학생의 발달 상황 모니터링이 그것이다. 예를 들어 학생들은 "선생님은 수업 시간에 나에게 무엇을 기대하는지를 분명히 하지 않는다"(낮은 구조) 또는 "선생님은 다음으로 넘어가기 전에 내가 이해했는지 확인한다"(높은 구조)와 같은 항목을 평가했다. 그 결과, 학생들이 인정한 구조의 측면은 모두 그들의 자율적인 동기부여를 높이는 것으로 나타났다. 즉, 교사가 많은 구조를 제공할수록 학생들은 단순히 의무적으로가 아니라 행동의 중요성을 느껴서 학업 행동에 참여할 확률이 높았다. 의무감에서가 아니라 스스로 원해서 할수록 참여도와 끈기가 커지고 좌절이 닥쳤을 때 긍정적으로 대처하는 것이다.

이처럼 가정과 학교를 대상으로 한 연구에 따르면 구조는 사람들이 유능하고 성공할 수 있다고 느끼도록 해준다. 그렇다면 자율성은 어떨까? 구조는 사람들의 선택권과 자유의지를 지원하는 환경과 공존할 수 없는 것일까?

가정과 학교에서 구조의 긍정적인 효과를 보여주는 연구 결과는 설득력이 있지만 사람들이 구조화된 환경에서 통제감을 느끼는지, 구조와 자율성이 과연 상충하는지를 다루지는 않는다. 이 질문에 대해 알아보려면 환경의 두 가지 측면, 즉 구조의 정도와 자율성 지원의 정도를 측정하고 서로 어떤 관련이 있는지 알아보아야 할 것이다. 만약 구조와 자율성 지원이 상충한다면 높은 구조 환경에서 자율성 지원은 낮게 나올 것이다. 그리고 만약 그 둘이 상충하지 않는다면 낮은 구조 환경에서 자율성이 커질 것이다.

다행히도 이 두 가지 측면을 모두 측정한 연구가 있다. 앞에서 소개한 장형심과 동료들의 연구다. 그들은 교실의 구조 이외에 교사의 자율성 지원 측면(교사가 학생의 내적 동기를 지원하고, 정보 언어에 의존하고, 학생들의 부정적인 감정을 알아차리고 수용하는지)도 평가했다.[9] 그리고 연구진은 자율성 지원과 구조가 서로 상충하지 않을 뿐만 아니라, 더 많은 구조를 제공하는 교사가 자율성을 지원할 가능성도 높다는 사실을 발견했다. 둘의 연관성은 중간 정도로 나타났다. 다시 말해서 높은 구조를 제공하는 교사는 자율성을 지원할 가능성이 크기는 했지만, 더 지원하는 경우도 있고 덜 지원하는 경우도 있었다. 이러한 결과 패턴은 모우라티디스의 연구 결과에서도 동일하게 나타났다.[10] 학생들은 교실의 구조뿐만 아니라 교사가 자율성을 지원하는지, 통제적인지에 대해서도 평가했다(예: "선생님은 숙제 방법에 대해 선택권을 거의 주지 않는다", "선생님은 숙제에 관해 내 의견에 귀 기울여주지 않는다"). 그 결과, 역시 높은 구조를 제공하는 교사일수록 (예외 없이) 자율성을 더 지원하는 것으로 나타났다. 한편 부모가 제공하는 구조에 대한 필자들의 연구에서 나온 결과도 동일했다. 자율성 지원과 구조의 관련성은 (부정적이 아닌) 긍정적이었다. 그렇다면 이런 질문을 떠올릴 수 있다. 구조를 제공하고 선택권과 자유의지를 느끼도록 해준다면 유능감이 높아질까? 그리고 그것이 과연 동기부여에 도움이 될까?

자율성을 지원하는 구조를 만드는 4가지 방법

나(웬디)는 앞에서 설명한 숙제와 관련된 부모 대상 연구의 후속 연구에서 이 문제를 다루었다. 부모와 자녀를 인터뷰할 때 가정에 구조가 존재하는지뿐만 아니라 구조가 어떻게 실행되는지도 물은 것이다.[11] 그리고 학업과 관련해서만 묻지 않고 자녀가 가정에서 맡은 책임과 관련된 구조에 대해서도 묻고, 부모의 감독이 미치지 않는 상황(아이들이 자전거를 탈 때나 동네 가게에 갈 때, 또는 집에 혼자 있을 때)에서는 어떻게 하는지도 조사했다. 모든 규칙이나 기대에 관해 추가적인 질문도 했다. 이 책임이 어떻게 생겨났는가? 자녀가 규칙을 어떤 식으로 지킬지(또는 지키지 않을지) 스스로 선택할 수 있는 부분이 있는가? 만약 자녀가 규칙에 동의하지 않거나 규칙을 변경해야 한다고 생각한다면 어떻게 되는가? 이 인터뷰에서 연구진은 부모들이 제공한 구조가 얼마나 자율성을 지원하는지를 다음의 네 가지 측면으로 평가했다.

> (a) 규칙과 기대의 공동 설정: 규칙을 부모가 정했는가, 아니면 자녀와 함께 정했는가?
>
> (b) 개방적 대화: 규칙과 기대에 대한 빈번하고 공개적인 논의가 이루어지는가, 아니면 반대 의견이 무조건 금지되는가?
>
> (c) 공감: 부모가 자녀의 견해에 동의하지 않더라도 이해하는 모습을 보이는가, 아니면 아이의 견해를 묵살하는가?
>
> (d) 선택: 부모가 규칙을 따르는 방법에 대한 옵션과 대안을 허용하는가, 아니면 규칙을 따르는 방식이 정해져 있는가?

구조의 존재는 자녀의 유능감과 동기부여에 영향을 끼칠까? 또한 구조가 실행되는 방식이 차이를 만들까? 두 질문에 대한 답은 모두 "예"였다. 특히 아이들이 유능감을 느끼며 활동에 참여하기 위해서는 부모가 아이들이 자율성을 느낄 수 있도록 구조를 제공하는 것이 가장 중요한 부분을 차지했다. 규칙을 함께 정하고, 규칙을 따르는 데 있어서 약간의 선택권을 제공하고, 그들이 규칙에 동의하지 않을 수 있다는 사실에 공감과 이해를 보여주고, 규칙에 대해 함께 논의하고 재검토할 수 있도록 해주는 것이다. 부모의 감독이 미치지 않는 경우에는 규칙과 기대가 마련되어 있는 것이 중요했지만 그것이 전달되는 방식은 그다지 중요하지 않았다. 아이들은 부모의 감독이 없으면 잠재적 위험이 존재한다는 사실을 이해하고 그런 상황에서는 부모가 규칙을 적용하는 게 당연하다고 여기는 듯했다. 영역에 따른 차이도 존재했다. 특히 자신에게도 발언권이 주어져야 한다고 생각하는 영역(예: 개인적인 문제)에 관한 규칙을 정할 때 자율성을 지원해주면 더 효과적이었다.

구조가 제공되는 맥락의 중요성은 학교에서도 입증되었다. 예를 들어 아이들에게 교사가 제공하는 구조와 자율성에 대해 질문한 연구가 있다.[12] 그 결과, 구조는 학생들이 과제가 어려울 때 계획을 세우고 끈기를 발휘하는 등 학습을 촉진하는 전략을 적극적으로 사용하는 데 긍정적인 영향을 끼쳤지만, 교사가 자율성을 지원해주어야만 그럴 수 있었다. 교사가 통제적일 때는 구조가 긍정적인 영향을 미치지 않았다.

좀 더 비공식적인 학습 환경에서도 비슷한 결과가 나타난다. 독일의 생물교육 및 교육심리학 분야 연구자인 에케스Eckes는 동물들의 다양한 움직임 유형(비행, 미끄러짐, 헤엄치기 등)을 보여주는 실습 전시회를 방문한 중고등학생들을 연구했다.[13] 학생들은 으레 주어지는 일반적인 구조(예: 워크시트, 간단한 설명 자료)를 제공받거나 보충 구조(사전 설명, 명확한 기대, 디자인 정보)를 제공받았다. 그 결과, 일반 구조와 비교할 때 보충 구조는 학생들의 내재적 동기, 유능감 또는 전시회 방문에 대한 선택권에 영향을 미치지 않는다는 사실이 발견되었다. 연구진은 또 다른 연구도 시행했는데, 이 연구에서는 보충 구조를 학생들의 자율성을 지원하는 방식으로 제공했다. 학생들의 관점과 생각을 알아주고 통제적이지 않은 언어('~해야만 한다'가 아니라 '~할 수 있다')를 사용했다. 그러자 보충 구조를 제공받은 학생들은 전시회에 더 큰 흥미와 즐거움을 보였고 워크시트에 대해서도 유능감을 보였다. 이 연구는 단순히 구조를 제공하는 것이 아니라 자율성을 지원하는 방식으로 제공하는 것이 중요하다는 것을 시사한다.

한편 안전과 효율성을 이유로 제약을 가해야만 할 때도 있다. 과제 제출 기한, 애완견 산책 주기 등이 그 예다. 이때에도 자율성을 지원하는 방식으로 마감일을 설정하는 것이 제약의 부정적인 영향을 완화한다는 증거가 있다. 영국의 사회심리학자 버지스Burgess는 대학생들에게 어린이 대상의 연구에 사용될 것이라고 공지하고 레고를 조립시켰다.[14] 일부 학생들에게는 조립을 끝내야 하는 마감 기한이 주어졌고(6분) 일부 학생들은 마감 기한에 대해 약간의 선택권이 주어졌다(하지만 실험은 결국 모든 참가자가 6분 만에 완료하기를 선택할 수밖에 없도록 설계되었다). 결과적으로 자율성을 지원하는 마감 기한을 받은 참가자들은 좀 더 통제적인 마감 기한을 받은 이들보다 실험이 끝나고도 레고를 계속 조립할 가능성이 높았다. 이 실험의 결론은 같은 조건이라도 자율성을 지원하는 방식으로 전달하면 제약이 동기부여에 끼치는 부정적인 영향을 최소화할 수 있다는 것이다.

우리는 항상 아이들에게 제약을 둔다. 소파에서 뛰지 마라, 어두워지기 전에 집으로 돌아와라, 다른 아이들의 장난감을 빼앗지 마라 등이다. 아이들은 안 된다는 말을 수없이 듣는다. 그런데 아이들이 재미있어하는 활동에 제약을 설정하면 아이들이 느끼는 즐거움이 사라질까? 리처드 케스트너와 동료들은 그 답을 찾기 위한 연구를 진행했다.[15] 아이들을 세 그룹으로 나누어 그림을 그리게 했는데, 첫 번째 그룹에는 아무런 제약이 없었다. 두 번째 그룹은 색깔을 바꿀 때마다 붓을 물에 담가야 하고 종이에 그려진 선 밖에는 그림을 그리면 안 되는 등의 제약이 주어졌다. 이러한 제약은 자율성을 지원하는 방식으로 전달되거나 통제적인 방식으로 전달되거나 둘 중 하나였다. 제약이 있지만 자율성을 지원하는 방식으로 전달된 그룹의 경우, 연구진은 규칙을 따라야 하는 지루함에 대한 공감을 제공하고 '~해야만 한다'와 같은 표현을 피해 통제적이지 않은 언어를 사용했다. 또한 다른 아이들을 위해 물감을 깨끗하게 사용해야 한다며 규칙을 따라야 하는 이유도 전달했다. 반면 제약이 통제적으로 전달된 그룹의 경우, 연구진은 아이들에게 '~해야만 한다'와 같은 언어를 사용했고 공감이나 규칙을 따라야 하는 이유도 전달하지 않았다.

연구진은 실험이 끝난 후 아이들이 여전히 그림을 그리고 싶어 하는지, 얼마나 창의적인 그림을 그렸는지를 살폈다. 그 결과, 자율성을 지원하는 제약은 아이들이 그림 그리기에서 느끼는 재미를 떨어뜨리지 않았지만, 통제적인 제약은 재미를 떨어뜨렸다. 또한 아무런 제약이 없는 그룹과 자율성을 지원하는 제약 그룹이 그린 그림은 통제적인 제약 그룹의 아이들이 그린 그림보다 창의적이었다.

아이들의 자율성을 지원하는 제약은 그 개념을 처음 제안한 심리학자 하임 기노트Haim Ginott의 이름을 본떠 '기노트식Ginottian 제약'이라고도 부른다.[16] 기노트식 제약에는 다음과 같은 요소가 포함된다. (a) 허용되지 않은 일을 하고 싶어 하는 아이의 마음을 이해하는 메시지 전달하기("침대에서 뛰는 게 재미있으니까 하고 싶은 마음 이해해.") (b) 3인칭의 비대인적 문장으로 제약 제공하기("하지만 침대는 뛰는 곳이 아니야.") (c) 제약에 대해 느낄 감정 공감하기("분명 이 규칙이 마음에 안 들겠지.") (d) 대안 제시하기("대신 지하실 소파에서 뛰는 건 괜찮아.") 기노트식 제약을 사용하면 상대와 힘겨루기할 필요 없이 협조를 끌어내기가 쉽고 관계도 타격을 입지 않는다.

이쯤에서 구조와 자율성 지원, 동기부여의 과학을 자녀 양육과 조직 리더십에 적용하는 몇 가지 사례를 소개한다.

최근 우리(웬디의 연구진)는 부모가 자녀의 동기부여를 촉진하는 양육 기술을 제안했다. 자율성 지원, 구조, 가정에서의 참여를 늘리기 위한 전략을 가르쳤다. 이 중 가장 중요하고 어려운 부분은 부모가 자녀에게 자율성을 지원하는 방식으로 구조를 제공하는 것이었다. 우리가 진행한 임상 연구 중에서 한 부모가 안고 있던 문제와 연구진의 개입 방법 그리고 결과를 소개한다.

세 자녀를 둔 싱글맘 재니스는 대학 교직원으로 열심히 일한다. 하루 일과를 마치고 기진맥진한 상태로 집에 돌아온다. 그녀는 퇴근했을 때 사방에 잡동사니가 널브러진 모습을 볼 때마다 좌절감이 밀려온다고 말했다. 소파 위에 널브러진 아이들 신발, 바닥의 장난감, 뚜껑이 열린 채 식탁에 놓인 도시락통. "아이들에게 물건을 치우라고 하는 게 그렇게 지나친 요구일까요? 제가 퇴근해 돌아왔을 때 바닥의 물건을 밟고 아파하는 일 좀 없도록요." 재니스는 집 안으로 들어오자마자 소리치기 시작한다. "신발 치워!", "도시락통은 왜 안 씻었어?" 협박도 한다. "다음부터는 안 치우면 그냥 버려버릴 거야." 아이들에게 죄책감을 심어주는 수법도 쓴다. "난 이렇게 힘들게 일하는데 너희들은 고마운 줄도 몰라."

"정말 스트레스 받아요. 아이들에게 소리 지르고 나면 저도 마음이 안 좋거든요. 하루 종일 떨어져 있다가 겨우 만났는데 이렇게 부정적인 대화만 오가다니. 제가 아이들과 원하는 관계는 이런 게 아니에요."

우리는 개입의 일환으로 재니스에게 구조에 대해 설명했다. 그리고 그녀가 퇴근하기 전에 아이들이 거실을 정리하게 하는 것에 대해 몇 가지 명확한 지침을 주는 방법을 설명했다. 강압적이지 않으며 지지적으로 느껴지면서, 아이들에게도 발언권을 주는 방식으로 규칙과 지침을 정하는 방법도 논의했다. "조용하고 평온할 때 아이들과 대화를 해보세요." 우리가 재니스에게 제안했다. 그리고 대화에 다음과 같은 내용을 포함하기로 했다.

1. 아이들의 관점을 이해하고 공감하는 것부터 시작한다. 이렇게 말할 수 있을 것이다. "학교 갔다가 집에 돌아오면 많이 힘들고 피곤할 거야. 물건들 좀 널브러져 있다고 엄마가 소리 지르면 당연히 듣기 싫겠지."

2. 요구에 대한 이유를 제시한다. "숙제하고 저녁을 만들기 전에 정리가 되어 있는 게 중요해. 그러니까 그전에 물건들을 치우면 도움이 될 거야. 게다가 음식을 아무 데나 두면 집 안에 벌레가 생길 수도 있어."

3. 문제 해결에 도움을 청한다. "너희들이 학교에서 돌아오고 엄마가 저녁을 만들기 전까지의 상황이 순조롭게 흘러가도록 다 같이 머리를 굴려서 규칙을 만들어보자." 혹은 "어떻게 하면 엄마가 퇴근하기 전까지 널브러진 집 안을 정리할 수 있을 것 같니? 언제 치우면 좋을까? 물건들을 정리해야 한다는 사실을 어떻게 하면 까먹지 않을 수 있을까?"라고 말할 수 있다.

4. 계획을 세운다. 시도해본 후 다시 상의하자고 말한다. "이번 주에 이대로 해보고 가족회의에서 진행 상황을 같이 살펴보자."

재니스는 이 전략을 가슴에 새긴 상태로 가족회의를 열어 집 안 정리 문제를 논의했다. 아이들이 예상보다 훨씬 열린 태도로 대화에 적극적으로 참여해서 그녀는 깜짝 놀랐다. "난 학교 갔다 와서 간식 먼저 먹는

게 좋아. 간식을 먹은 다음에 치우면 될 것 같아." 딸이 말했다. 아들은 "까먹지 않도록 부엌에 안내문을 붙여두면 어때?"라고 했다.

그들은 계획을 세우고 실행에 옮겼다. 2주 후 연구진과 다시 만난 자리에서 재니스는 집의 상황이 예전보다 훨씬 차분해졌다고 말했다. "솔직히 제가 퇴근했을 때 항상 정리가 되어 있는 건 아니지만 예전에 비하면 아주 좋아졌죠. 혹시라도 정리가 안 되어 있어도 아이들이 우리가 정한 규칙을 곧바로 떠올리곤 빠르게 움직여요. 아이들한테 소리 지르고 죄책감 느끼게 하는 일이 아주 많이 줄어들었답니다. 아이들과의 저녁 시간이 훨씬 즐거워졌어요!"

하버드 경영 대학원 교수 란자이 굴라티는 〈숨통을 조이지 않는 구조*Structure That's not Stifling*〉라는 글에서 기업들이 자유와 통제를 제로섬 게임으로 보는 경우가 많다는 점을 논했다.[17] 그러나 그는 지침을 잘 설계하고 실행한다면 사람들이 큰 지지와 자유를 느끼고 혁신에 기여할 수 있다고 주장했다. 이것이 가능한 일일까? 굴라티는 구조 제공과 자율성 허용의 올바른 균형을 찾은 일부 기업을 예로 들었다.

넷플릭스는 그 균형을 찾은 기업 중 하나다. 그들은 자사의 문화를 "자유와 책임감"의 결합이라고 묘사한다. 직원들은 그들의 판단력을 혁신에 활용할 수 있지만 "기본 문서"에 수록된 매우 명확한 범위 내에서 수행한다. 그 내부 문서는 넷플릭스의 철학과 우선순위를 설명한다. 직원들은 휴가 시간, 여행 경비, 출산 휴가에 대한 선택을 스스로 내릴 수 있다. 새로운 프로젝트를 추진할 기회도 주어진다. 하지만 이 모든 것은 직원들이 이해하고 따라야 하는 틀 안에서 이루어진다.

이 방법은 과연 효과적이었을까? 대단히 효과적이었다! 넷플릭스는 포춘 500대 기업 상위권에 드는 세계적인 기업이다. 직원들이 목표와 우선순위를 이해하고 기본적인 틀도 제공되므로 선택과 혁신에 대해 스스로 결정 내릴 수 있는 권리를 남용하는 경우는 거의 없었다.

또 다른 예는 알래스카 항공이다. 1990년대에 이 기업의 직원들은 승객에 관한 일이라면 자신의 직관적인 판단을 믿고 승객의 만족을 위해 자유재량에 의해 무엇이든 해도 된다는 분위기에서 일했다. 하지만 2000년의 추락 사고를 포함한 다수의 사건 후 알래스카 항공은 규율이 필요하다고 결정했다. 그래서 직원들의 자율성을 빼앗고 직원들에게 문제 해결의 재량권이 거의 주어지지 않는 "플레이북"을 우선시했다. 이로 인해 직원들이 느끼는 좌절감이 점점 커졌다. 2014~2015년에 알래스카 항공은 직원들에게 다시 자율성을 제공하기 시작했지만, 이번에는 직원들에게 조직의 목표, 우선순위, 서비스 표준을 알려주는 포괄적인 교육 프로그램도 함께 도입되었다. 예를 들어 직원들은 승객에게 수수료를 면제해줄 수 있지만 정해진 지침 안에서만 의사 결정 권한이 부여되었다. 이러한 방법은 긍정적인 변화를 가져왔다. 2017년 세계적인 마케팅 정보 서비스 회사 J.D. 파워가 실시한 고객 만족도 조사에서 알래스카 항공이 1위를 차지했던 것이다.

이러한 기업 사례들은 구조가 조직에 중요하다는 것을 보여준다. 또한 구조가 선택과 공동의 의사 결정, 발언권과 함께 실행될 수 있다는 것도 알려준다. 물론 자율성을 지원하는 구조를 만드는 것은 쉬운 일이 아니다. 사람들의 피드백을 받고 함께 문제를 해결하려면 시간이 걸린다. 또한 기준이 지켜지면서 주도권과 적극성을 느끼려면 시간과 주의도 필요하다.

사람들은 종종 구조가 자유나 선택권과 상충한다고 생각한다. 하지만 과학은 이 두 가지를 결합할 수 있다고 말한다. 명확한 기대와 지침, 진행 상황에 대한 피드백의 형태로 이루어진 구조는 사람들에게 행동을 계획하고 실행하는 데 필요한 정보를 제공한다. 따라서 앞으로 나아갈 자신감이 생긴다. 구조가 없으면 방법을 분명하게 알지 못하고 성공에 대한 무력감이 느껴진다. 강압적이거나 압력을 가하지 않고, 사람들이 지침에 동의하지 않을 수 있다는 사실에 공감하고, 규칙을 지키는 방식에 대한 약간의 선택권을 주는 방식으로 제공될 경우, 구조는 통제적으로 다가오지 않으며 목표 달성에 대한 유능감을 느끼도록 도와준다.

1. 자율성을 지원하는 방식으로 지침을 정하라

완료해야 할 프로젝트 또는 활동이 있을 때 필요한 과제가 무엇인지 정리하고 언제까지 완료할지 일정을 세운다. 예를 들어 일주일 동안 시험지를 채점해야 한다면 하루에 다섯 개씩 끝마치는 일정을 세울 수 있다. 마감일을 정하는 것도 좋지만 너무 통제적으로 느껴지지 않도록 그 안에서 약간의 변경이 가능하게 한다. 모든 마감일을 엄수하지 않았더라도 자책하지 않는다. 또한 마감일이 지켜지지 않았을 때는 제공된 피드백 정보를 참고해서 다음 일정을 세운다.

타인에게 적용할 때는 완료해야 할 과제에 대한 기대와 지침을 함께 설정하는 것이 좋다. 그들은 무엇이 현실적이라고 생각하는가? 가장 좋은 진행 방식을 무엇이라고 생각하는가? 만약 상대가 하기 싫어하는 일이라면(서류 작성, 식기 세척기 비우기 등) 그들의 관점을 알아주고 공감을 전달한다.

예를 들어 제니퍼의 엄마는 제니퍼에게 이틀에 한 번씩 애완견 산책을 맡으라고 할 수 있다. 그런데 제니퍼는 애초에 언니가 원해서 개를 키우게 된 것이므로 자신은 애완견을 산책시킬 의무가 없다고 생각한다. 엄마는 그런 제니퍼의 관점에 동의하지 않더라도 이해와 공감을 보여줄 수는 있다. "넌 개를 산책시킬 의무도 없는데 시키니까 짜증 나는 거 이해해"라고 말하는 것이다. 지침 내에서 약간의 선택권을 허용한다면 제니퍼에게 산책시킬 요일을 직접 고르게 할 수 있을 것이다. 엄마가 제니퍼에게 애완견을 산책시켜야 하는 의미 있는 이유를 제공하고 그 이유를 제니퍼의 목표와 연결하는 것이 중요하다. 예를 들어 엄마는 제니퍼에게 이렇게 말할 수 있을 것이다. "한 사람이 너무 많은 부담을 짊어지지 않도록 모두가 애완견 산책을 도와주어야 해. 그리고 네가 원하는 애완동물을 키우게 되면 그땐 언니가 널 도와줄 수 있을 거야."

2. 피드백을 제공하라

과제를 수행할 때 진전 사항을 기록한다. 과제를 더 어렵게 만든 것이 무엇이었는지도 확인해본다. 타이밍이 최적이었는가? 특정 시간에 에너지가 고갈되거나 올라갔는가? 짧은(또는 긴) 시간 동안 일하는 것이 더 효과적인가? 과제 완료에 유용한 기술이 있는가? 자신에게 피드백을 제공하는 것도 좋지만, 자신을 비난하거나 깎아내리지 말고 개선과 변화에 초점을 맞춘다(변화 지향적인 피드백 제공에 대한 지침은 3장 참조).

타인에게 적용할 때는 지침과 기대를 잘 충족하고 있는지에 대한 정기적인 피드백을 제공하라. 예를 들어 진행 상황을 살펴보고 성공을 위해 필요한 사항이 있는지 확인할 계획이라는 것을 상대에게 알린다. 개선을 위한 피드백의 원칙을 사용해 행동 지향적인 피드백을 제공하며 상대를 피드백

과정에 참여시킨다. 성과를 돌아보고 개선 방법을 직접 찾아보게 한다. 예를 들어 직원에게 새 매뉴얼을 만드는 업무를 맡기고 일주일에 한 번씩 점검하겠다고 할 수 있다. 중간중간 어떻게 진행되고 있는지 물어보거나 필요한 부분을 점검하고 피드백한다. 이를테면 매뉴얼을 더 읽기 쉽게 만들거나 명확성을 높이기 위해 필요한 피드백을 줄 수 있다.

3. 기대와 지침을 수정 가능하게 하라

기대와 지침은 현재의 조건과 목표에 맞게 조정할 수 있어야 한다. 예를 들어 동시에 여러 과제를 수행할 때는 중간에 마감일을 현실적으로 조정할 수 있다.

타인의 동기부여를 위해서라면 그들이 기대와 지침이 합리적이라고 생각하는지 확인할 필요가 있다. 그 어떤 의견에도 열려 있는 태도를 보여주어야 한다. 사람들의 의견과 아이디어를 수렴해서 규칙, 기대, 지침을 함께 정하거나 수정한다.

동기부여 처방

이 장의 맨 앞부분에서 소개한 사례로 돌아가보자. 크리스는 그녀가 일하는 피부과 병원에 일관적인 지침을 적용하면 의사와 직원들의 동기와 창의성에 해로울까 봐 우려했다. 크리스는 직장에 구조를 도입하면 병원의 성공을 위해 모두가 협력하는 효율적이고 긍정적인 환경을 만들 수 있다는 사실을 알아야 한다. 정책과 지침을 마련하는 과정에 의사와 행정 직원들을 참여시킨다면 모두의 동기부여에 도움이 되고 복잡함이 전부 정리될 것이다.

 ## 동기부여 프로젝트

구조를 활용하는 전략	자신을 위한	타인을 위한
과제에 대한 기대와 지침 분명히 하기	과제와 마감일을 명확히 정리	분명하고 예측 가능한 지침, 규칙, 결과를 함께 수립
수행에 대한 피드백	진전 사항 기록 및 개선	• 변화 지향적 피드백 제공 • 함께 개선을 위한 계획 수립
기대와 지침 열어두기	지침 점검 및 변화 적용	• 상대의 의견을 모두 수렴 • 함께 기대와 지침 수정

실전 적용

내가 동기부여를 받고 싶은 일:

내가 시도할 전략:

내가 다른 사람에게 동기를 부여하고 싶은 영역:

도움을 주기 위해 시도할 전략:

9장

칭찬은
고래도 춤추게 한다는 착각

애런과 레스터는 두 살 차이 형제다. 레스터가 초등학교 입학하던 해, 교사인 이모가 같이 살게 되면서 형제의 숙제를 자주 도와주었다. 이모는 형제의 부모에게 "레스터는 매우 똑똑한 반면, 애런은 노력파이기는 하지만 타고난 재능은 없다"라고 했다. 몇 년 동안 이모는 가족 모두에게 레스터가 아주 똑똑한 아이라서 학교 성적도 뛰어나고 나중에 좋은 직업을 갖게 될 것이라는 말을 자주 했다. 그런데 레스터는 학년이 올라갈수록 숙제를 버거워했고 성취도도 떨어지기 시작했다. 조카의 성적을 본 이모는 깜짝 놀랐고 어떻게 도와주어야 할지 갈피조차 잡지 못했다.

그녀는 똑똑함을 강조하는 것이 레스터를 돕는 일이라고 여겼다. 좋은 의도에서 한 그 말이 레스터에게 부정적인 영향을 미친 것일까?

(신화) 능력을 칭찬하면 동기가 강화된다

어떤 과제를 성공적으로 해냈을 때 똑똑하거나 재능이 있다고 말해주는 것은 우리 일상에서 흔히 있는 일이다. 교사는 문제를 푼 학생에게, 부모는 성적표를 가져온 아이에게 "똑똑하다"라고 칭찬한다. 심지어 미취학 아동을 위한 TV프로그램 〈블루스 클루스〉도 매 회를 "그거 알아? 넌 너무 똑똑해!"라는 말로 끝맺는다.

이런 태도는 직장에서도 마찬가지다. 상사도 "자네는 머리가 비상한 디자이너야!", "자네는 영업에 재능이 있어!"라고 칭찬한다. 우리는 이런 말이 상대의 자신감을 올려주어 더 끈기 있게 도전하게 만들 거라 생각한다. 하지만 칭찬에는 어두운 면이 있다. 그런 말을 들으면 똑똑하고 재능이 있어서 성공했다고 생각하게 된다. 물론 상황이 순조로울 때는 아무 문제가 없다. 하지만 좌절에 부딪치면 당연히 이런 결론에 도달하게 된다. "내가 잘하지 못한 이유는 사실 내가 똑똑하거나 재능이 있는 게 아니기 때문이야." 그렇다면 어떻게든 자신이 똑똑하다는 사실을 증명하려고 할 것이다. 이를테면 쉬운 과제에만 도전한다거나 능력 부족이 아니라 노력하지 않은 것을 실패 원인으로 내세우기 위해 노력을 게을리한다거나, 시험에서 부정행위를 저지르기도 한다.

필자들의 설문조사에서도 사람들은 능력을 강조하는 칭찬이 생산적이라고 믿고 있었다.[1] 이것이 좋은 전략이라는 항목에 어느 정도 또는 강하게 동의하는 이들이 전체 응답자의 4분의 3 이상(76.6퍼센트)이나 되었다. 어린아이들을 둔 부모를 대상으로 한 설문조사에서도 비슷한 결과가 나타났다.[2] 85퍼센트가 아이들이 과제를 잘 수행했을 때 스스로 똑똑하다고 생각하도록 능력을 칭찬해야 한다고 답했다. 능력 강조가 동기부여에 효과적이라는 믿음이 우리 사회에 얼마나 깊이 퍼져 있는지 보여주는 증거다.

선한 의도, 그렇지 않은 효과

과제에 실패했을 때 멍청하거나 재능이 없다고 말하는 것이 동기를 꺾는 최악의 전략임은 분명하다. 반대로 성공했을 때 똑똑하다고 말해주는 것은 직관적으로도 훌륭한 격려인 것처럼 보인다. 특히 지능의 가치를 높게 치는 사회에서는 똑똑하다는 말이 듣는 사람의 기분을 단번에 좋게 만든다. 그래서 우리는 선한 의도로 재능을 칭찬하며, 이것이 힘든 상황이 닥쳤을 때 동력이 될 거라 가정하지만 장기적으로는 오히려 역효과를 낸다.

이 신화 뒤에는 '자기 충족적 예언'이 자리 잡고 있다. 자기 충족적 예언은 사회학자 로버트 머튼Robert Merton이 처음 사용한 용어로, 자신이나 타인에 대한 믿음이 실제 행동을 이끌어 결국 믿음이 현실이 되는 심리적 현상을 말한다.[3] 즉 다른 사람들에게 똑똑하다고 말하면 그들은 스스로가 똑똑하다고 믿기 시작하고 그 믿음이 현실로 바뀌도록 행동한다는 것이다. 의도는 좋지만 성공의 원인을 똑똑함으로 돌리는 순간, 부정적인 영향이 시작된다.

사람들은 똑똑함 같은 자신의 특징에 대해 칭찬받으면 당연히 이렇게 생각한다. '내가 똑똑하기 때문에 이 일을 잘 해냈다'. 어떻게 보면 당연하다. 그렇다면 무언가를 잘하지 못했을 때는 똑똑함이나 재능처럼 성공에 필요한 자질을 갖추지 못해서라고 생각할 수밖에 없을 것이다. 그래서 나쁜 일이 발생했을 때 자신이 충분히 똑똑하지 않거나 능력이 없어서라고 생각하면 자신감을 잃거나 포기하게 된다. 좌절을 잘못 해석한 탓에 잘할 수도 있었던 일을 너무 일찍 포기해버린 사람도 무수히 많다. 특히 과거에 계속 성공만 해온 사람일수록 갑작스러운 실패 앞에서 더 쉽게 무너진다.

예를 들어 초등학교 저학년 수학은 쉬워서 대부분 잘하지만 중학교에 올라가 복잡해지면 상황이 달라진다. 수학에 "재능"이 있다는 말을 들은 아이들은 수학이 이해되지 않는 지점에 이르렀을 때 큰 충격을 받는다. 자신의 성공이 재능 덕분이라고 믿었던 아이들은 이제 "나는 수학에 재능이 없어"라고 결론 내린다. 이런 식으로 우리는 미래 과학, 기술, 공학, 수학 분야의 잠재적 인재들을 잃고 있다.

'큰 물고기 작은 연못 효과'도 이와 관련이 깊다.[4] 이것은 사람들이 자신을 주변의 다른 사람들과 비교하는 것과 관련 있다. 주변 사람들보다 잘하면 자신의 능력에 만족감을 느낀다. 하지만 모두가 뛰어난 새로운 환경으로 옮겨간다면 자신의 능력이 그들에 못 미친다고 느낄 것이다. 자신감이 급격하게 떨어진다. 이것은 작은 고등학교를 다니다가 모두가 뛰어난 실력을 지닌 명문대에 입학한 학생들에게 흔히 생기는 일이다. 그들은 성적에 B가 보이기 시작하면 자신의 능력에 의심을 품기 시작한다. 만약 고등학교 때의 성공 원인이 "똑똑함"이라고 생각하는 학생이라면 자신이 사실은 그렇게 똑똑하지 않다는 결론에 도달할 것이다. 그러면 자기 효능감이 하락하고 걷잡을 수 없을 정도로 상황이 악화된다. 똑똑함을 보여주기 위해 무엇이든 하지 않으면 안 된다는 생각이 들기도 한다. 쉬운 강의를 듣는다거나 실패를 대비하기 위해 처음부터 열심히 하지 않는다거나 혹은 경쟁 치열한 명문대가 자신에게 과연 적합한지 고민하기도 한다.

과학) 똑똑하다는 칭찬은 실패에 취약하다

⋮

똑똑하다는 칭찬과 능력의 강조가 과학적으로 해로운 전략인지 이해하려면, 성공하거나 실패할 때 그 원인을 어떻게 해석하는지 살펴봐야 한다. 성공하면 "내 능력이 뛰어나서인가, 아니면 열심히 노력한 덕분일까?"라고 고민할 것이다. 실패했을 때는 재능이 없어서인지, 아니면 노력이 부족해서인지 그것도 아니면 단순히 운이 없어서인지 고민한다. 이 "왜"라는 질문을 탐색하는 심리 기제를 '귀인 이론'이라고 한다. 귀인 이론은 프리츠 하이더_Fritz Heider_가 저서 『대인관계의 심리학_The Psychology of Interpersonal Relations_』에서 처음 제시했다.[5] 하이더는 우리가 끊임없이 다른 사람의 행동의 원인을 찾아내려고 한다고 주장했다. '저 사람은 왜 범죄를 저질렀는가?', '저 학생이 시험에 실패한 이유는 무엇인가?'와 같은 질문들이 그것이다.

그 후 1980년대에 심리학자 버나드 와이너_Bernard Weiner_가 귀인 이론을 정립했고[6] 현재까지 동기부여와 교육심리학 분야에서 널리 사용되고 있다. 괴롭힘, 차별, 또래 공격 행동 같은 사안의 귀인으로까지 확장되어 사용된다.[7] 이론에 따르면 사람은 성취의 원인을 능력, 노력, 행운, 타인의 행동 등에서 찾는다.

좀 더 구체적으로 이야기하면 원인은 세 가지 차원에서 구분된다. 첫 번째는 소재 차원이다. 원인을 개인의 내부에서 찾는지 외부에서 찾는지를 뜻한다. 예를 들어 능력은 내부 요인인 반면, 과제의 난이도는 외부 요인이다. 두 번째는 안정성 차원으로 원인이 변하지 않는 것인가 변하는 것인가를 이른다. 능력은 일반적으로 변하지 않는 것으로 간주되지만, 노력과 운은 가변적이다. 세 번째 차원은 통제 가능성이다. 통제가 가능한 원인인가, 가능하지 않은 원인인가를 구분한다. 보통 우리는 능력을 통제할 수 없는 것으로 간주하는 반면 노력은 통제할 수 있는 것으로 본다.

중요한 것은 우리가 실패의 원인을 어디로 돌리느냐에 따라 이후 반

	내적	외적
안정적	능력 (나는 재능이 있다)	과제 난이도 (이 일은 어렵다)
불안정적	노력 (나는 열심히 했다)	운 (운이 좋았다)

응이 완전히 달라진다는 것이다. 만약 실패의 원인을 노력처럼 본인이 바꿀 수 있는 것으로 돌리면 더 열심히 노력하면 된다고 믿게 된다. 반면 실패의 원인을 능력처럼 안정적이고 통제 불가능한 요인 탓으로 돌리면 상황을 바꿀 수 없다는 무력감에 빠져 금방 포기하게 된다.

특히 실패의 원인을 "똑똑하지 않아서"라고 생각하는 것은 끔찍한 결과를 초래할 수 있다. 연구에 따르면 실패에 대해 무기력한 반응을 보이는 아이일수록 숙달 지향적인 반응을 보이는 아이보다 실패의 원인을 능력으로 돌릴 확률이 높았다.[8] 그들이 쉽게 포기하고 도전을 피하는 이유는 실패를 자신의 무능함에 대한 증거로 봐서 성공하지 못하면 절망감을 느끼기 때문이다. 반면, 숙달 지향적인 반응을 보이는 아이들은 실패의 원인을 노력에서 찾는다. 그들은 실패를 전략을 변경하거나 주변의 도움을 포함한 더 많은 자원을 확보하라는 정보로 받아들인다. 또한 실패의 원인을 자신의 능력으로 돌리는 이들과 달리 부정적이고 절망적인 감정을 느끼지 않는다.

한편 서로 다른 목표의 유형도 실패의 원인을 각기 다른 곳에서 찾게 만들었다. 수행 목표를 지닌 아이들은 실패의 원인을 능력으로 돌리는 경향이 있는 반면, 학습 목표를 지닌 아이들은 실패의 원인을 노력과 같은 통제 가능한 것으로 돌렸던 것이다.[9]

이처럼 우리가 자신과 타인에게 보내는 메시지에서 무엇을 원인으로 강조하느냐는 동기 형성에 막대한 영향을 미치며, "똑똑하다"라는 칭찬에만 집중해서는 안 되는 이유도 바로 여기에 있다.

결과나 사람이 아닌 과정을 칭찬하라

아이가 학교에서 가져온 미술 작품에 대한 부모의 여러 가지 반응을 떠올려보자. 첫 번째 부모는 "넌 정말 훌륭한 예술가야!"라고 말한다. 두 번째 부모는 "우와, 색깔을 정말 잘 사용했구나. 공들여서 그렸다는 게 보이네!"라고 말한다. 첫 번째 부모는 사람에 초점을 맞춘 칭찬을, 두 번째 부모는 과정에 초점을 맞춘 칭찬을 사용하고 있다.[10] 사람 중심의 칭찬은 결과를 지능, 수학 능력, 예술적 능력 또는 운동신경처럼 개인의 전체적인 자질과 연결한다. 반면 과정 중심의 칭찬은 노력 또는 전략 사용과 연결한다. 과연 칭찬의 유형에 따라 향후 동기와 행동에 차이가 나타날까?

이 질문에 대해 알아보기 위해 심리학자 클라우디아 뮬러_{Claudia Mueller}와 캐롤 드웩은 초등학생 500명을 대상으로 실험을 실시했다.[11] 초등학교 5학년 아이들은 쉬운 시험을 치른 후 지능에 대한 칭찬을 받거나("잘했어. 넌 정말 똑똑한가 보구나!) 노력에 대한 칭찬을 받았다(잘했어. 정말 열심히 했나 보구나!). 그 후 아이들은 다른 과제를 선택할 수 있는 기회를 받았다. 하나는 좀 더 힘들지만 "성장 또는 학습 기회를 주는" 과제였고 다른 것은 "확실하게 잘해낼 수 있는" 유사한 과제였다.[12] 지능을 칭찬받은 아이들은 더 쉬운 과제를 선택할 확률이 높게 나타났다. 이후 아이들은 좀 더 어려운 과제를 수행했고 잘하지 못했다는 말을 들었다. 그리고 아이들은 잘하지 못한 이유가 무엇인지, 방금 한 것과 같은 과제를 더 연습하고 싶은지, 과제가 얼마나 즐거웠는지에 답했다. 그런 다음 세 번째 과제가 주어졌다.

그 결과, 맨 처음 성공 이후에 지능을 칭찬받은 아이들은 노력을 칭찬받은 아이들에 비해 실패 이후의 반응이 사뭇 달랐다. 지능을 칭찬받은 아이들은 과제에서 즐거움을 덜 느꼈고 퍼즐을 계속하고 싶어 하지 않았으며, 이후 성과 목표를 지향하는 경향이 있었다. 또한 그들은 자신의 저조한 성과를 노력보다는 능력 부족 탓으로 돌릴 가능성이 컸다. 중요한 것은 그들이 첫 번째 과제에서 다른 그룹과 마찬가지로 좋은 성과를 거두었는데도 실패한 과제 이후로는 성과가 저하되었다는 점이다. 이 연구는 사람 중심의 칭찬을 하면 아이들이 좌절을 마주했을 때 부정적인 영향을 끼친다는 것을 보여준다.

더 어린아이들을 대상으로 한 심리학자 카민스Kamins와 드웩의 연구에서도 비슷한 결과가 나타났다.[13] 그 실험에서 유치원 아이들은 인형과 역할극을 했다. 역할극의 시나리오는 인형이 어떤 과제를 수행하고 실수를 저질러서 선생님으로부터 꾸지람을 듣는 내용이었다. 예를 들어 블록으로 타워를 만들었는데 블록이 무너졌다. 선생님은 사람 중심적인 비판을 하거나("너에게 매우 실망했어") 과정 중심적인 비판을 했다("다른 방법으로 만들 수도 있을 거야"). 그 결과, 사람 중심적인 비판을 들은 아이들은 과정 중심적인 비판을 들은 아이들보다 자신이 만든 작품과 자신의 수행 능력을 낮게 평가했다. 또한 그들은 계속 그 일을 하고 싶어 할 확률이 다른 그룹보다 낮았다.

연구진들은 성공 시나리오로 이루어진 역할극에 대한 후속 연구도 진행했다. 마찬가지로 사람 중심적인 칭찬("네가 자랑스러워. 넌 착한 아이야") 또는 과정 중심적인 칭찬("정말 열심히 노력했구나")을 받았다. 연구진은 그 후에 아이들을 실수 상황에 노출시켰다. 그 결과, 사람 중심적인 칭찬을 받은 아이들은 과정 중심적인 칭찬을 받은 이들보다 유능감과 끈기가 약하게 나타났고 부정적인 감정을 보였다. 실수에 대한 보다 긍정적인 해결책을 떠올린 것도 과정에 대한 칭찬을 받은 아이들이었다.

칭찬이 전달되는 방식은 아이들에게만 중요한 것이 아니다. 연구에 따르면 어른들의 동기부여에도 영향을 미친다. 한 예로 심리학자 하이모비츠Haimovitz와 코퍼스Corpus의 연구를 들 수 있다. 연구진들은 대학 학부생들에게 숨은그림찾기를 시키고 결과에 대한 피드백을 했다.[14] 그들은 "정말 잘하네요. 훌륭해요! 재능을 타고났네요!"라는 칭찬과 "정말 열심히 한 것 같네요. 훌륭해요! 정말 효과적인 전략을 사용하나 보군요!"라는 칭찬 중 하나를 들었다. 그 후에 학생들은 꽤 어려운 퍼즐을 풀었고 수행에 대한 부정적인 피드백을 받았다. 숨은 그림을 대학생 평균보다 두 개 덜 찾았다는 말을 들은 것이다. 그 후 학생들의 퍼즐에 대한 흥미도와 유능감을 설문한 결과, 과정에 대한 칭찬을 받았던 참가자들이 사람에 대한 칭찬을 받았던 참가자들보다 퍼즐에서 더 큰 재미를 느꼈고 더 큰 유능감을 느낀 것으로 나타났다. 특히 학년이 높은 학생일수록 더욱 그러했다.

칭찬 자체가 문제가 될 수 있다는 증거도 있다. 예를 들어 쉬운 작업을 할 때 성공에 대해 창찬하면 애초에 개인의 능력이 그다지 뛰어나지 않다는 것을 암시할 수 있다. 연구에 따르면 아프리카계 미국인과 라틴계 학생들은 교사들에게 칭찬을 더 많이, 비판은 더 적게 받는데 이 것이 그들의 저능력을 뜻하는 것으로 전달되기도 했다.[15]

성장 마인드셋 vs 고정 마인드셋

캐롤 드웩은 성취 상황에서의 무기력한 반응과 숙달 지향적인 반응에 대한 연구 이후 이런 의문을 갖게 되었다. 어떤 신념이 도전과 좌절에 대한 우리의 반응을 결정지을까? 또 학습보다 성과에 집중하게 만드는 요인은 무엇일까? 그 답은 개인의 능력이 고정적이라고 생각하는지, 아니면 유연적이라고 생각하는지와 관련 있다. 자신의 능력이 완전히 정해져 있고 변할 수 없다고 생각하는가, 아니면 변화와 개발이 가능하다고 생각하는가? 드웩은 지능에 대한 이러한 믿음을 마인드셋이라고 불렀다.[16] 지능이 고정적이라고 생각하는 것은 고정 마인드셋이고, 노력해서 개발할 수 있다고 생각하는 것은 성장 마인드셋으로 명명했다.

개인이 고정 마인드셋을 지니고 있는지, 성장 마인드셋을 지니고 있는지 확인하려면 "지능은 타고난 것이며 바꿀 수 없다", "누구나 지능의 수준을 크게 바꿀 수 있다"라는 질문에 답하면 된다. 흥미롭게도 성인과 아동의 약 40퍼센트가 고정 마인드셋을 지녔고 또한 약 40퍼센트가 성장 마인드셋을 지닌 것으로 나타난다(약 20퍼센트는 미정).[17]

고정 마인드셋을 지녔는지, 성장 마인드셋을 지녔는지에 따라 목표 달성과 좌절 대처 방식에 큰 차이가 발생한다. 예를 들어 성장 마인드셋을 지닌 사람은 정보의 학습과 기술 향상에 집중한다. 실패해도 노력으로 바뀔 수 있다고 믿기 때문에 난관에 부딪혀도 쉽게 포기하지 않는다. 반면 고정 마인드셋에 가까운 사람은 자신의 똑똑함과 능력을 보여주는 데 집중한다. 그들은 어렵지만 무언가를 배울 수 있는 과제보다 자신을 과시할 수 있는 쉬운 과제를 선택할 가능성이 높다. 당연히 지능이 고정되어 있는 것이라고 생각하는 사람은 성공이 쉽게 가능한 상황에서 자신의 지능이 높다는 것을 보여주려고 할 것이다. 또한 실패 상황에서는 어찌할 도리가 없다고 믿는다.

여기서 주지해야 할 것은 성장 마인드셋을 지향한다고 해서 모든 사람이 특정 분야에서 똑같은 잠재력을 지녔다고 믿는다는 뜻은 아니라는 것이다. 그들은 모두의 지적 능력이 현 상태보다 더 성장, 발전할 수 있다고 믿는다.

고정 마인드셋은 동기 요인들과 관련이 있음을 증명되었다. 일례로 고정 마인드셋을 지닌 아이들은 수행 목표에 더 집중한 반면, 성장 마인드셋을 지닌 아이들은 학습 목표에 더 집중했다.[18] 또한 성장 마인드셋을 지닌 아이들은 좌절이 닥쳤을 때 귀인을 능력이 아닌 노력에 돌렸다.[19] 그리고 마인드셋은 아동 및 청소년의 성적과도 연관성이 나타났는데, 성장 마인드셋을 지닌 학생들의 성적이 더 높았다.[20]

물론 개인의 마인드셋은 영역마다 다를 수 있다. 예를 들어 제프리는 지능이 고정되어 있고 바꿀 수 없다고 믿지만 운동선수로서는 연습과 운동을 통해 기량을 향상시킬 수 있다고 믿는다. 실제로 성장 마인드셋의 긍정적인 효과가 학업 이외의 영역에도 적용된다는 증거가 있다. 스포츠 영역에서 성장 마인드셋을 지닌 11~12세 이상 아이들은 고정 마인드셋을 지닌 아이들보다 학습 목표를 선호하는 경향이 있었다.[21] 또한 음악적 재능에 대해 성장 마인드셋을 지닌 대학생일수록 음악 과제를 수행할 때 학습 목표를 선택했고, 고정 마인드셋을 지닌 이들일수록 수행 목표를 선택했다.[22] 마인드셋이 중요하게 작용하는 영역은 이 외에도 수없이 많다.

희망적인 것은 마인드셋은 배우거나 유도할 수 있다는 사실이다. 캐롤 드웩은 유명인들(알베르트 아인슈타인, 헬렌 켈러, 루빅스 큐브 맞추기 대회에서 우승한 아이)의 지능이 타고난 것이라고 묘사된 문장과 후천적으로 습득한 것이라고 묘사된 문장 중에서 하나를 읽게 함으로써 아이들을 고정 마인드셋 또는 성장 마인드셋으로 유도했다.[23] 아이들은 글을 읽은 후 주제에 대해 더 자세히 알고 싶은지 답했다.

또한 아이들은 심리학자들이 문제 해결 방법에 대해 연구한다는 말을 들은 뒤, 서로 다른 유형의 문제 중에서 하나를 선택했다. 어렵지만 배움을 얻을 수 있는 문제와 너무 쉬워서 실수할 일이 없는 문제가 있었다.

결과적으로 성장 마인드셋에 관한 글을 읽은 아이들은 고정 마인드셋에 관한 글을 읽은 아이들보다 학습 목표를 선택할 확률이 더 높게 나타났다. 이처럼 비록 일시적이라도 위험을 감수하고 지식과 기술을 늘리려는 마음 상태를 만들어줄 수 있다.

마인드셋이 중요하다면 마인드셋이 어떻게 형성되는지 아는 것도 중요하다. 아이들은 어떻게 고정 마인드셋 또는 성장 마인드셋을 지니게 되는 것일까? 놀랍게도 개인의 마인드셋과 관련된 신념이 앞에서 살펴본 칭찬의 유형에서 비롯된다는 증거가 있다. 발달심리학자 엘리자베스 건더슨Elizabeth Gunderson은 부모와 유아가 있는 가정을 방문해 놀이나 식사 같은 일반적인 활동과 옷 입기와 장난감 치우기 같은 일상적인 일을 할 때 부모와 유아의 상호작용을 관찰했다.[24] 연구진은 부모가 칭찬을 사용하는 경우, 사람 지향적인 칭찬("잘했어! 넌 정말 똑똑해")과 과정 지향적인 칭찬("잘 그렸네. 입을 가린 게 마음에 들어")으로 분류했다. 그 후 연구진은 아이들이 7~8세가 되었을 때 후속 연구를 시행해 아이들의 마인드셋을 평가했다. 그 결과, 유아였을 때 부모가 과정 지향적인 칭찬을 사용했을수록 7~8세가 된 아이는 성장 마인드셋을 지니고 있을 확률이 높았다.

다른 방법을 사용해 칭찬 유형이 마인드셋 형성에 미치는 영향을 살펴본 연구도 있다. 8~12세 자녀가 학교에서 성공을 거두었을 때 어머니가 어떻게 반응했는지 매일 기록을 남기게 했다.[25] 연구자들은 그 반응을 사람 중심적인 칭찬("넌 똑똑해", "넌 착한 아이야")과 과정 중심적인 칭찬("정말 열심히 했구나", "재미있었나 보구나")으로 분류했다. 아이들이 자신의 지능에 대해 어떤 믿음을 지니고 있는지도 조사했다. 그 결과, 부모가 사람 중심적인 칭찬을 더 많이 사용할수록 자녀는 고정 마인드셋을 지녔고 학업에서도 도전을 선호하지 않는 모습을 보였다.

실패는 생산적인 일이다

마이클 조던이 1997년에 남긴 다음의 명언은 실패에 대한 그의 관점을 잘 보여준다. "나는 선수 생활을 하면서 9,000개가 넘는 슛을 놓쳤다. 경기에 진 횟수는 300번 정도다. 사람들의 믿음에 부응하지 못하고 승패를 뒤집을 수 있는 결정적인 슛을 놓친 것도 26번이나 된다. 나는 살면서 실패하고 실패하고 또 실패했다. 그게 바로 내가 성공한 비결이다."

일본 자동차 제조업자로서 최초로 자동차 명예의 전당에 헌액된 혼다 소이치로 역시 비슷한 말을 남겼다. "내가 가장 기쁠 때는 계획이 실패할 때다. 어떻게 개선할 수 있을지에 대한 아이디어로 머릿속이 꽉 차기 때문이다." 그는 40년 동안 일선에서 파산과 토요타의 퇴짜를 포함해 수많은 역경을 마주했다. 하지만 실패에 대한 그의 태도는 그가 끈기 있게 버티고 결국 업계의 선두 주자가 될 수 있도록 해주었다.

고등학생 때 학교 농구대표팀에 탈락하고 2군 팀에 들어간 마이클 조던, 전 세계적으로 성공한 『해리 포터』가 출판되기 전에 12번이나 거절당한 J. K. 롤링을 비롯해 성공한 사람들 중에는 그런 사례가 수두룩하다.

실패가 실제로 성공에 도움이 된다는 증거도 있다. 학생들에게 잘 구조화된 물리학 문제 또는 구조화가 잘되지 않은 문제를 풀게 했다.[26] 구조화가 잘되지 않은 문제들은 변수가 많았고 알 수 없는 변수도 있었으며, 가능한 해결책이 다수였고 학습자가 가정과 추론을 많이 해야만 했다. 반면 잘 구조화된 문제는 변수가 적었고 규칙적인 의사 결정 원칙이 필요했으며, 인식 가능한 해결책이 있었다. 학생들 가운데 절반은 잘 구조화된 문제를 처음에는 그룹으로 풀었다가 나중에는 혼자서 풀었고, 나머지 절반은 구조화가 잘되지 않은 문제를 처음에는 그룹으로 풀었다가 나중에는 혼자서 풀었다. 마지막으로 학생 모두는 혼자서 구조화가 잘되지 않은 문제를 풀었다. 그 결과, 처음에 구조화가 잘되지 않은 문제를 풀어 고전했던 학생들이 처음부터 잘 구조화된 문제를 푼 학생들보다 좋은 성적을 기록했다. 즉, '생산적 실패'를 경험한 학생들이 더 좋은 결과를 냈다. 여기서 생산적 실패란 처음에는 문제 해결에 실패하더라도 그 과정에서 다양한 시도와 오류를 경험함으로써, 이후의 학습과 개념 이해를 더 깊게 만드는 학습 설계를 말한다.

한편 마인드셋은 부모가 자녀에게 전달하는 것이라고 생각할 수도 있다. 부모가 지능이 고정된 것이라고 믿으면 자녀가 고정 마인드셋일 가능성도 높다고 말이다. 하지만 흥미롭게도 연구 결과에 따르면 그렇지 않다. 그래서 하이모비츠와 캐롤 드웩은 부모와 자녀의 마인드셋을 측정했을 때 그 결과에 당황했다.[27] 부모가 마인드셋을 직접 전달하는 식으로 자녀의 마인드셋에 영향을 끼치는 것이 아니라, 자녀의 좌절과 실패에 대해 어떻게 반응하느냐가 크게 영향을 끼쳤다. 4~5학년 학생들을 대상으로 한 연구에서 연구진은 실패에 대한 부모의 태도를 조사했다. 부모는 실패가 학습과 성장을 촉진한다고 보는가("실패 경험이 성과와 생산성을 올려준다"), 아니면 저해한다고 보는가("실패 경험은 학습과 성장을 해친다")와 같은 질문에 답했다. 아이가 낙제점을 받고 집에 돌아온 상황에 어떻게 반응할 것인지에 대해서도 답했다. 실패를 강화적이라고 보는 부모일수록 자녀가 이 경험을 통해 무엇을 배울 수 있는지, 어떻게 실수를 돌아보고 개선점을 찾을 것인지에 대해 이야기를 나눌 것이라고 응답했다. 그들은 자녀의 실패가 능력이 부족한 것 때문일까 봐 걱정할 가능성이 낮았다.

실패와 지능에 대한 관점은 오직 부모와 자녀의 상호작용에서만 공유될까? 그렇지 않다. 관리자의 마인드셋이 직원에 대한 인식과 대우에 영향을 미친다는 것을 보여주는 연구 결과가 있다. 뉴사우스웨일즈 대학교 경영학 교수인 헤슬린Heslin은 고정 마인드셋을 지닌 관리자는 직원에 대한 초기의 인식을 그대로 고수한다는 사실을 확인했다.[28] 반면 성장 마인드셋을 지닌 관리자는 시간이 지남에 따라 일어나는 직원의 변화에 민감했다. 그들은 직원의 저조한 성과를 영구적인 것으로 보지 않았고 성과 개선을 돕는 것이 자신의 역할이라고 느꼈다.

이 연구는 개인의 마인드셋에도 중요한 시사점을 제공한다. 실수에 대한 관점이 동기부여의 전체 과정, 즉 귀인, 목표, 좌절 대처 능력에 커다란 영향을 미친다는 것이다. 뿐만 아니라 마인드셋은 우리가 다른 사람들과 상호작용하는 방식에도 영향을 미친다. 따라서 우리가 실수를 어떻게 바라보는지, 어떻게 하면 실수에 대한 부정적인 관점을 바꿀 수 있는지 알아야 더 발전적인 관계도 맺을 수 있을 것이다.

개입으로 마인드셋을 바꿔라

한편 개입이 사람들의 마인드셋을 바꿀 수 있다는 증거도 있다. 개입은 뇌가 근육과 마찬가지로 사용할수록 강해지고 똑똑해질 수 있음을 가르쳐주는 행위다. 많은 생각을 요구하는 도전적인 문제를 푸는 것처럼 뇌의 성장에 이로운 행동을 검토하는 행위도 개입에 속한다. 나아가 일부 개입에는 성장 마인드셋을 사용한 과학자, 동류 집단, 유명인에 관한 이야기를 제공하는 것도 포함된다. 예를 들어 한 연구진이 학생들에게 어려움을 겪은 후에 능력을 키웠던 경험과 미래에 성장 마인드셋을 사용할 수 있는 방법에 대한 짧은 에세이를 쓰게 한 것도 개입에 속한다.[29]

발달심리학자 리사 블랙웰Lisa Blackwell은 7학년 학생들을 대상으로 성장 마인드셋 개입을 설계해 실시한 결과, 개입이 학생들의 성장 마인드셋을 증진하고 일반적으로 학생들이 중학생 때 겪는 수학 점수의 하락을 막아주는 효과가 있음을 발견했다.[30] 또 다른 연구 결과도 있다. 연구진은 대학생을 세 그룹으로 나누어 실험했다. 절반의 학생들에는게 지능은 발달할 수 있고 새로운 것을 배울 때마다 뇌에 새로운 회로가 형성된다는 내용을 포함해 성장 마인드셋을 가르쳤다.[31] 관련 영상을 보고 토론도 했다. 두 번째 그룹은 (여러 영역에 따라 개인의 지능이 다를 수 있다는) 다중 지능 이론을 배웠는데, 지능이 변화하고 발전할 수 있다는 내용은 포함되지 않았다. 세 번째 그룹은 아무런 개입도 받지 않았다. 그 후 연구진은 학기가 끝날 무렵 학생들의 성적과 학업에 대한 가치관을 조사했다. 그 결과, 성장 마인드셋 개입을 받은 학생들이 다른 두 그룹보다 성적이 높았고 학업을 더 즐기는 것으로 나타났다.

몇 년 전, 나(웬디)는 주로 저소득층 지역의 중학생들을 대상으로 동기를 촉진하기 위해 고안된 15주간의 방과 후 프로그램인 '조사관 클럽Investigators' Club'에 참여할 기회가 있었다. 이 클럽은 학생들의 전반적인 학교 참여를 높이기 위한 목적으로 만들어졌다. 조사관이라고 불리는 학생들은 학습자 커뮤니티의 지원을 받아 프로그램 속 문제 해결에 적극적인 역할을 했다. 이 프로그램에 참여한 학생들은 많은 긍정적인 변화를 보였다.[32] 프로그램에 참여하지 않은 그룹에 비교해 학교 참여도가 높았고 더 좋은 성적을 받았으며, 프로그램 후반부에서 수행 목표가 약해진 모습을 보였다.

가장 흥미로운 것은 학생들이 프로그램 참가 후에 실시한 인터뷰에서 한 말이었다. (나를 포함한) 연구자들의 관심사는 마인드셋이었으므로 학생들은 이런 질문에 답했다. "조사관 클럽에서 잘하려면 무엇이 필요할까?" 학생들은 "조사관 클럽에서는 누구나 더 똑똑해질 수 있어요. 그냥 나와서 참여하기만 하면 점점 더 똑똑해져요!"라고 했다. 학교에서도 그런지 묻자 아니라고 했다. "학교에서는 똑똑하거나 똑똑하지 않거나 둘 중 하나예요. 똑똑하면 잘하고 똑똑하지 않으면 잘하지 못하죠." 학생들의 이런 반응은 연구진을 매료시켰다. 학생들의 탐구를 지원하고 이해에 이르는 과정에서 실수는 당연하다는 메시지를 전달하고, 학생들의 주체성을 장려한 조사관 클럽의 환경이 지능에 대한 학생들의 생각에 영향을 끼친 것이다.

특정 분위기 또는 환경이 전반적으로 고정 마인드셋 또는 성장 마인드셋을 촉진한다는 사실은 다른 연구를 통해 추가 입증되었다. 과정 학습 지향적 수업 관행과 개인 성과 지향적 수업 관행에 따른 수업 분위기의 차이가 서로 다른 마인드셋을 불러왔던 것이다.[33] 과정 학습 중심 교실은 수업의 이해를, 개인 성과 중심 교실은 성적과 능력의 입증을 강조한다. 개인 성과 지향적인 교실에서 배우는 아이들일수록 학기 말에 고정된 마인드셋을 보일 가능성이 높았다. 이는 학기 초의 마인드셋을 고려하더라도 마찬가지다.

또한 중학교 수학 교사들의 수업 관행에 대한 설문조사에 따르면, 성장 마인드셋을 장려하는 교사일수록 학생들의 이해 과정에 초점을 맞추며 학생들이 정답을 맞히는지보다 적극적인 탐구를 거쳐 이해에 도달하도록 도와주는 것에 집중했다.[34] 그들은 학생들의 이해를 심화하기 위해 피드백을 제공하고 과제를 고칠 기회를 주었다. 그리고 이 교사들은 성장을 위한 실수의 중요성에 대해 명시적으로 논의했다. 반면에 고정 마인드셋을 장려하는 교사들은 학생들을 능력별로 그룹화하고 학생들이 정답을 맞히는 것에 집중하는 경향이 있었다. 게다가 그들은 학생들을 비교했고 낮은 수행 능력을 보이는 학생들에 대한 기대도 낮았다. 교사 개인의 마인드셋이 학생들의 마인드셋과 직접적으로 관련 있는 것은 아니었지만, 학생들이 교사의 태도에 큰 영향을 받는다는 것은 분명했다.

똑똑하고 재능이 있다고 말하는 것은 훌륭한 동기부여 전략처럼 보이지만 지금까지 살펴본 것처럼 역효과를 일으킬 수 있다. 성공과 실패가 변하거나 바꿀 수 없는 자신의 특징 때문이라고 생각하게 만들어 어려움에 직면했을 때 쉽게 포기하게 한다. 사람들이 실패해도 적극성을 잃지 않게 하기 위해서는 노력과 연습에 집중하고 비교와 능력에 대한 집중은 최소화해야 한다. 실패를 도전을 수행하는 과정에서 피할 수 없는 것으로 보아야 한다. 성장 마인드셋을 만드는 환경을 조성하는 것은 비록 쉬운 일은 아니지만 한번쯤 해볼 가치는 충분하다.

1. 능력이 아닌 노력에 집중하라

열심히 노력해서 논문을 완성했다고 해보자. 예상보다 오래 걸렸고 절대로 완성할 수 없을까 봐 걱정하며 밤을 지새운 적도 많았다. 완성된 논문을 다시 읽어보니 마음에 든다. 많은 노력을 기울여 마침내 완성해서 기분이 좋은가, 아니면 그렇게나 열심히 해야 했다는 것이 자신의 글쓰기 능력이 부족하다는 뜻이라서 기분이 별로인가? 자신의 기분을 돌아보면서 노력과 능력은 반비례하지 않는다는 것을 기억해보자. 노력은 가치 있는 일이며 개선을 가져오므로 칭찬받아 마땅하다.

한편 부하 직원들에게 정해진 판매 목표가 있다고 가정해보자. 한 직원은 정말 열심히 노력하고 질문이 있으면 상사인 당신에게 물어보며 필요 이상으로 노력하는 모습을 보인다. 다른 직원은 그다지 열심히 하지도 않고 팀원들과 협력하는 모습도 보이지 않는다. 그런데 첫 번째 직원은 목표를 달성하지 못했고, 두 번째 직원은 운 좋게도 규모가 큰 거래를 한 건 성사시킨 덕분에 목표를 달성할 수 있었다. 직원들의 성과에 대한 상사인 당신의 태도는 노력의 중요성에 대한 당신의 생각을 드러낸다. 노력과 도움 요청 같은 효과적인 전략을 사용하는 첫 번째 직원이 장기적으로는 성공할 것이다. 따라서 학생이나 직원, 환자, 직장의 고과 성과에 대해 상담하는 친구 등 주변 사람들에게 그들에 대해 평가할 때는 노력을 강조해야 한다.

2. 사람이 아닌 과정을 칭찬하라

자신의 수행에 대해 돌아볼 때는 결과보다 들인 노력과 사용한 자원에 대해 생각하라. 그리고 자신을 칭찬하라. "난 이걸 잘해" 혹은 "난 이걸 못해"라는 식의 표현은 피하고, 자신이 과제에 투입한 것에 집중한다.

타인에게는 성공이나 발전에서 그들이 한 노력을 칭찬하라. "넌 정말 똑똑해", "넌 정말 훌륭한 예술가야", "넌 여기에 재능이 있어"와 같은 사람 중심적인 칭찬은 하지 않는다. 예를 들어 어린 축구 선수가 기량이 개선되었다면 이렇게 말할 수 있다. "와, 열심히 연습하고 많은 걸 배웠구나. 한눈에 봐도 알겠어. 정말 멋지다." 이런 말이 "넌 정말 축구 실력을 타고났어"라는 말보다 훨씬 효과적이다. 궁극적으로 이와 같은 칭찬은 어린 선수가 다른 선수들에게 패스 당해 숏을 놓치는 일과 같은, 언제든 반드시 겪게 될 일이 닥쳤을 때 힘차게 앞으로 나아가도록 도와줄 것이다.

3. 실수를 배움의 기회로 생각하라

우리는 일과 인간관계에서 실수를 피할 수 없다. 실수를 자신의 능력 부족으로 여기고 심하게 자책하지 말고 배움을 통해 더 잘할 수 있는 기회로 새롭게 개념화해야 한다. 똑같은 실수를 되풀이하지 않을 수 있는 전략을 마련하라. 실수를 학습 과정의 일부로 보면 옆길로 새거나 의욕이 떨어지지 않을 수 있다. 또한 실수했다면 무엇이 잘못되었는지 회고하라. 스스로에게 물어보라. 실수의 원인은 무엇인가? 이것을 막을 수 있는 방법이 있었을까? 필요한 변화가 무엇인지 찾아서 실행라하. 예를 들어 이메일을 엉뚱한 사람에게 잘못 보냈다고 해보자. 누구나 쉽게 하는 실수지만 당혹감이 느껴질 수밖에 없을 것이다. 이 실수가 왜 발생했는지 생각해보라. 이메일을 보낼 때 주의가 산만했는가? 답장을 눌러야 하는지 아니면 전체 답장을 눌러야 하는지 확인하는 것을 깜빡했는가? 앞으로 같은 실수가 반복되는 것을 막을 수 있는 계획을 세워라. 이메일 주소를 클릭하기 전에 이메일을 먼저 작성하기 등이 있을 수 있다.

타인에게 활용할 때는 실수가 허용될 뿐만 아니라 실수의 가치를 수용하는 분위기를 조성해야 한다. 아이들이나 직원들에게 완벽을 기대하지 않으며 실수한다는 것은 어려운 일에 도전한다는 뜻이라고 공개적으로 말할 수도 있을 것이다. 실수에서 소중한 배움을 얻은 경험을 공유할 수도 있다. 실수가 발생했을 때는 설교하거나 비하하지 말고 당사자에게 실수한 이유와 개선 방법을 물어라. 이렇게 하면 사람들이 변화에 열린 태도를 보이고 자신을 실패의 귀인으로 돌리는 것을 막을 수 있다. 이러한 분위기가 만들어지면 실수했을 때 도움을 요청할 가능성도 높아진다.

동기부여 처방

이 장의 첫머리로 돌아가 이런 질문을 해볼 수 있다. 이모가 레스터에게 똑똑하다는 말을 끊임없이 해서 발생한 결과는 무엇인가? 레스터가 뛰어난 학업 성적을 자신의 똑똑함 때문이라고 생각하기 시작해서 고정 마인드셋이 생기고 학년이 올라가면서 학업의 난이도가 높아져 끈기 있게 헤쳐나가지 못했다. 이모가 레스터를 격려하려고 한 접근법이 안타깝게도 역효과를 일으킨 것이다. 이 사례 속 이모를 비롯해 누군가를 성장시키고자 하는 이들이 택해야 하는 가장 좋은 방법은, 노력에 집중하고 과정을 칭찬하며 실수가 회복탄력성을 키우는 기회라는 메시지를 전달하는 것이다.

칭찬 대신 사용할 전략	자신을 위한	타인을 위한
실수 수용 분위기 조성	• 누구나 실수할 수 있다는 사실 기억하기 • 다음에 더 잘할 방법에 집중	• 실수를 성장의 기회로 보도록 돕기 • 똑같은 실수를 막는 전략을 함께 수립
결과 아닌 과정에 집중	결과 아닌 과정 평가	과제 수행 과정 중 잘한 것을 칭찬
능력 아닌 노력을 칭찬	결과가 성공적이지 않더라도 노력 인정	타고난 능력이 아닌 노력과 관련된 긍정적인 피드백 제공

실전 적용

내가 동기부여를 받고 싶은 일:

내가 시도할 전략:

내가 다른 사람에게 동기를 부여하고 싶은 영역:

도움을 주기 위해 시도할 전략:

왜 더 이상 '개천 용'은 쉽게 볼 수 없을까?

로라와 케니는 유명 로펌의 초급 변호사다. 이들은 1년 전 로스쿨을 졸업하자마자 채용되었고 두 사람 모두 전체 5등 안에 드는 우수한 성적으로 로스쿨을 졸업했다. 둘 다 로펌의 파트너가 되고자 하는 동기가 강하다. 연례 성과 평가 회의에서 파트너 변호사들은 케니에게 성과에 대해 긍정적인 피드백을 했고 입사 첫해에 비해 참여도가 높아졌다는 점을 언급했다. 반면 로라는 입사 첫해에는 의욕이 강했지만 이번 해에는 참여도와 성과 품질이 감소했으니 더 적극적인 노력이 필요하다는 평가를 받았다. 평가 회의 이후 파트너 변호사들은 케니는 파트너 준비를 시작해도 될 것이라고 동의했지만, 로라는 2년 차 이후에도 계속 고용해야 할지 의구심이 든다고 이야기 나누었다.

배경이 거의 비슷한 이 두 유망한 젊은 변호사의 성과 평가가 이렇게 확연히 나뉘는 이유는 무엇일까? 로라가 로펌에 처음 입사했을 때 이후로 과연 무엇이 달라진 것일까? 변호사라는 직업에 대한 로라의 동기가 약해진 것일까? 만약 그 이유라면 파트너 변호사가 되겠다는 로라의 열정은 왜 사라졌을까?

사실 로라와 케니와 같은 사례는 직장은 물론이고 교실, 스포츠 분야 등 개인이 스스로 동기를 지니고 적극적으로 참여하며 높은 성과를 내야 한다고 요구받는 모든 환경에서 흔히 볼 수 있다. 파트너들이 로라가 입사 당시보다 동기가 약해진 것을 개인의 태도 역량으로 돌리는 것처럼 많은 사람들이 우리가 놓인 환경 구조와 맥락이 적어도 부분적으로 동기를 좌우한다는 사실은 이해하지 못한다. 1장에서 동기에 대한 상황과 맥락의 중요성을 보여줌으로써 동기가 개인적인 측면의 특징이라는 신화, 즉 어떤 사람은 동기가 있고 어떤 사람은 그렇지 않다는 신화를 깨뜨렸다. 또한 3장에서는 경쟁이 불공정할 때 불리한 쪽에 놓인 개인은 동기 수준이 약할 수 있음을 보여주었다. 그렇다면 우리가 의지만 있다면 어떤 환경에서도 성공할 수 있다고 믿는 이유는 무엇일까?

먼저 다른 사람들의 행동을 그들이 처한 상황과 맥락이 아니라 개인의 특성과 성격 때문이라고 보는 기본적 귀인 오류가 있다. 셸리 테일러와 수잔 피스크Susan Fiske는 기본적 귀인 오류가 발생하는 이유로 우리가 행동의 주체인 개인에 집중하지만, 개인에게 영향을 미치는 맥락은 종종 무시하기 때문이라고 했다.[1]

무심코 보는 사람에게는 맥락이 보이지 않는다. 따라서 상대방의 동기를 그 사람의 특징이라고 생각하게 되는 것이다. 1장에서는 우리가 사람들이 대우받는 방식을 포함해 즉각적인 맥락의 영향을 과소평가하는 경향이 있다는 점에 주목했다. 이 장에서는 좀 더 기본적 귀인 오류를 더 넓은 차원에서 다룬다. 즉 우리가 사회 구조와 조직 정책이라는 좀 더 거대한 맥락을 과소평가하고 그것이 개인의 행동과 동기에 끼치는 영향을 고려하지 않는 경향이 있다는 점을 살펴볼 것이다. 더 큰 맥락이 사람들의 행동에 영향을 미친다는 사실이 제대로 인식되지 않는 이유는 그것들이 개인의 직접적인 행동에 비해 간접적으로 보이기 때문이다. 하지만 사회 구조는 동기부여에 영향을 미치는 매우 강력한 요인이다.

간과된 기울어진 운동장

로라와 케니가 일하는 로펌에서 벌어지고 있는 일을 다시 살펴보자. 두 사람 모두 이 로펌의 초급 변호사이지만 케니의 아버지는 변호사이면서 이 로펌의 몇몇 파트너 변호사들과 아는 사이다. 게다가 자주 함께 골프를 친다. 그 변호사들은 케니를 어렸을 때부터 봐왔으며 이런저런 행사가 있을 때 집으로도 자주 초대한다. 케니는 로펌에 입사한 후로 종종 주말마다 아버지와 파트너 변호사들의 골프 모임에 꼈다. 골프를 치는 동안 맡은 사건에 대한 이야기가 오갈 수밖에 없었다. 따라서 케니는 몇몇 케이스를 맡기도 전에 세부 사항을 잘 알고 있어서 어떤 식으로 처리할지 미리 생각해볼 시간도 충분했다.

반면 로라는 케이스에 대해 토론할 때 처음 듣는 이야기라 준비가 부족한 것처럼 보였다. 케니는 모든 정보를 꿰뚫고 있고 깊은 통찰력을 가진 것처럼 보였음은 물론이다. 그리하여 케니와 달리 파트너 변호사들과의 인맥도 없고 로펌 밖에서 케이스에 관한 정보를 구할 방법도 없는 로라는 자신이 절대로 케니의 경쟁 상대가 될 수 없다고 생각하기 시작했다. 또한 이 로펌에서 파트너가 될 가능성도 무척 낮다고 결론내렸다. 결국 이 믿음은 그녀의 열정과 참여에 영향을 미쳤다.

이 신화가 널리 퍼져 있는 두 번째 이유는 특히 미국의 경우, 그것이 기본적 귀인 오류와 일치하는 사회적 이상, 즉 아메리칸드림과 관계 있기 때문이다. 저널리스트 바로네Barone는 아메리칸드림을 "상향 이동이 가능한 사회에서 출생지나 계급에 상관없이 누구나 자신이 생각하는 성공을 거둘 수 있다는 믿음"으로 정의했다.[2] 개인이 자기 성공의 주요 설계자라는 개념은『넌 할 수 있어, 꼬마 기관차』(비룡소, 2006)라는 고전 동화책에서도 잘 나타나듯, 미국 사회의 여러 측면에서 목격할 수 있다.

특히 '성공하지 못한 사람은 열심히 일할 동기가 없었던 것'이라고 주장하는 사람들이 이 개념을 자주 언급한다. 마약에 중독된 사람, 과체중인 사람, 고등학교나 대학을 중퇴한 이들을 비난할 때도 이 신념이 사용된다. 물론 동기부여가 성공에 중요하지 않다는 이야기는 아니다. 사람들에게 어떤 기회가 제공되는지가 동기에 큰 영향을 끼친다는 뜻이다.

다른 사람들의 동기를 이해할 때 개인의 특징에 초점을 맞추는 경향은 아메리칸드림의 개념에도 적용된다. 스포츠, 비즈니스, 공연 분야 등 미국 문화에 가득한 "빈털터리에서 부자가 된" 성공 신화는 TV 광고에도 나오듯 동기부여가 된 사람만이 "모든 잠재력을 발휘할 수 있다"라는 메시지를 전달한다. 이러한 관점이 미국에서 가장 두드러지기는 하지만 당연히 미국만 그런 것은 아니다. 모든 세계인이 현실이나 (할리 베리, 셀린 디옹, 스티브 잡스, 사라 제시카 파커, 돌리 파튼, 하워드 슐츠, 오프라 윈프리) 영화에서(〈행복을 찾아서〉, 〈슬럼독 밀리어네어〉, 〈소셜 네트워크〉, 〈울프 오브 월스트리트〉) 빈털터리에서 시작해 "성공"한 사람들을 흔하게 본다.

따라서 우리는 개인의 특징이나 기질이 동기부여 행동의 핵심 동인이라고 생각하는 경향이 있다. 비슷한 동기 수준에서 시작했지만 때로는 우연히, 때로는 시스템적·구조적 장벽으로 인해 동기가 사라져버려서 성공하지 못한 수많은 개인이 있다는 사실은 미처 알아차리지 못하는 것이다.

동기가 주로 내적인 요인에 의해 주도된다는 믿음은 여러 가지 이유로 문제가 있다. 커다란 맥락이 동기의 성과에 중대한 영향을 미친다는 사실을 알아차리지 못하면 맥락을 바꿀 수도 없다. 앞에서 설명한 젊은 변호사 케니와 로라에게로 돌아가보자. 로라를 동기가 없는 사람으로 인식하는 것은 '케니의 가족 인맥'이 그의 업무에 제공하는 이점이자 로라가 얻을 수 없는 이점을 무시하는 것이다. 추가적인 정보에 대한 케니의 접근성은 앞으로 계속 로라를 포함해 비슷한 상황에 놓인 이들의 동기를 저하시킬 것이다. 또한 이러한 구조적 문제는 여성과 저소득층, 소수 민족 및 소수 인종 출신 등 우리 사회에서 특권을 지니고 있지 못한 이들에게도 마찬가지로 작용한다. 추천, 장학금, 승진에 대한 결정은 부분적으로 개인의 동기에 대한 판단을 포함하므로 동기의 동인이 무엇인지 그리고 그 동인이 모든 평가 대상에 동일하게 적용되는지 아는 것이 중요하다. 그러나 안타깝게도 구조적 동인은 눈에 보이지 않는 경우가 많으며 눈에 띄거나 적극적인 반박이 나올 때까지 계속해서 행동에 영향을 미친다.

과학 바꿀 수 없는 불평등은 동기를 저하시킨다

이 장의 전제 조건이기도 한 기본적인 질문을 던지겠다. 구조적 불평등이 사회적 수준에서 존재하는가? 이 질문은 데이터를 이용해서 답해야 한다. 음악 분야의 데이터부터 시작하자. 1970년경에 주요 오케스트라의 여성 연주자 비율은 5퍼센트대였고 1997년에는 여성이 25퍼센트를 차지했다.[3] 그리고 2021년에는 33퍼센트를 차지했다.[4] 무슨 일이 있었던 것일까? 오케스트라단은 유색인종과 여성을 차별한다는 비난이 심해지자 단원을 블라인드 오디션으로 뽑기 시작했다. 응시자가 커튼 뒤에서 연주해서 심사위원들은 응시자를 볼 수 없었다. 그 결과 여성의 비율이 높아진 것이다. 블라인드 오디션이 오케스트라의 여성 비율을 증가시킨 원인이라는 사실은 미국의 노동경제학자들인 골딘Goldin과 라우즈Rouse의 연구로 확인되었다.[5] 그들은 오디션을 볼 때 칸막이를 치자 여성들이 최종 라운드까지 가서 선발될 확률이 높아졌다는 사실을 발견했다. 그런데 오케스트라에서 여성의 비율은 높아졌지만 흑인과 라틴계의 비율은 증가하지 않아서 2021년부터 사회사적 맥락에서 블라인드 오디션을 중단할 것을 촉구하는 목소리가 나오게 되었다. 한 평론가는 "무대 위의 음악가들이 공동체의 다양성을 더 잘 반영하려면 (…) 블라인드 오디션은 더 이상 옹호될 수 없다"라고 했다.[6] 한때 일부 사람들을 가로막는 구조적 장벽의 해결책이었던 것이 이제는 다른 이들을 가로막는 구조적 장벽이 된 셈이다.

앞에서 언급한 것처럼 구조적 불평등은 성별, 민족과 인종, 장애 여부 및 성적 지향 같은 인구통계학적 집단 소속과 연관되어 나타나는 경우가 많다. 사회적 수준의 구조적 불평등의 강력하고도 눈에 띄는 예는 남성과 여성 간의 임금 격차다. 2020년 미국인구조사국 데이터에 따르면 여성은 평균적으로 남성이 받는 임금의 83퍼센트를 받는다. 이는 남성이 1달러를 받을 때 여성은 83센트를 받는다는 뜻이다.[7] 이 수치를 인종·민족별로 세분화하면, 흑인 여성과 히스패닉 여성이 백인 여성보다 더 낮은 임금을 받는다. 이러한 성별 임금 격차는 1963년 동등임금법Equal Pay Act이 통과되었음에도 불구하고 여전히 발생하고 있다. 이는 법률이 목표로 하는 구조적 불평등이 실제로 해결되었는지를 검토하고, 필요한 경우 법적 허점을 보완하는 것이 얼마나 중요한지를 보여준다. 2022년에는 미국 축구 연맹U.S. Soccer Federation이 여자 축구 대표팀에게 남자 대표팀과 동일한 임금을 지급하기로 동의하면서 스포츠 분야에서의 성별 임금 격차가 주목받았다. 농구 선수 브리트니 그라이너Brittney Griner가 미국 여자 농구 협회WNBA로부터 받는 연봉을 보완하기 위해 러시아에서 경기를 뛰다가 러시아에서 체포된 사건도 있었다.

여성이 다수를 차지하는 직업(육아, 가사 노동)은 남성이 다수를 차지하는 직업(건설업)보다 임금이 낮고, 여성 중심 직업은 복리후생이 포함될 가능성이 적은 것이 사실이다. 그러나 동일한 직업—여성 중심 직업이든 남성 중심 직업이든—을 수행하는 남성과 여성의 임금을 비교하더라도 여성은 여전히 남성보다 적은 임금을 받고 있다. 물론 정책 차원에서 모든 미국 시민에게 성별과 관계없이 평등한 법적 권리를 보장하는 동등권 수정안Equal Rights Amendment, ERA이 1923년 의회에 도입되었다. 그러나 이 수정안은 1971년과 1972년에 각각 하원과 상원을 통과하기 전까지는 승인되지 않았다. 7년의 기한 동안 38개 주 중 35개 주만 이 수정안을 승인했고 1979년에서 1982년으로 기한이 연장되었지만 그 사이 5개 주는 투표에 따라 초기 승인을 철회하기로 했다. 성별 임금 격차와 비준되지 않은 ERA가 보여주듯, 적어도 미국에는 구조적 불평등이 존재한다. 또한 현재 전 세계에서 남성과 여성에게 동일한 법적 노동 권리를 제공하는 나라는 10개 미만이다.[8]

그렇다면 불평등은 어떻게 동기에 영향을 미칠까? 구조적 불평등은 특정 개인의 노력이 다른 사람들의 노력과 동일한 수준으로 가치 평가받지 못한다는 신호를 보냄으로써 개인의 동기에 직접적인 영향을 미칠 수 있다. 앞서 언급한 임금 격차를 예로 들어보자. 같은 시기에 동일한 직무로 고용된 남성과 여성이 있다고 가정했을 때, 여성이 자신이 시간당 16달러를 받는 반면 남성 동료는 20달러를 받는다는 사실을 알게 되면, 그녀는 고용주로부터 덜 인정받고 있다고 느끼거나 스스로 자신의 기여를 덜 가치 있다고 여기게 되어 해당 직무에 대한 동기가 떨어질 수 있다. 또는 여성은 자신이 맡은 업무에서 남성보다 덜 유능하다는 결론에 도달할 수도 있으며, 이러한 믿음 또한 동기를 약화시킬 수 있다. 구조적 불평등은 시스템적인 장벽과 사회적 고정관념을 통해 전달되며 이는 종종 차별의 형태로 나타난다. 이러한 고정관념은 특정 맥락에서의 능력과 소속감에 대한 개인의 믿음에 영향을 미친다.

예를 들어 여성은 남성보다 운전을 못하거나 수학을 잘하지 못할까? 흑인은 백인보다 지능이 낮은가? 히스패닉은 게으르고 성실하지 않은가? 이러한 질문들은 우리 사회에 만연한 부정적인 고정관념을 반영하며, 고정관념은 해당 집단에 속하는 구성원들의 동기를 감소시킨다.

이제 심리학 연구는 구조적 불평등이 성과와 동기에 미치는 영향을 어떻게 설명하고 있는지 살펴보자.

인종, 성별, 빈부가 전하는 메시지의 차이

문화 생태 이론Cultural Ecological Theory은 구조적 불평등이 성과와 동기 부족과 연관된다는 것을 설명한 초기 이론 중 하나로, 교육 인류학자인 존 오그부John Ogbu가 1974년에 제안했다. 이 이론은 개인의 발달이 그들이 속한 시스템이나 생태계와의 상호작용을 통해 이루어진다는 생각을 바탕으로 하고 있다.[9] 개인과 집단에 영향을 끼치는 생태 시스템에 문화적 맥락을 추가한 점이 특징이다. 오그부는 사회에서 일부 소수 집단이 다른 집단보다 더 많은 특권을 누리는 경우가 있다고 주장했다.[10] 그는 특권을 받지 못하는 집단을 "카스트와 같은castelike" 혹은 비자발적 소수자involuntary minorities라고 부르며, 자발적 소수자voluntary minorities와 구별했다. "카스트와 같은"이라는 표현은 비자발적 소수자들이 사회적 계층의 최하위에 속하며 교육, 고용, 임금 측면에서 동등한 기회를 받지 못한다는 사실을 반영한다.[11]

소수자 지위의 유형은 집단이 소수자가 된 방식(노예제도나 식민지화 혹은 자발적 선택)과 지배 집단이 소수 집단을 대하고 반응하는 방식에 따라 달라진다. 문화 생태 이론에서는 사회 시스템이 비자발적 소수자들에게 지적 및 문화적 비하, 경제적 직업 한계, 정치적·법적 장벽, 차별적 교육 정책과 관행 등을 통해 그들이 사회에서 다른 사람들과 동등하지 않다는 분명한 메시지를 전달한다고 본다. 이에 따라 비자발적 소수자 집단 중 많은 이들이 지배 집단과 그들의 동기를 불신하며, 심지어 주류 문화에 반대되는 정체성을 형성하기도 한다. 이들은 노력과 열심히 일하는 것이 중요하다는 점을 알고 있지만, 이러한 행동이 차별을 극복할 수 있을 것이라는 확신을 지니지 못한다. 이는 차별이 제도화되어 지속되고 있다고 인식하기 때문이며, 결국 동기 감소로 이어진다. 미국에서 비자발적 소수자로는 아메리카 원주민과 알래스카 원주민, 하와이 원주민, 흑인 미국인 그리고 일부 히스패닉계 미국인(멕시코계 미국인, 푸에르토리코인)이 포함된다. 카리브해와 아프리카에서 온 흑인 및 일부 히스패닉계 이민자들은 처음 미국에 도착했을 때 자발적 소수자로 간주되었지만, 문화 생태 이론에 따르면 그들의 자녀들은 시간이 지나면서 사회 내에서 소수자로 간주되며 비자발적 지위로 전환된다.[12] 비자발적 소수자의 또 다른 예로는 뉴질랜드의 마오리족과 태평양 섬 주민 그리고 일본의 한국인들이 있다.

인류학자인 오그부는 그의 연구 데이터를 대부분 사례 연구와 문화 기술지ethnographies를 통해 얻었는데, 한 연구에서 시드니라는 남학생을 소개한다.[13] 시드니는 표준화된 시험에서 학년 평균 이상의 능력을 보여주는 점수를 받았음에도 불구하고 낮은 GPAGrade Point Average를 기록하고 있었다. 연구에 따르면 "시드니는 고급 학습AP 과정을 듣지만, 좋은 성적을 받기 위해 많은 노력을 기울이지 않는다. 대신 그는 '똑똑한 모범생brainiac'이라는 주장을 무효화할 수 있는 이미지를 만드느라 시간과 노력을 쏟고 있다."[14] 같은 연구에서 연구자들은 또 다른 학생인 맥스에 대해 "그는 자신의 학업 노력에 스스로 제동을 건다"라고 기술했다.[15] 학업적으로 노력하지 않으려는 이러한 결정은 남학생들에게만 한정되지 않았다.

표준화된 시험에서 셸비의 성적은 그녀의 학업 능력에 대한 교사들의 평가를 뒷받침한다. 11학년 때 치른 CTBS(캘리포니아 기초 학력 시험)에서 셸비는 세 주요 영역인 읽기, 언어, 수학의 종합 점수가 가능한 최고 학년등가점수OGE(해당 학년의 평균과 비교한 개인의 수준—옮긴이)인 13.6을 기록했다. 하지만 그녀는 (집이 매우 가난해서) 대학에 갈 수 없을 것이라고 생각했고, 예비 SAT 응시비 5달러를 달라고 부모를 설득할 가치가 없다고 판단해 시험을 보지 않기로 했다.[16]

셸비에게 가난은 극복할 수 없는 구조적 장벽이었다. 그래서 로펌에서 일하는 로라처럼, 구조가 자신의 발전을 허용하지 않을 것이라는 믿음으로 인해 대학 학위에 대한 동기가 약화되었다.

2003년 오그부는 오하이오주 세이커 하이츠Shaker Heights에 거주하는 아프리카계 미국인 학생들의 학업 행동과 태도에 관한 민족지학적 연구 결과를 발표했다. 그는 모든 사회경제적 계층에 속한 흑인 학생들이 평균적으로 다수 집단 학생 및 이민자 소수 집단 학생들보다 학업 성취도가 낮았다고 보고했다. 그는 이 학생들이 태도와 행동 면에서 학업에 적극적으로 참여하는 모습을 보이지 않았다고 결론지었다. 다시 말해 중산층 및 부유층 가정 출신의 흑인 학생들조차 사회적 구조가 자신들이 성공할 수 있도록 허용할 것이라는 확신을 지니지 못했다는 것이다.

또 다른 민족지학적 연구에서 저명한 사회학자 카터Carter는 뉴욕주 용커스Yonkers에 거주하는 13~20세 사이의 흑인 및 히스패닉 청소년들을 세 그룹으로 분류했다.[17] 이 그룹들은 각각 문화적 주류자, 문화적 경계자 그리고 비순응적 신념자로 명명되었다. 문화적 주류자는 지배적 문화와의 동화 접근법(즉, 지배적 문화의 가치와 행동을 받아들임)을 채택해 집단 구성원들이 지배적 문화와 일치하는 방식으로 행동하기를 기대하는 사람들이었다. 문화적 경계자는 자신의 문화와 주류 문화를 결합하거나 두 집단 사이를 원활하게 오가는 사람들이었다. 비순응적 신념자는 지배적 문화 규범을 인지하고 있었지만 그 규범을 따르려 하지 않는 사람들이었다. 이는 종종 낮은 동기부여와 그로 인한 낮은 성취 결과로 이어졌다.

이에 오그부는 교사들이 소수자 집단 학생들에게 효과적으로 사용할 수 있는 여러 전략을 제안했다.[18] 먼저 다수 집단에 속한 교사가 소수자 학생들을 가르치는 경우, 교사들은 학생들과 신뢰를 구축하기 위해 적극적으로 노력해야 한다. 이를 통해 학생들이 교사가 자신들을 진심으로 아끼고, 그들이 성공하기를 바란다는 것을 인식하도록 해야 한다. 특히 학생들과 신뢰를 쌓기 위해서는 동기와 성과를 약화시키는 모호한 태도나 반대 행동을 명시적으로 논의해야 할 수도 있다. 예를 들어 소수자 집단 학생들은 공부가 다수 집단의 학생들과 동일한 결과를 가져오지 않을 것이라고 암묵적으로 믿는 경우가 있으며, 이는 자기불구화 행동이나 때로는 적극적인 무관심으로 이어질 수 있다. 교사는 학생들이 속한 문화를 인정하고 존중한다는 분명한 의도와 함께 학생들 삶의 일부를 교실 수업에 통합해야 한다.[19] 자신들의 문화가 교실과 학습 내용에 반영되어 있다는 것을 보면 관심이 커져서 동기가 높아질 뿐만 아니라, 소속감이나 관계성도 증가하게 된다.

교사가 높은 기준을 제시하면서 소수자 학생들이 그 높은 기준을 충족할 수 있는 역량을 지니고 있다고 믿는다는 메시지를 명확히 전달하는 전략을 '현명한 비판' 혹은 '현명한 피드백'으로 부른다. 이것은 고정관념 위협을 완화하기 위해 권장되는 방법이기도 하며 동기 향상으로 이어진다는 연구 결과가 있다.[20]

또 다른 전략은 불평등한 시스템 속에서도 성공을 이룬 같은 소수자 집단 출신의 인물을 적절한 롤모델을 활용하는 것이다. 롤모델이 단순히 학생들과 같은 인구통계적 배경을 공유하는 것만으로는 충분하지 않다. 롤모델은 자신의 문화적 정체성을 유지하면서 성공한 인물로 보여야 한다. 만약 롤모델이 성공을 위해 자신의 문화적 유산을 버린 것으로 인식된다면, 소수자 커뮤니티를 진정으로 대변하지 않는 사람으로 간주되어 받아들여지지 않을 것이다. 예를 들어 버락 오바마Barack Obama가 미국 대통령으로 재직하던 시절, 한 심리학자가 오바마를 흑인 남성들이 노력하면 얼마나 멀리 갈 수 있는지를 보여주는 사례로 흑인 청소년들에게 제시했다. 그러나 청소년들의 반응은 "그는 우리와 같은 사람이 아니다"였다. 오바마의 인생 이야기는 청소년들의 현실과 너무 동떨어져 있어서, 그들은 오바마가 걸어온 길이 그들에게도 열려 있는 길로 인식하지 못했다.

고정관념의 렌즈로 평가받는다는 것

구조적 불평등이 끼치는 영향에 대해 가장 잘 알려진 심리학 이론 중 하나는 사회심리학자 클로드 스틸Claude Steele의 고정관념 위협stereotype threat 모델이다.[21] 이 이론은 모든 사회 집단에 고정관념이 존재하며, 그중 일부는 긍정적이고 일부는 부정적이라는 개념에 기초하고 있다. 특히, 소수자 집단과 관련된 부정적인 고정관념은 동기와 성과에 영향을 미칠 수 있다고 말한다. 고정관념 위협이란, 무의식적으로 "부정적인 고정관념의 렌즈를 통해 자신이 평가받는 것 혹은 자신의 행동이 소속 집단에 대한 부정적인 고정관념을 무심코 확인시키는 것이 될까 봐 두려워하는 것"을 의미한다.[22] 다시 말해 부정적으로 고정관념화된 집단에 속한 사람은 그 존재를 인식하지 못하더라도 고정관념 위협에 노출될 수 있다.

고정관념 위협을 조사한 초기 연구를 살펴보자. 흑인과 백인 대학생들은 위협 그룹, 비위협 그룹 그리고 비위협 도전 그룹으로 무작위 배정되었다.[23] 연구진은 모든 그룹에게 어려운 문제를 풀어야 한다는 설명과 함께, 정답을 맞추지 못할 가능성이 높다는 말을 전했다. 그리고 위협 그룹에는 추가적으로 해당 과제가 언어 능력을 평가한다는 말을 여러 차례 강조했다. 이는 흑인의 지능이 낮다는 사회적 고정관념을 활성화하기 위한 의도였다. 반면 두 비위협 그룹에는 해당 과제가 능력과 관련되지 않았다는 점을 명확히 전달했으며, 도전 그룹에게는 과제를 진지하게 받아들이라고 요청했다. 연구 결과, 이전 학업 성취도를 통제했을 때 위협 조건에 속한 흑인 학생들의 성과가 다른 모든 그룹과 심지어 다른 흑인 학생들보다도 낮게 나타났다.

또 다른 후속 연구도 있다. 고정관념 위협이 집단 정체성을 더 두드러지게 만들면서 동시에 자신이 속한 집단에 대한 부정적인 고정관념으로부터 거리를 두게 만드는지를 확인하기 위한 것이었다. 연구진은 참가자들에게 단어 완성 과제(예: _ _ C E)를 수행하고 과제를 준비한 정도를 보고한 뒤 특정 집단과 관련된 활동이 포함된(고정관념이 반영된) 목록에서 자신이 가장 좋아하는 활동을 고르라고 요청했다.[24] 그 결과, 고정관념 위협이 집단 소속감을 더 뚜렷하게 만든다는 가설을 지지하는 증거가 나타났다. 위협 그룹에 속한 흑인 학생들은 단어 완성 과제에서 더 많은 인종 관련 단어를 떠올렸다(예: _ _ C E에서 FACE 대신 RACE를 선택). 또한 이들은 수면 시간이 부족했다거나 집중력이 떨어졌다고 보고하는 등 더 많은 자기불구화 행동을 보였다. 게다가 농구나 랩 음악처럼 흔히 흑인과 연관되는 활동을 자신들의 또래보다 덜 즐긴다고 응답하며, 이러한 활동들에서 사실상 거리를 두는 모습을 보였다. 이 연구 결과는 고정관념 위협이 그동안 즐겨온 '부정적인 고정관념과 연결된 활동'에 대한 내재적 동기를 감소시킬 수 있다는 것을 시사한다.

부정적인 고정관념이 활성화된 상황에서 고정관념 위협이 해당 집단의 성과를 저하한다는 연구 결과는 여러 연구에서 반복적으로 확인되었다. 이러한 연구는 주로 다수 집단과 소수 집단 간의 학업 성취도

차이를 다룬다.[25] 과학, 기술, 공학, 수학STEM 과제에서 남성과 여성 간의 성과 차이[26], 저소득층 학생과 중·고소득층 학생 간의 성적 차이[27] 또 장애 학생과[28] 학생 운동선수를[29] 대상으로 한 고정관념 위협 연구도 있었다. 이탈리아 연구자들이 진행한 최근 한 연구에서는 50세 이상 여성 근로자 중 나이와 성별을 기반으로 한 고정관념 위협을 높게 인지한 이들이 가장 낮은 직무 성과 평가를 받은 것으로도 나타났다.[30]

한편 몇몇 연구자들은 특정 집단에 대한 긍정적인 고정관념이 성과를 촉진시키는 고정관념 촉진 효과를 보고했는데, 이 역시 고정관념의 영향력이 크다는 추가적인 증거다.[31] 그러나 이러한 연구들 중 다수는 성과 결과의 차이가 동기 차이에 의해 발생했는지는 살펴보지 않는다. 이제 동기와 관련 있는 연구를 살펴보기로 하자.

고정관념 위협이 동기에 미치는 직접적인 영향을 알아보는 초기 연구 중 프랑스 사회심리학자 장 클로드 크롱제Jean-Claude Croizet가 두 그룹의 학생들을 대상으로 고정관념 위협을 조사한 것이 있다.[32] 바로 일반 교육 자격증(더 권위 있는 것으로 간주됨)이 있는 학생들과 기술 교육 자격증(덜 권위 있는 것으로 간주됨)이 있는 학생들이었다. 먼저 연구자들은 고정관념 위협이 작용하고 있을 가능성을 가정했다. 일반 교육자격증을 소지한 학생의 58퍼센트가 학부 학위를 취득한 반면, 기술 교육 자격증을 소지한 학생들은 32퍼센트만 학위를 취득한 것을 관찰했기 때문이다. 이에 따라 연구자들은 실험을 설계하여 두 자격증을 가진 학생들을 무작위로 위협 조건(과제가 지적 능력을 평가하는 시험으로 표현됨)과 비위협 조건(능력에 대한 언급 없음)에 배정했다. 그 결과, 위협 조건에서는 기술 자격증을 가진 학생들이 비위협 조건에 있는 동료들보다 과제에 대한 개인적 중요성과 의식적 가치 점수가 낮았다. 중요성과 가치는 자기결정이론에서 확인된 동기에 해당한다. 즉, 덜 권위 있는 교육 자격증 가진 학생들은 자신이 평가받고 있다고 느낄 때 동기가 약화될 수 있으며, 이는 학부 학위를 취득할 확률을 낮추는 결과로 이어질 수 있음을 뜻한다.

다른 연구에서는 연구자들이 수학에 대한 고정관념을 바탕으로 대학생 대상의 연구를 진행했다.[33] 학생들은 수학 시험을 보기 전에 "남성이 이 시험에서 여성보다 더 좋은 성과를 낸다"(고정관념 위협 조건)거나 "남성과 여성 간에 차이가 없다"(고정관념 없음 조건)라는 말을 들었다. 그리고 시험 후 참가자들은 긍정적 피드백 또는 부정적 피드백을 받았다. 결과적으로 고정관념 위협 조건에서 여성들은 전형적으로 더 낮은 성과를 보였다. 추가적으로 고정관념 위협 조건에서 부정적 피드백을 받은 여성들은 같은 조건에서 긍정적 피드백을 받은 여성이나 고정관념 없음 조건의 여성들보다 향후 수학 학습 보충 시간에 참석하려는 동기가 더 낮았다.

또 다른 연구도 있다. 동기와 관련된 다른 구성 요소들, 예를 들어 학교 소속감과 같은 관계성의 측면에서 고정관념 위협의 영향을 조사한 연구다. 사회심리학자 말레트Mallett는 546명의 대학생들을 대상으로 고정관념 위협이 소속감에 미치는 영향을 살펴보았다.[34] 고정관념 위협 조건에 속한 학생들은 설문조사에서 그들의 인종·민족을 먼저 밝히고, 민족 정체성을 측정한 다음에 학교 소속감 관련 항목을 포함한 나머지 설문을 진행했다.[35] 이는 그들에게 고정관념 위협을 유발하기 위함이었다. 반면 통제 그룹은 설문 전체를 먼저 완료한 뒤에 인종·민족을 보고하고, 민족 정체성 측정을 수행했다. 유색인종 학생들과 백인 학생들은 두 그룹 중 하나에 무작위로 배정되었다. 그 결과, 위협 조건에 배정된 유색인종 학생들은 위협이 없는 그룹과 두 그룹 모두에 속한 백인 학생들보다 학교 소속감 점수가 현저히 낮았다. 게다가 백인 학생들에게는 이러한 조작이 아무런 영향을 미치지 않았다.

좀 더 최근 연구에서는 공학 수업에서 수적으로 소수인 여성들이 고정관념 위협 조건에서 낮은 소속감을 보고하기도 했다.[36]

고정관념 위협이 직업 추구의 동기에 영향을 미친다는 가설을 검증한 연구도 있다. 연구자들은 STEM 분야 박사 학위를 목표로 하는 상위권 성적의 흑인과 히스패닉 대학생들을 대상으로 고정관념 위협의 영향을 3년 동안 조사했다.[37] 대학생들은 "사람들이 내 민족성 때문에 내가 능력이 부족하다고 믿는다", "나는 과학 분야에 속해 있다고 느낀다", "나는 과학 분야의 직업을 추구할 계획이다"와 같은 질문에 답했다. 그 결과, 히스패닉 학생들의 경우 1년 차에 경험한 고정관념 위협이 2년 차에 과학 정체성을 감소시켰고, 과학 정체성은 3년 차에 과학 분야 직업을 추구하려는 의향에 영향을 끼쳤다. 부정적으로 고정관념화된 집단에 속한 개인들의 직업 추구 동기가 고정관념 위협에 의해 방해받는 것을 알 수 있다.

고정관념 위협의 효과는 대학생을 대상으로 한 연구에서 여러 차례 재현되었다. 또한 초중고 학생들을 대상으로 한 고정관념 위협 연구도 진행되었으며, 이들 연구 역시 유사한 결과가 나타났다. 일례로 저명한 심리학자 로나 와인스타인Rhona Weinstein은 6~10세 사이의 202명의 아동을 대상으로 고정관념 위협을 조사했다. 이 중 40퍼센트는 낙인찍힌 집단에 속해 있었다.[38] 연구진은 이야기 기반 방법론을 사용해 아동이 인구통계학적 집단(민족성, 성별, 인종)에 대한 널리 퍼진 부정적인 사회적 고정관념을 인식하고 있는지 여부를 조사했다. 그 결과, 나이가 많을수록 낙인찍힌 집단을 인식하고 있을 가능성이 높았다. 6세 아동의 경우 18퍼센트만이 고정관념을 인식한 반면, 10세 아동의 경우 93퍼센트가 고정관념을 인식하고 있었던 것이다. 이처럼 모든 연령대에서 흑인과 라틴계 출신 학생들이 아시아인이나 백인보다 사회적 고정관념에 대해 더 많이 인식하고 있었다. 게다가 전통적인 고정관념 위협 조건에 있는 학생들은 더 낮은 성취 점수와 노력 감소가 나타났다. 고정관념 위협을 두드러지게 하기 위해 참가자들에게 민족 정체성에 대한 문항을 작성하게 한 연구에서도 고등학생 낙인 집단 학생들이 위협 조건에서 학교 소속감이 낮은 것으로 나타났다.[39]

이러한 영향은 무의식적으로 발생할 수 있어 당사자들은 자신이 영향을 받고 있다는 사실을 인지하지 못할 수도 있다. 게다가 클로드 스틸이 지적했듯이, 고정관념 위협은 잘해보고자 하는 의지와 몰입이 있을 때에만 발생한다는 것이다.[40] 이는 곧 고정관념 위협이 오히려 동기가 가장 높은 사람들의 성취를 가로막을 수 있음을 시사한다. 고정관념 위협은 여러 경로를 통해 작동하는데, 예를 들어 학교에서 소속감이 감소하고, 불안 수준이 높아지며, 해당 영역과 자신을 분리하려는 태도, 즉 그 분야에 대한 흥미와 동일시가 약화되는 현상으로 이어질 수 있다.[41]

긍정적인 측면에서 보자면 그간 고정관념 위협을 완화하기 위한 여러 개입 방법이 개발되어 왔다. 앞서 언급된 '현명한 피드백' 연구에서 스탠포드 대학교 심리학과 교수인 코헨Cohen은 흑인과 백인 대학생들을 세 그룹으로 무작위 배정하여 두 단계로 구성된 실험에 참여하게 했다.[42] 첫 번째 세션에서는 각 그룹이 동일한 글쓰기 과제를 완료하면 그 글이 학술지에 게재될 가능성을 염두에 두고 검토될 것이라는 말을 들었다. 두 번째 세션에서 학생들은 검토가 완료된 글을 돌려받았는데, 그들의 글에는 검토자가 직접 손으로 쓴 평가가 적혀 있었고 검토자의 이름이 백인임을 유추할 수 있었다.

다만 세 그룹이 받은 피드백의 성격은 서로 달랐다. 1그룹은 글쓰기 과제에 대한 비판적인 피드백, 이를테면 글의 구조와 문법부터 철자 지적을 포함해 글을 개선하기 위한 제안, 글쓴이가 작성한 좋은 점을 인정하는 여백 체크 표시 두 개를 받았다. 현명한 피드백 그룹인 2그룹은 다음 내용이 포함된 피드백을 긴 글로 받았다. (a) 그들이 과제를 진지하게 수행했다는 점 (b) 글의 긍정적인 측면 몇 가지 (c) 글이 출판 기준에 도달하는지에 대한 약간의 의구심 (d) 비판적인 코멘트가 있을 것이라는 예고 (e) 검토자가 이 피드백을 제공하는 이유는 학생이 출판 기준을 충족할 역량이 있다고 믿기 때문이라는 진술이었다. 이 단락 이후 1그룹이 받은 것과 동일한 비판적 피드백이 주어졌다. 긍정적 완충 그룹인 3그룹도 비판적 피드백 이전에 긍정적인 코멘트(잘했어요)로 시작하면서 글의 개선을 위한 구체적인 제안이 포함될 것이라는 언급이 있는 피드백을 받았다. 이처럼 각각의 피드백을 받은 후 학생들에게 자신을 작가로서 얼마나 강하게 인식하는지 평가하게 했다. 이는 글쓰기 실력을 노력으로 개선할 수 있다는 믿음과 글을 수정할 의지를 보여주는 것이었다. 또한 그들은 검토자에 대해서도 평가했는데, 특히 검토자가 얼마나 편향되었다고 생각하는지가 포함되어 있었다.

그 결과, 비완충 비판 그룹인 1그룹에 속한 흑인 학생들은 검토자를 다른 모든 그룹보다 더 편향적이라고 평가했으며, 3그룹(긍정적 완충 그룹)의 흑인 학생들 역시 동일한 그룹에 속한 백인 학생들보다 검토자를 더 편향적이라고 평가했다. 주목해야 할 점은 현명한 피드백 그룹(2그룹)에 속한 흑인 학생들은 모든 그룹 중에서 가장 낮은 편향 점수를 주었으며, 비완충 비판 그룹에 속한 흑인 학생들의 점수와 비교했을 때 상당히 낮았다. 향후 과제 동기와 관련해서는 1그룹의 흑인 학생들의 점수가 가장 낮았는데, 이는 1그룹의 백인 학생들 및 2그룹과 3그룹의 백인 및 흑인 학생들보다 유의미하게 낮았다. 반면 현명한 피드백 그룹에 속한 흑인 학생들은 과제 동기 점수가 가장 높았다. 또한 이 그룹의 흑인과 백인 학생들 모두 글쓰기에 대한 과제 동일시 점수가 가장 높게 나타났다.

즉, 현명한 피드백은 부정적인 고정관념에 영향을 받는 그룹의 편향 인식을 줄이고 과제 동기를 높이는 결과를 가져왔다. 다만 백인 학생들의 성과에는 영향을 미치지 않았다. 백인 학생들의 성과는 모든 그룹에서 비슷하게 나타났다.[43]

중·고등학생을 대상으로 한 일련의 연구에서도 현명한 피드백의 이점이 재현되었다. 학생들이 에세이를 수정할 가능성이 더 높아지고, 수정의 질이 향상되며, 성적이 올라가 흑인과 백인 학생 간의 성취 격차가 줄어들었다.[44] 연구는 부정적인 고정관념과 더 광범위한 구조적 불평등이 동기와 성과에 미치는 악영향을 완화하기 위해 여러 개입 전략이 활용될 수 있음을 시사한다. 여기에는 (a) 노력으로 성취를 높일 수 있다는 점 가르치기 (b) 학습 자료와의 개인적 관련성 높이기 (c) 사람들에게 중요한 가치를 확인시키기 (d) 새로운 학교나 직장으로 옮길 때 소속감에 대한 걱정은 정상적이고 예상되는 일임을 알리기가 포함된다.[45] 또한 민족 정체성 연구에 따르면, 이중 정체성—자신의 집단 정체성을 유지 하면서도 사회 내 다른 문화 집단과 관계를 맺으려는 태도—을 지니는 것이 더 큰 회복력,[46] 높은 학교 소속감[47] 그리고 고정관념 위협에 대한 더 낮은 취약성을[48] 보이는 것으로 나타났다. 이러한 연구들은 실제 개입을 설계하는 데 유용한 아이디어를 제공한다.

권위자의 낮은 기대라는 간접 효과

고정관념 위협은 부정적인 고정관념이 그 대상이 되는 개인에게 어떤 영향을 주는지에 초점을 둔다. 그런데 부정적인 고정관념은 또 다른 방식으로도 동기에 영향을 미칠 수 있다. 바로 해당 고정관념에 기반해 주변인들이 그 사람에게 지니는 기대를 통해서다. 아래에 소개된 칼럼니스트 길리엄Gilliam이 『워싱턴 포스트』에 기고한 글은, 낮은 기대가 어떻게 동기와 성과를 떨어뜨릴 수 있는지 보여주는 사례다.[49]

내 친구가 스무 살 아들과 대화하던 중, 아들이 10년 동안 마음속에 품고 있던 비밀을 털어놓았다고 한다. 그것은 아들이 성공에 대해 지니고 있는 양가감정에 대한 것이었다. 그 이야기는 아들의 초등학교 시절로 거슬러 올라간다. 5학년 때 교사가 아들이 제출한 다람쥐의 생애에 대한 뛰어난 에세이를 두고 정말 본인이 쓴 것이 맞는지 의문을 제기했던 것이 시작이었다. 아들은 표절을 하지 않았다고 강력하게 부인했지만 결국 사건은 그의 말을 믿지 않는다는 사실을 분명히 보여주는 점수를 교사가 주면서 끝이 났다.

그 소년은 흑인이고 교사는 백인이었으며, 이러한 일이 이전에도 발생한 적이 있었기 때문에 소년은 아이다운 해결책에 다다랐다. "그 후로 다시는 노력하지 않았어요." 그가 최근 털어놓은 말이다. 그동안 내 친구는 아들의 성적이 곤두박질치고 학교에 대한 관심이 줄어드는 모습을 보며 괴로워했었다. 아들은 굴욕감 때문에 자신을 과소평가했던 것이다.

성인이 된 소년은 고전을 탐독하지만, 학력은 고등학교 졸업장이 전부다. 그리고. 이제야 소년은 자신의 감정을 명확히 표현할 수 있게 되었다. 사회가 자신이 성공하지 못하도록 교묘하게 조종했고, 스스로에 대한 기대치를 낮추도록 만든 꾀임에 빠졌다고 말이다. 그는 자신의 잠재력을 스스로 가로막아버렸다는 사실에 분노하고 있다.

사람들의 기대가 설제 성과에 어떤 영향을 미치는지 처음으로 살펴본 연구는 사회심리학자 로젠탈Rosenthal과 교육 현장 연구자 제이콥슨Jacobson의 유명한 연구, 〈교실 속 피그말리온: 교사의 기대와 학생의 지적 발달〉이다.[50] 이 연구에서 교사들은 자기 반 학생들 가운데 일부가 엄청난 지적 잠재력을 지니고 있으며 시간이 지나면서 더 크게 성장할 것이라는 이야기를 들었다. 반면 다른 학생들은 그런 잠재력이 없다고 안내받았다. 하지만 실제로 이 두 그룹은 완전히 무작위로 선정된 것이었다. 그럼에도 불구하고 결과는 분명했다. 잠재력이 크다고 알려진 학생들이, 같은 조건의 다른 학생들보다 학업 성취에서 더 좋은 성과를 보인 것이다. 물론 이후 연구들에서 이 피그말리온 효과가 반복되지는 않았다. 하지만 사회심리학자들인 주심Jussim과 하버Harber의 종합 검토에 따르면, 비록 그 영향은 작지만 기대에 기반한 자기 충족적 예언은 실제로 존재하며, 특히 저소득층 및 소수자 집단에서 더 크게 나타나는 경향이 있었다.[51]

로나 와인스타인은 심지어 초등학교 1학년 학생들도 '선생님이 잘할 것이라고 기대하는 아이'와 '별로 기대하지 않는 아이'를 구분할 수 있다는 것을 보여주었다. 그리고 5학년쯤 되면, 아이들 스스로의 기대 역시 교사가 지닌 기대를 닮아가게 된다는 사실도 밝혀졌다.[52] 뉴질랜드에서는 교육심리학자 크리스틴 루비−데이비스Christine Rubie-Davies가 이끄는 연구팀이 교사 기대에 대한 흥미로운 결과를 내놓았다. 한 연구에서는 훈련된 관찰자가 교실을 관찰하기만 해도 기대 수준이 높은 교사와 낮은 교사를 행동만으로 구분할 수 있다는 것을 보여주었다.[53] 또한 높은 기대 수준을 지닌 교사들은 더 많은 피드백 제공, 고차원적 질문 제시, 긍정적인 교실 관리 전략 사용 등 학생들의 동기와 학업 성취를 향상시키는 행동을 더 자주 사용하는 것으로 나타났다.[54] 또 다른 연구에서는 교사가 높은 기대를 분명하게 전달했을 때 읽기 성취가 향상되었고, 반대로 교사가 가진 암묵적인 편견은 수학 성취도에 부정적인 영향을 미친다는 사실이 드러났다.[55] 뿐만 아니라 미국의 학생들을 유치원에서 4학년까지 추적한 장기 연구에서는 교사의 기대 효과가 시간이 지날수록 누적되어 성취도를 예측한다는 결과도 나왔다.[56]

그렇다면 교사의 기대는 구조적 불평등과 어떻게 연결될까? 여러 연구에서 교사들은 소수자 집단(미국의 흑인과 히스패닉, 뉴질랜드의 마오리족) 학생들에 대해 더 낮은 기대를 갖는 경향이 있다는 것이 밝혀졌다. 사회심리학자 앤더슨–클라크Anderson-Clark의 가상 사례 연구에서는, 교사들이 '흑인 이름'을 가진 학생들에게 '백인 이름'을 가진 학생들보다 더 부정적인 기대를 품었음을 발견했다.[57] 연구자들은 이러한 결과가 무의식적인 교사의 편견 때문일 가능성이 크다고 보았다. 즉, 교사들이 노골적으로 차별적인 태도를 보이지는 않더라도 무의식적인 편견이 학생을 대하는 방식에 영향을 미칠 수 있다는 것이다. 연구에 따르면 사람들은 자신의 비언어적 행동(말투, 시선, 반응 속도 등)을 잘 인지하지 못하며, 이러한 행동은 교사의 편향이 전달되는 가장 일반적인 방식이다.[58] 실제로 무의식적인 편향이 특정 집단의 학생들에게 낮은 기대를 전달하는 데 더 큰 역할을 한다는 연구 결과도 있다.[59]

또 다른 연구들에서는 교사의 기대에 영향을 미치는 요인으로 해당 그룹에 대한 친숙함을 지적한다.[60] 소수자 집단 출신의 교사들은 자신들과 같은 집단의 학생들에 대해 더 긍정적인 태도를 지니고 있었고, 특정 소수 집단 학생들을 대상으로 훈련을 받은 교사들 역시 그 집단에 대해 더 긍정적인 태도를 보였다. 앞서 여러 장에서 논의했듯이 자율성을 지지하는 행동은 학생들의 동기를 높이고, 통제적인 행동은 동기를 떨어뜨린다. 교사들은 동기가 낮다고 인식한 학생들에게는 더 통제적인 행동을, 동기가 높다고 인식한 학생들에게는 더 자율성을 지원하는 경향이 있다.[61] 그리고 이러한 교사의 통제적인 행동은 학생의 행동, 배경, 능력에 대한 부정적인 인식과도 연결된다.[62] 이 연구들이 시사하는 바는 분명하다. 교사들이 가장 걱정하는 학생들—동시에 낮은 기대를 지니고 있는—의 동기를 오히려 더 떨어뜨리는 행동의 연쇄가 만들어질 수 있다는 것이다.

더 나아가 미국 교사의 대다수는 백인이기 때문에, 자신에게 익숙하지 않은 소수 집단 학생들에게 더 통제적인 방식으로 대할 가능성이 높다. 이는 이미 교사를 신뢰하지 않고, 교사의 편견에 민감한 학생들에게 동기의 하향 나선을 만들어낼 수 있다.[63] 이런 이유로 교사 기대 연구를 자기결정이론의 관점에서 다시 살펴볼 필요가 있다는 주장도 나온다.[64] 그래도 다행스러운 점도 있다. 이제 연구자들은 기대가 높은 교사와 낮은 교사를 구분하는 행동이 무엇인지 알고 있고,[65] 기대가 낮은 교사도 훈련을 통해 기대가 높은 교사로 변화할 수 있으며,[66] 실제로 이러한 재훈련이 학생들의 성취 향상으로 이어진다는 사실도 확인한 것이다.[67]

연구들을 보면, 직장이나 학교에서의 성취는 개인의 능력만이 아니라 자원과 기회에 얼마나 접근할 수 있느냐에 크게 좌우된다. 자원과 기회가 부족하거나, 구조적인 이유로 접근이 막혀 있는 사람들은 그렇지 않은 또래들에 비해 성과가 낮아질 가능성이 크다. 이런 구조적 불평등은 여러 경로를 통해 사람들의 동기를 떨어뜨린다. 예를 들면 다음과 같다.

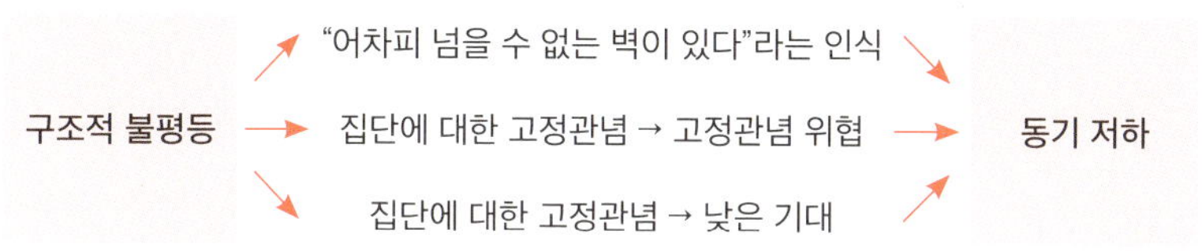

문제는, 어떤 사람들은 자기 정체성이나 소속 집단 덕분에 이미 유리한 위치에 있는 또래들과 같은 성과를 기대받는다는 점이다. 이런 상황에서는 동기가 떨어질 수밖에 없다. 다시 말해 구조적 불평등은, 그 영향을 받지만 스스로 바꿀 힘은 없는 사람들의 동기를 약화시킨다. 하지만 관리자나 교사, 정책 결정자 입장에서는 "이 사람이 동기가 부족하다"라고 결론 내리는 것이 직장이나 교실의 환경이 불평등한 기회와 자원을 만들어내고 있는 건 아닌지를 고민하는 일보다 훨씬 쉽다. 그래서 권한을 가진 사람일수록, 모두에게 같은 출발선이 주어지고 있는지를 점검할 책임이 있다. 예를 들어 직장에서는 모든 직원이 같은 정보와 기회에 접근할 수 있도록 해야 하고 학교에서는 모든 학생이 따뜻하고 긍정적인 분위기 속에서 비슷하게 높은 기대를 경험하도록 해야 한다.

동기를 좌우하는 요인들은 개인 문제가 아니라 구조적인 경우가 많다.

그래서 동기를 높이기 위한 변화 역시 시스템 차원에서 이루어져야 한다. 다만 이 장에서 소개한 연구들처럼, 개인을 대상으로 한 심리·사회적 개입(현명한 피드백, 소속감 강화 등)도 부정적인 구조적 요인의 영향을 완화하는 데 도움이 될 수 있다. 다음은 구조적 불평등에 대응하고 동기를 높이기 위한 방법들이다.

1. 평가와 승진 기준을 명확하고 투명하게 만들어라

교실에서는 학생들과 함께 수업 분위기에 대한 규칙을 정한다. 특히 소수에 속한 학생이나 특정 집단에서 혼자인 학생의 목소리가 묻히지 않도록 주의해야 한다. 공개 발언이 부담스러운 학생을 위해 글로 의견을 내는 방식도 필요하다. 모든 학생이 평가 기준(루브릭)을 명확히 알고, 어떻게 하면 점수를 올릴 수 있는지도 이해하도록 돕는다. 직장에서도 마찬가지로, 직원들이 익명으로 정책이나 승진 기준에 대해 의견을 낼 수 있는 통로를 마련해야 한다.

시스템 차원에서도 다양한 목소리를 반영할 수 있어야 한다. 많은 학교에는 다양한 목소리를 반영하는 학교운영위원회가 있다. 중요한 건, 형식이 아니라 실제로 그 의견을 반영하려는 태도다. 행정진은 위원회의 의견을 진지하게 받아들이고 제안을 신중히 고려해야 한다. 직장에서는 승진, 보너스, 평가 기준이 구체적으로 적힌 매뉴얼이 필요하다. 이 매뉴얼은 1년 혹은 2년 등 정기적으로 검토되어야 하고, 직급과 상관없이 의견을 수렴해야 한다.

2. 정기적으로 피드백을 받고, 그 결과와 후속 조치를 공개하라

학생이나 직원에게 피드백을 받을 때는 단순한 호감도 질문이 아니라 상호작용은 어땠는지, 분위기는 어땠는지, 존중받고 있다고 느꼈는지와 같은 질문을 포함해야 한다. 집단 간 차이(예: 성별, 다수 집단 vs 소수 집단)도 함께 살펴야 한다. 이것은 익명성을 보장하는 환경 속에서 진행되어야 한다. 나아가 결과는 숨기지 말고 공유하고, 무엇을 바꿀 것인지까지 연결되어야 한다.

조직 문화와 분위기에 대한 익명 평가도 정기적으로 실시해야 한다. 퇴사자에게도 익명 인터뷰를 요청할 수도 있다. 특히 소수 집단의 응답을 확보하는 것이 중요한데, 이를 위해 외부 전문 기관에 분석을 맡기거나 인사 담당자만 데이터를 열람하고 익명 처리하는 방식도 사용할 수 있다.

3. 모든 집단의 소속감과 참여를 적극적으로 높여라

불공정한 시스템에서는 신뢰가 가장 먼저 무너진다. 투명성과 책임성을 높이는 것과 함께, 다양한 집단이 함께 어울릴 수 있는 사회적 활동을 지원해야 한다. 구성원들이 비공식적으로 함께 어울리며 서로를 더 잘 알게 되면, 생산적으로 협력할 수 있게 된다. 단, 특정 집단의 취향만 반영된 활동이 되지 않도록 다양화하는 것이 중요하다.

직장은 정기적으로 공정성 감사를 실시해야 한다. 비슷한 성과를 냈는데도 급여, 승진, 보너스에 차이가 있는지 살펴봐야 한다. 그 결과와 이에 따른 정책 변화 역시 공개해야 한다.

동기부여 처방

로라와 케니의 사례에서 현명한 개입은, 로펌의 시스템을 바꿔 두 사람이 같은 정보에 접근할 수 있게 만드는 것이다. 파트너들이 사건 이야기를 집이나 골프장에서 나누는 대신, 사무실에서만 공유하도록 하면 된다.

이 단순한 구조적 변화만으로도 로라는 더 이상 자신만 모르는 정보를 가진 사람과 경쟁하지 않아도 되고, 그 결과 다시 동기와 몰입을 되찾을 수 있다. 출발선이 평평해지면, 파트너들은 처음 채용했을 때의 유능하고 의욕적인 모습의 로라를 다시 보게 될지도 모른다.

동기부여 프로젝트

불평등을 바로잡는 전략	선생님·대표를 위한	학생·직원을 위한
명확한 성적 평가 및 승진 정책 마련	· 교실 정책 수립에 학생 참여 · 평가 기준을 모두에게 공개 · 모든 직원에게 정책 의견 제시 기회 제공 · 익명성 보장 및 보복 가능성 삭제	· 학교 규칙, 정책에 대해 행정실에 의견을 제공할 학생회 설립 · 모든 계층의 의견을 반영하여 정책 수립 · 정책에는 의사 결정에 사용되는 세부 기준(공적, 승진 등)을 명시
모든 이해관계자로부터 정기적인 피드백 수집(수집된 피드백과 그에 따른 조치는 투명하게 공개)	· 교사에 대해 피드백할 수 있는 기회 제공(피드백 질문은 교사의 차별적인 행동에 대한 인식을 포함) · 시스템의 공정성에 대해 익명 피드백할 수 있는 직원 창구 마련	· 조직 분위기 및 문화에 대한 평가, 최소 연 1회 실시 · 소수 대표 그룹의 피드백을 수집할 때 익명성 보장
모든 구성원의 참여와 소속감 높이기	활동 및 공공 행사는 배경과 문화를 통합	· 정기적인 공정성 감사 실시 · 그 결과를 바탕으로 한 변경 사항 공개

실전 적용

내가 동기부여를 받고 싶은 일:

내가 시도할 전략:

내가 다른 사람에게 동기를 부여하고 싶은 영역:

도움을 주기 위해 시도할 전략:

이 책의 활용 방법

축하한다! 이제 책을 거의 다 읽었고 가장 흔한 동기부여에 관한 고정관념와 이에 대응하는 과학적 원리를 배웠다. 무엇보다 동기부여가 설득이나 통제와 다르다는 중요한 사실도 알게 되었다. 동기부여의 목표는 자신이나 다른 사람에게 억지로 무언가를 하게 만드는 것이 아니다. 이미 존재하는 내면의 동기 자원을 활용해 에너지를 생산적인 목표로 재조정하는 것이다. 1장에서 모든 사람이 동기를 지니고 있다는 사실을 배웠다. 동기가 없는 사람은 존재하지 않는다. 누구나 활용할 수 있는 동기의 자원이 있다. 따라서 목표는 그 내면의 동기라는 우물을 어떻게 끌어올릴지 알아내는 것이다. 지금까지 바로 그것을 해내는 과학적인 방법을 배웠다. 예를 들어 역량, 자율성, 관계성을 활용하는 방법과 메타인지, 자기 조절, 목표 설정 등의 다양한 전략을 익혔다. 마지막으로 이 모든 아이디어를 활용해 자신과 타인의 내면에 자리한 동기를 끌어내는 방법을 소개한다.

자신과 타인의 동기를 높이는 데 도움을 주기 위해 지금까지 설명한 원칙들을 기반으로 동기 흐름도(그림 1)를 만들었다. 이 흐름도는 예·아니오 질문을 통해 자신이나 타인의 동기 문제의 원인을 파악하고 해결책을 제시한다. 흐름도를 사용하는 방법을 설명하겠다.

그림 1 동기 흐름도

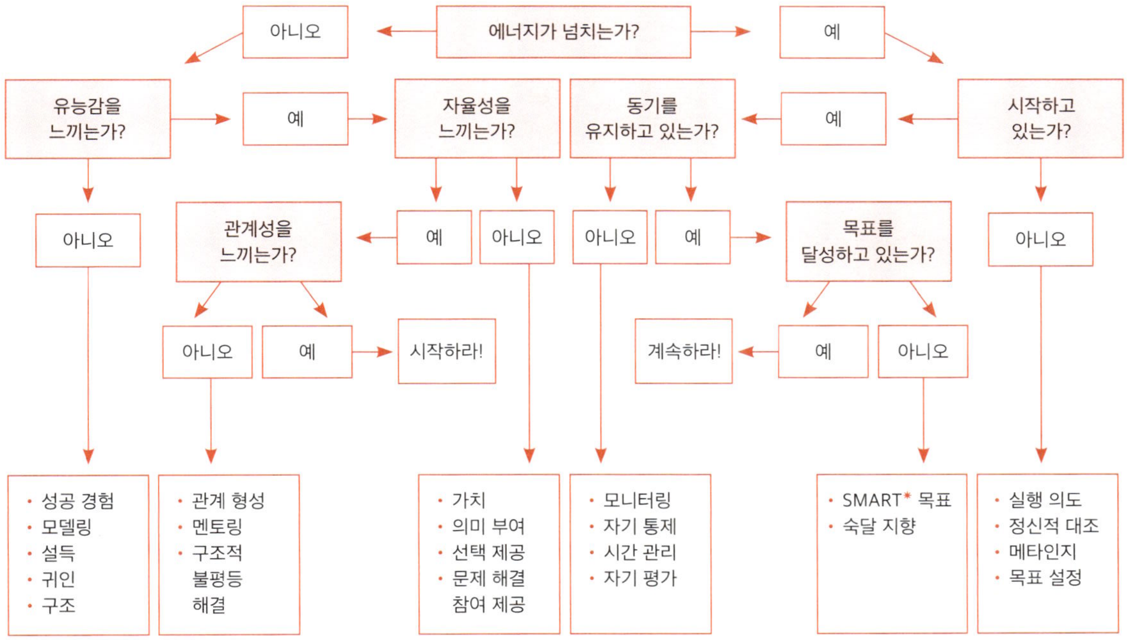

*   SMART = 구체적Specific, 측정 가능Measurable, 달성 가능Achievable, 현실적Realistic, 시간 제한Time-bound

우선 자신이나 타인이 의욕을 느끼고 있는지부터 시작한다. 앞에서 동기를 우리가 느끼거나 발휘하는 에너지의 수준, 에너지가 향하는 방향으로 정의한 것을 기억할 것이다. 따라서 첫 번째로 과제를 수행할 에너지를 느끼고 있는지 질문해야 한다. 답변이 "예"인지 "아니오"인지에 따라 흐름도에서 진행 방향이 달라진다.

만약 목표 지향적인 행동에 참여할 에너지가 넘친다면, 다음으로 "시작하고 있는가?"라는 질문을 해야 한다. 만약 시작하고 있지 않다면 앞에서 배운 실행 의도, 정신적 대조, 메타인지, 목표 설정 전략을 활용하면 도움이 될 것이다. 이 전략들은 에너지를 행동으로 전환하고 목표를 향해 나아가도록 돕는다.

"시작하고 있는가?"라는 질문에 "예"라고 답했다면 그다음으로 "동기를 유지하고 있는가?"라는 질문을 한다. 답이 "아니오"이고 에너지가 넘치지만 동기 유지에 어려움을 겪고 있다면 모니터링, 자기 통제, 시간 관리, 자기 평가 같은 자기 조절 전략을 사용하는 것을 추천한다.

"동기를 유지하고 있는가?"라는 질문에 "예"라고 답했다면 그다음에는 실제로 목표를 달성하고 있는지 자문한다. 만약 "아니오"라면 SMART 목표와 숙달 지향 목표 설정 전략을 활용하는 것이 좋다.

마지막으로 "목표를 달성하고 있는가?"라는 질문에 "예"라고 답했다면 당신은 올바른 방향으로 가고 있다. 계속 지금처럼 하면 된다!

그러나 "에너지가 넘치는가?"라는 질문에 "아니오"라고 답했다면 어떻게 될까? 그렇다면은 두 가지 경로 중 더 도전적인 경로에 해당한다. 이 경우는 행동할 에너지가 부족한 이유를 알아내는 것이 목표가 되어야 한다. 첫 번째로 자문해야 하는 것은 "유능함을 느끼는가?"라는 질문이다. 만약 이 질문에 "아니오"라고 답한다면 자기 효능감을 높이기 위한 전략을 사용할 수 있다. 성공 경험 떠올리기, 멘토를 찾아 성공 모델로 삼기, 성공에 대한 자신감을 키울 수 있는 피드백과 설득 찾기, 실패와 성공의 이유를 건강하게 귀인하기, 작업에 구조 추가하기 등이 포함된다.

"유능감을 느끼는가?"라는 질문에 "예"라고 답했다면, 다음에는 "자율성을 느끼는가?"라는 질문으로 넘어가야 한다. 행동이 스스로의 선택에 의한 것처럼 느껴지고 그것을 수행하는 데 어느 정도 선택권이 있다고 느끼는가, 아니면 반대로 강요나 압박을 받고 있다고 느끼는가? 만약 선택권을 느끼지 못한다고 답했다면, 인지된 자율성을 높이기 위한 전략을 사용할 수 있다. 예를 들어 활동의 가치나 의미를 생각해보거나, 작업을 완료하는 방법에 몇 가지 선택지를 부여하거나, 압박감을 줄이는 방법을 생각해볼 수 있다.

하지만 자율성을 느낀다고 답했다면, 다음으로 자신이 속한 환경에 관계성이나 소속감을 느끼는지 생각해보아야 한다. 만약 다른 사람들과 연결되어 있거나 소속되어 있다는 느낌을 받지 못한다면, 행동에 다른 사람들을 포함시키는 방법을 생각하거나, 멘토를 찾아보거나, 구조적인 불평등이 방해가 되고 있지 않은지를 고려할 수 있다.

관계성을 느낀다고 답했다면, 동기의 필수적인 요소들을 대부분 지니고 있는 것이므로 바로 시작해보는 것을 추천한다!

이 흐름도는 이 책에서 다룬 모든 원칙과 전략을 포함하고 있지는 않다. 또한 단일 차트로 동기의 모든 복잡성을 담아낼 수는 없다(이를테면 자율성과 관계성이 동시에 부족하다고 느끼는 경우도 있을 수 있다). 하지만 동기 문제를 해결하고 자신과 타인의 동기를 높이는 데 유용한 도구로 활용할 수 있다. 다음에 나오는 예시를 통해 흐름도를 직접 활용하는 연습을 해보자. 그리고 배운 내용을 실전에 적용해보자.

예시 1 이직을 하려는 친구에게

당신의 친구가 유명 투자 회사의 금융 상담가로 일하게 되었다. 그녀는 이 일에 대해 매우 큰 기대를 품고 있다. 사실 금융 전공이 아니라 마케팅 전공인 그녀에게 완벽하게 맞는 직무는 아니지만, 친구는 "마케팅과 금융이 다르면 얼마나 다르겠어?"라며 이 변화에 성공적으로 적응할 수 있을 것이라고 생각했다. 몇 주가 지난 후 그녀는 에너지가 완전히 고갈되었다. 업무를 3~4시간만에 처리하고, 나머지 근무 시간 동안 몰래 다른 곳에 이력서를 내고 있었다. 당신이 직장에서 일이 잘 안 풀리고 있느냐고 묻자 그녀는 이렇게 대답했다. "일을 어떻게 해야 하는 건지 전혀 모르겠어! 난 금융 상담가가 아니야. 이건 내게 맞는 직업이 아니야." 그녀는 곧 새로운 직장을 구하기를 바라고 있다. 그게 어려우면 차라리 바로 직장을 그만둬버리고 대학 졸업 전처럼 식당에서 일하는 편이 나을지도 모른다고 느낀다.

흐름도의 첫 번째 질문은 에너지가 넘치는지 묻는 것이다. 친구는 직장을 그만두려고 하며, 에너지가 완전히 고갈된 상태라고 언급되어 있다. 따라서 "에너지가 넘치는가?"에 대한 대답은 "아니오"이고, 흐름도의 다음 질문으로 넘어간다. 유능감을 느끼는가? "난 금융 상담가가 아니야"나 "일을 어떻게 해야 하는 건지 전혀 모르겠어"와 같은 발언에서 단서를 찾을 수 있다. 이런 말들은 유능감 질문의 답이 "아니오"라는 것을 알려준다. 그러면 흐름도에서 유능감을 높이기 위한 몇 가지 해결책으로 넘어간다.

“나는 금융 상담가가 아니야”라는 말은 그녀가 진전의 부재를 자신의 능력 부족 때문으로 귀인하고 있다는 신호다. 즉, 그녀는 업무 진척이 없는 이유가 금융 상담가로서 필요한 능력을 갖추지 못했기 때문이라고 생각한다. 이러한 귀인은 건강하지 않은 귀인이다. 특히 실패의 원인을 능력 부족으로 귀인하는 것은 동기를 저하시킬 수 있다. 능력 귀인은 성공을 자신의 통제 밖에 있다고 느끼게 만들며, 우리의 동기는 성공 여부를 통제할 수 없다고 느낄 때 급격히 떨어진다.

해결책으로는 그녀가 귀인을 자신의 통제 내에 있는 것으로 바꾸도록 돕는 것이 있다. ‘노력’은 그녀가 통제하고 변화시킬 수 있는 것이다. 따라서 연습을 통해 누구나 직무를 익힐 수 있다는 것을 상기시키는 것이 해결책이다. 만약 동료에게 도움을 요청하고 노력한다면 그녀는 업무의 세부 사항을 익힐 수 있고 동기도 점점 증가할 것이다.

한편 그녀는 “일을 어떻게 해야 하는 건지 전혀 모르겠다”라고 말한다. 이것은 그녀가 금융 상담가의 업무를 할 수 없다고 믿고 있다는 신호다. 자신의 능력을 과소평가하고 있을 가능성이 있다. 더 구체적으로 친구는 자신의 능력과 자신감을 일치시키는 데 어려움을 겪고 있다. 자신이 이 일을 해낼 능력이 없다고 생각하지만, 실제로는 이 업무를 배우고 수행할 충분한 능력이 있다. 애초에 회사에 채용된 이유도 그것이다. 자신이 성공할 수 없다는 생각은 동기를 파괴한다.

낮은 자기 효능감을 해결하는 방법에는 여러 가지가 있다. 친구에게 과거 성공 경험을 상기해주는 것도 방법이다. 예를 들어 대학에 처음 입학했을 때 그녀는 마케팅 분야에 대해 아무것도 몰랐지만 공부를 통해 배웠고 수업에서 좋은 성적을 거두었다. 연습을 하면 거의 모든 직업을 숙달할 수 있고 시간이 지날수록 점점 나아질 것이라는 사실을 깨달아야 한다.

(예시 2) 도무지 운동할 시간이 없다는 당신에게

:

당신은 새해에는 좀 더 건강해지고 싶어서 실내 운동용 자전거 펠로톤 바이크를 샀다. 이 기계는 정말 멋지다. 다양한 설정과 운동 프로그램이 장착되어 있다. 한 2주 동안은 정말 열심히 탔다. 그런데 최근에는 야근과 같은 방해물이 꼭 생긴다. 매일 펠로톤을 타고 있는 자신의 모습을 상상하지만, 다른 할 일을 다 끝내고 나면 하루가 끝나버려서 운동할 시간이 좀처럼 없다. 당신은 "난 건강해지고 싶어. 운동할 시간이 언젠가 생기겠지, 뭐"라고 생각하고 있다.

우선 당신은 더 이상 펠로톤을 사용하지 않고 있다. 하지만 사용하고 싶은 마음은 굴뚝 같다. 따라서 당신은 자전거를 타고 싶어 한다는 점에서 흐름도의 첫 번째 질문인 "에너지가 넘치는가?"에 "예"라고 대답할 수 있다. 흐름도의 다음 질문은 "시작하고 있는가?"다. 답은 "아니오"다. 여기에 대한 해결책은 실행 의도와 정신적 대조다.

당신은 운동으로 건강해진 몸을 상상하고 있다. 하지만 단순히 상상하는 것만으로는 성공에 도달할 수 없다. 대신 과정을 시각화하고 이를 위한 계획을 세워야 한다. 이때 사용할 만한 전략이 정신적 대조와 실행 의도 사용이다. 현재 상황, 즉 운동 루틴을 유지하지 못하는 상태를 생각해보라. 그리고 당신이 도달하고 싶은 목표, 즉 펠로톤 자전거로 일주일에 5일씩 운동하는 모습을 상상한다. 그런 다음, 그 목표에 도달하지 못하게 방해하는 장애물이 무엇인지 생각해보라. 예를 들어 자전거가 지하실 옷방에 보관되어 있다면, 꺼내고 세팅하는 것이 아주 번거로운 과정일 수 있다. 자전거를 옷방에서 꺼내 침실로 옮겨 월요일부터 금요일까지 바로 사용할 수 있도록 준비해둔다면 자전거를 사용하는 어려움을 줄일 수 있다.

정신적 대조를 사용하고 환경에서 장애물을 제거한 후에는 실행 의도를 설정해야 한다. 이는 목표를 달성하도록 도와주는 매우 구체적인 계획으로 '언제, 어디서, 어떻게'를 포함한다.

그다음 "만약 ~하면 ~할 것이다" 형식의 문장을 만든다. 이 경우에는 다음과 같은 문장을 만들 수 있다. "만약 오후 6시가 되면 나는 운동을 할 것이다", "만약 방에 들어가면 나는 펠로톤을 탈 것이다", "만약 자전거에 타면 나는 30분짜리 운동을 할 것이다." 이 실행 의도를 거실에 있는 화이트보드에 적어두어 계획을 상기시킬 수도 있다.

흐름도의 또 다른 경로도 있을 것이다. 당신이 펠로톤을 몇 번 탄 경험이 있기에 "시작하고 있는가?"라는 질문에 "예"라고 대답하게 되는 경우다. 이 경우에는 흐름도의 다음 단계인 "동기를 유지하고 있는가?"라는 질문으로 넘어간다. 당신은 자전거를 가끔 타지만 꾸준히는 하지 못하고 있다. 따라서 이 질문의 답은 "아니오"이고 흐름도가 제시하는 해결책은 자기 조절이다. 당신은 동기가 강한 것처럼 보이지만 목표를 달성하지는 못하고 있다. 동기만으로는 성공할 수 없다. 현재 당신은 목표를 달성하기 위한 전략이 없으므로 하루 종일 기다리거나 다른 일들을 하고 있다. 동기를 유지하지 못하는 이유는 미루는 습관 때문일 수 있다. 계획을 세우고, 실행하고 자신의 성과를 되돌아본 뒤 필요하면 계획을 수정하는 과정을 거친다. 예를 들어 밤늦게까지 미루다가 운동할 시간이 없어진다면 시간을 효율적으로 관리할 수 있는 전략을 사용해 운동 시간을 확보한다. 퇴근 후에 무엇을 하는지 기록하라. 정해진 일정이 있다면 일정을 관리하는 방법을 고민하고 일정에 운동을 집어넣어 더 효율적인 루틴을 설계하라. 이후에는 새로 설계한 루틴을 관찰하고 그 효과를 평가하며 필요할 경우 조정을 한다.

예시 3 집안일을 귀찮아하는 딸에게

：

당신의 딸은 집안일을 전혀 하려 하지 않는다. 여러 방법을 시도해보았다. 집안일을 하면 용돈을 주겠다고 제안했지만 이 방법은 오래가지 못했다. 벌을 주는 방법도 시도했다. 하지만 영원히 외출 금지를 시킬 수도 없는 노릇이다. 마지막으로 누가 매일 더 빨리 집안일을 끝내는지 자매끼리 경쟁을 붙여보았지만 이것도 효과가 없었다. 딸은 예전에는 집안일을 잘했는데, 왜 변한 것일까? 이제는 왜 도와주려 하지 않는 것일까? 자신의 집에 자부심을 느끼지 못하는 것일까? 좀 더 깊이 이해하기 위해 딸과 대화를 나누어보니 딸은 이렇게 말한다. "해야 하는 집안일이 마음에 들지 않아." 설상가상으로 그동안 자매 간의 경쟁이 항상 싸움으로 이어져 서로 사이도 나빠졌다.

딸은 예전에는 집안일을 했지만 이제는 하지 않고 있다. 중단한 이유가 무엇일까? 딸에게 집안일을 시작할 만큼 "에너지가 넘치는지" 생각해보자. 답변이 "예"라면 다음 질문으로 넘어간다. 딸이 유능감을 느끼는가? 딸은 집안일을 할 줄 안다고 말한다. 그렇다면 다음 질문은 딸이 "자율성을 느끼는가"이다. 딸은 집안일을 하는 것이 싫고 강요받는다고 느낀다고 말한다. 이는 딸이 집안일을 하는 것에 대하여 자율성을 느끼지 못한다는 것을 의미한다.

보상과 처벌은 딸이 집안일을 하도록 강요하기 위한 방법으로 사용되고 있다. 하지만 보상 시스템은 오히려 동기를 약화시킬 수 있다. 그렇다면 왜 보상과 처벌이 딸의 동기를 저해할까? 자기결정이론에 따르면 동기의 근본에는 유능감, 자율성, 관계성이라는 세 가지 욕구가 있다. "해야 하는 집안일이 마음에 들지 않아"라는 딸의 말을 참고하면 보상과 처벌이 집안일에 대한 자율성의 욕구를 빼앗아간 것이다.

이 문제를 해결하려면 먼저, 보상과 처벌 시스템을 완화해야 한다. 보상은 장기적으로 동기를 촉진하는 데 그다지 효과적이지 않으며, 처벌은 처벌자인 당신에게 부정적인 감정을 유발할 수 있다. 흐름도를 보면 자율성을 느끼지 못한다는 답변에 대해 몇 가지 해결책이 제안된다. 딸의 자율성을 높이기 위해 약간의 선택권을 추가하고 공동 문제 해결 방식을 사용할 수 있다. 그 예로 딸과 함께 5~10가지 집안일 목록을 만들어 딸이 그중에서 직접 세 가지를 선택하고 매일 완료하도록 하는 것이 있다. 집안일을 하루 중 언제 할지 스스로 선택하게 할 수도 있다. 하지만 이러한 전략만으로는 집안일을 재미있게 만들지는 못할 것이다. 따라서 왜 집안일을 해야 하는지에 대한 이야기를 나누는 것도 중요하다. "우리는 가족이고 서로 도와야 해"라고 말하거나 집안일이 완료되지 않으면 어떻게 될지에 대한 정보를 제공할 수도 있다.

딸의 동기가 부족한 또 다른 원인으로 가능성이 있는 것은 자매 간의 경쟁이다. 경쟁은 자매 간의 다툼을 유발하고 나아가 관계까지 해치고 있다. 관계성 부족이 딸의 동기를 저해하고 있을 수 있다.

해결책으로 딸들이 경쟁하지 않고 함께 집안일을 하도록 만드는 방법을 고려해보자. 예를 들어 딸들에게 혼자 하는 집안일을 각각 두 가지씩 맡기고, 한 가지는 함께하도록 하는 것이다. 경쟁 대신 협력할 기회를 주는 것이다. 집안일에서 경쟁적인 요소를 제거하면 "이겨야 한다"라는 압박감이 줄어들고 긍정적인 관계를 형성하는 데도 도움이 된다. 이는 집안일을 완료하려는 동기를 분명히 증가시킬 것이다.

(예시 4) 공부를 하고 싶은 의욕이 없는 학생에게

한 고등학교 학생 중 하나가 영어 수업에 참여하지 않으려고 한다. 교사는 여러 가지 전략을 시도했지만, 그 학생을 수업 활동에 참여시키는 데 실패했다. 심지어 교사는 자유가 동기를 유발할 것이라는 기대로 학생에게 완전한 자유를 부여하기까지 했는데, 학생은 하루 종일 책상에 앉아 그림만 그리고 있다. 교사는 왜 이런 일이 벌어지는지 질문받았을 때 "그 아이는 동기가 부족한 학생일 뿐이에요. 적어도 수업을 방해하진 않잖아요"라고 대답했다.

교사가 학생과 대화해보니 학생은 수업이 재미없고 영어를 배울 필요성을 느끼지 못한다고 말한다. 매일 무엇을 해야 하는지 모르겠고 무슨 과제를 해야 하는지 확신이 서지 않는다고도 한다.

이 학생은 단순히 동기가 없는 것처럼 보인다. 과연 그럴까? 학생은 에너지가 넘치지 않으니 유능감 질문으로 넘어간다. 학생은 매일 무엇을 해야 하는지 잘 모르겠다고 말하므로, 유능감이 부족하다는 신호일 수 있다. 여기서 주목해야 할 점은 교사가 학생에게 많은 자유를 제공하고 있다는 것이다. 보통은 자유가 동기를 촉진할 것이라고 생각하지만 이 경우에는 오히려 동기를 약화시키고 있다.

완전한 자유는 오히려 압도감을 줄 수 있으며 이는 동기를 약화시키는 결과를 가져올 수 있다. 이 학생은 무엇을 해야 할지에 대한 명확한 기대치를 지니고 있지 않다. 어떤 기대를 충족해야 하는지 모르고, 무엇을 해야 성공할 수 있는지도 모른다. 이는 유능감에 부정적인 영향을 미친다.

이 문제를 해결하기 위해 교사는 수업과 활동에 더 많은 구조를 제공해야 한다. 규칙, 절차 그리고 수업 중 행동에 대한 기대치를 설정하는 것이다. 여기에는 각각의 활동에 참여하는 것이 포함될 수 있다. 과제에 대한 상세한 설명과 기준을 제공할 수 있다. 또한 교사는 학생에게 과제에 대한 선택권을 제공해서 자율성을 지원하는 방식으로 구조를 만들 수도 있다. 예를 들어 학생이 과제를 마치는 여러 가지 방법 중에서 한 가지를 선택하도록 하는 것이다. 구조는 동기부여에 매우 중요하며 이러한 조치를 취하면 학생이 수업에서 성공하기 위해 무엇을 해야 하는지 이해할 수 있어 유능감이 향상되고 결국 동기도 증가한다.

교사가 구조를 제공해서 유능감을 높여줬는데도 학생이 동기를 유지하는 데 계속 어려움을 겪는다면 다시 동기 흐름도로 돌아가야 한다. 흐름도에서 유능감 다음 질문은 자율성을 느끼고 있는지에 관한 것이다. 교사는 유능감을 해결하기 위한 전략으로 선택권을 제공했다. 그러나 학생이 수업 내용에 흥미를 느끼지 않거나 그 의미를 이해하지 못하는 것처럼 보인다. 학생들이 수업에 흥미를 느끼지 못하는 이유는 배우고 있는 내용이 자신이 좋아하는 것과 관련이 없기 때문인 경우가 많다. 이 학생은 수업 내용에 흥미를 느끼지 않아서 수업에 대한 선택권도 느끼지 못한다.

학생의 흥미를 수업 내용에 반영하는 방법을 택해보라. 관련성을 느낀 학생은 배우는 내용에 더 많은 관심을 갖게 되고 이는 자율성 향상에 기여할 것이다. 학생이 무엇을 좋아하는지 또는 취미가 무엇인지 알아보는 방법도 있다. 만약 물어본 결과, 학생이 록 음악을 매우 좋아한다는 것을 알게 되었다면, 교사는 학생이 좋아하는 노래의 가사를 찾아보고 그 가사를 분석하는 활동을 통해 영어를 가르칠 수 있다.

자, 이제 동기부여 흐름도를 사용하는 연습을 모두 마쳤으니 자신과 타인의 동기를 끌어올리는 데 실제로 활용할 준비가 되었다. 친구, 가족, 동료, 학생 또는 직원이 동기가 부족하거나 목표를 달성하지 못하고 있을 때 이 책을 참고하라. 목표를 달성할 수 없을 것처럼 느껴질 때도 언제든 각 장의 내용과 흐름도로 돌아가자. 동기부여의 과학을 활용하면 자신과 타인의 꿈을 현실로 만들 수 있다.

우리가 동기부여에 어려움을 겪는 이유

여기서는 사람들이 동기부여에 대해 배우는 과정에서 자주 궁금해하는 몇 가지 질문을 깊이 살펴볼 것이다.

왜 하나의 동기 이론으로 통합하지 못할까?

'들어가며'에서 일곱 가지 동기 이론을 표로 정리해서 보여주었다. 동기 이론을 다룰 때 "왜 이렇게 많은 동기 이론이 존재하는가?" 또는 "왜 동기 과학자들은 각 이론의 개념을 통합한 단 하나의 동기 이론을 만들지 않는가?"라는 질문이 자주 제기된다. 이 질문은 복잡한 문제라서 답하기가 쉽지 않다. 이론들이 통합되지 않은 데에는 몇 가지 이유가 있다.

첫째, 각 이론은 동기를 가장 잘 예측하는 요소에 대해 서로 다른 관점을 제시한다. 예를 들어 자기결정이론은 욕구가 동기를 부여하며 욕구가 충족되면 동기가 최적 상태에 도달한다고 본다. 반면 기대-가치 이론은 사람들이 어떤 과제를 얼마나 가치 있다고 느끼는지와 그 과제를 성공적으로 수행할 수 있다는 자신감이 동기에 영향을 미친다고 제안한다. 이처럼 각각의 동기 이론은 동기에 가장 큰 영향을 미치는 핵심 요소, 즉 활성 성분에 대한 관점이 저마다 다르다. 이 때문에 이론들을 하나로 통합하기가 쉽지 않다.

동기 이론들이 서로 다른 개념을 포함하는 또 다른 이유는 인간 행동에 대한 가정을 서로 다르게 하기 때문이다. 이 차이는 동기 이론이 보다 근본적인 인간 행동 이론에서 출발했기 때문에 발생한다. 예를 들어 어떤 이론은 인지주의에서 출발하고, 또 어떤 이론은 행동주의에서 기원을 찾을 수 있다. 한 예로 행동주의자들은 인간 행동이 강화(보상)나 처벌에 의해 통제된다고 주장하는 반면, 인지주의자들은 인간 행동이 생각과 믿음에 의해 움직인다고 본다.[1] 이러한 차이 때문에 이론을 통합하기가 어렵다. 인간 행동에 대한 기본 가정이 너무 달라서 동기 과정 또한 각 이론에서 다르게 보일 수밖에 없다.

많은 동기 이론이 존재하는 또 다른 이유는 각 이론이 서로 다른 현상을 설명하기 위해 고안되었기 때문이다. 일부 이론은 성취 동기를 설명하고(예: 기대-가치 이론), 여러 가지 행동을 다루는 더 광범위한 이론들도 있다(예: 자기결정 이론). 또 어떤 이론은 자기 효능감 이론처럼 특정한 행동 유형에 초점을 맞춘다. 따라서 이 책에서는 각 신화를 논의할 때 가장 연관성이 크고 유용한 이론과 그 이론에서 나온 증거를 활용해 신화를 깨부수고, 최적의 동기를 위한 가장 효과적인 전략을 추천했다.

결론적으로 이 책에서 다양한 동기 이론을 설명하는 이유는 동기에 대한 더 폭넓고 깊이 있는 이해를 위해서다. 각 이론은 동기가 어떻게 작동하는지에 대해 독특한 통찰을 제공하고 동기를 이해하는 데 유용한 관점을 더한다. 개별 동기 이론들은 저마다 우리가 동기를 강화하기 위해 활용할 수 있는 구체적인 활성 성분을 제공한다. 동기에 영향을 미치는 활성 성분이 복잡할 정도로 많다. 왜 이렇게 많은 것일까?

동기는 왜 이렇게 복잡할까?

필자들이 동기에 대한 세미나를 진행할 때 학생들이 종종 이렇게 묻는다. "왜 동기에 대해 한 학기 동안 배워야 하죠? 동기는 있거나 없거나 둘 중 하나 아닌가요? 한 학기 동안 배울 내용이 도대체 뭐가 있나요?" 학생들은 동기가 단순한 것이 아니라 많은 요인에 의해 영향을 받는 과정이라는 사실을 알게 되면 놀라워한다. 매주 수업에서 동기에 영향을 미치는 요인에 대해 논의하다 보면 학생들은 동기가 얼마나 복잡한지 깨닫기 시작하는 것이다.

동기는 많은 요인들로 이루어져 있다. 자신감, 선택권이나 통제감, 소속감, 가치, 흥미, 감정, 목표 그리고 성공과 실패의 원인을 어떻게 해석하느냐는 모두 동기에 영향을 미치는 수많은 요인 중 일부에 불과하다. 여러 요인이 각각 지속적으로 작용하면서 끊임없이 동기에 영향을 미친다. 예를 들어 특정 과제에서 성공할 수 있다는 자신감이 있다면 그 과제에 참여하려는 동기가 더 높아질 것이다. 학습 환경에서 동료나 교사와 잘 지내고 소속감을 느낀다면 역시나 동기가 올라갈 수 있다. 반대로 학습 내용과 관련된 부정적인 감정을 지니고 있다면 동기가 약해질 것이다. 결론적으로 동기의 강도와 질은 여러 가지 요인에 끊임없이 영향을 받는다.

동기가 이렇게 복잡한 이유는 활성 성분의 양뿐만 아니라 동기에 영향을 미치는 활성 성분이 끊임없이 변하기 때문이다. 즉, 동기에 영향을 미치는 요인들은 거의 항상 변하며 일정하게 유지되는 경우는 매우 드물다. 예를 들어 성공할 수 있다는 자신감은 끊임없이 변하며 이는 전체적인 노력과 끈기, 즉 동기에 큰 영향을 미친다.

자신감 또한 여러 요인에 영향을 받는다. 과거의 성공 및 실패, 다른 사람들이 성공하거나 실패하는 모습을 지켜보는 것, 사회적 설득과 피드백, 자신의 태도 등이 그것이다. 대학생이 시험을 본다고 해보자.

시험을 보기 위해 자리에 앉았을 때 열심히 공부했기 때문에 자신감이 높아지고, 그로 인해 동기가 강해질 수 있다. 그런데 누군가가 "이 교수님의 시험은 엄청 어렵기로 유명하다"라고 말한다. 이 말을 듣는 순간, 불안해지고 자신감이 떨어지고 동기도 감소할 것이다. 바로 그때, 교수님이 지나가며 당신에게 이렇게 말한다. "수업에서 정말 잘하고 있어요. 훌륭해요!" 이 긍정적인 피드백은 자신감을 높여주고 그 결과로 동기도 커진다. 그러나 같은 수업을 듣는 친구가 늘 성적이 좋은데도 불안해하는 모습이 보인다. 덩달아 불안해져서 다시 자신감이 떨어지고 동기도 감소한다. 설상가상으로 갑자기 에어컨이 켜져 강의실이 추워지고 몸이 떨린다. 환경 변화가 당신의 자신감을 떨어뜨린다. 마침내 교수님이 시험지를 나눠준다. 시험지를 받자마자 당신은 재빨리 재킷을 입고 깊게 숨을 들이마시며 마음을 가다듬는다. 첫 번째 문제를 보고 답을 바로 알아차린다. 두 번째 문제도 마찬가지다. 이 초기의 성공 경험은 당신의 자신감을 높여주고 의욕을 샘솟게 한다. 이 사례에서 동기는 마치 롤러코스터를 타는 것처럼 오르락내리락했다. 놀랍게도 이 모든 것이 단 10분 안에 일어난 일이다!

게다가 이러한 요인들이 항상 서로 역동적으로 상호작용하고 있어서 동기를 더욱 복잡하게 만든다. 즉, 하나의 요인이 다른 요인에 영향을 미치고, 이것이 다시 동기에 영향을 준다. 예를 들어 한 학생이 처음에는 특정 과제에 대해 높은 자신감을 지니고 있다고 하자. 그러나 수업 첫날, 해당 수업에 아는 친구가 한 명도 없다는 사실을 깨닫는다. 친구가 없다는 사실이 그 학생의 소속감을 떨어뜨린다. 소속감이 낮아지면 학생은 자신이 그 수업을 성공적으로 잘 헤쳐 나갈 수 있을 것이라는 자신감을 잃게 될 수 있다.

나아가 이 모든 요인은 사회적, 역사적, 문화적 맥락 속에서 발생한다. 이는 개인의 과거 경험과 문화가 환경에 끊임없이 영향을 미치며, 동시에 환경으로부터 영향을 받고 있다는 것을 의미한다.[2] 이러한 맥락은 이미 복잡한 동기에 또 다른 복잡성을 추가한다. 예를 들어 흑인 중학생은 교사에게 같은 반의 백인 동급생들과 다른 대우를 받을 수 있다. 교사가 무의식적으로 흑인 학생에게 질문을 더 자주 하거나, 반대로 덜 할 가능성이 있다. 그 학생이 학급에서 유일한 유색인종일 경우 이로 인해 소속감이 낮아질 수 있다. 만약 백인 교사가 자신의 고유한 문화적 경험을 바탕으로 수업을 진행한다면 그 방식이 흑인 학생의 문화적 배경과는 일치하지 않을 수 있다. 이러한 차이는 흑인 학생에게 불리한 상황을 만들어낸다. 즉, 환경 요인은 동기가 오르락내리락하게 하는 이유에 또 다른 복잡성을 더한다.

이처럼 동기가 복잡한 이유를 떠올리면 동기를 관리하는 것이 불가능하게 느껴질 수도 있다. 그러나 동기의 복잡한 본질과 각각의 요인들을 이해함으로써 더 잘 관리할 수 있다.

예를 들어 책 쓰기라는 목표가 있다고 해보자. 그런데 직장 업무, 자녀들의 방과 후 활동, 저녁 준비 그리고 글 좀 써보려고 할 때마다 항상 우리를 기다리고 있는 것 같은 빨래까지 해야 할 일이 너무 많다. 서로 경쟁하고 충돌하는 삶의 의무들에 치여서 끊임없는 압박감도 느낀다. 마침내 모든 의무를 끝마친 뒤에는 너무도 중요한 목표인 책 쓰기가 아니라 누워서 쉬거나, 넷플릭스를 보고, 소셜 미디어를 무의미하게 스크롤하며 시간을 보내는 것 같은 일에 더 끌린다. 그렇게 시간을 보내고 나면 하루가 끝나버린다.

바쁜 일상 말고 관심사들의 경쟁도 문제다. 솔직히 말하자면 책을 쓰는 일이 세상에서 가장 재미있는 일은 아니다. 너무나 중요한 목표일지라도 책 쓰기는 고통스러울 수 있다. 많은 생각, 계획, 노력이 필요하니까. 그래서 글 쓰는 것 말고 다른 일들이 더 매력적으로 다가올 수 있다. 예를 들어 가족, 친구들, 동료들이 밖에서 식사하거나 술을 한잔하자고 할 수 있다. 이처럼 여러 가지 관심사가 우선순위를 두고 경쟁하는 상황은, 재미는 덜하지만 중요한 목표를 이루려는 동기를 부족해지게 만드는 매우 현실적이고 흔한 이유다.

동기 부족의 또 다른 이유는 이 책에서 다룬 동기 이론에서 언급된 핵심 요인들, 즉 활성 성분을 지니고 있지 않기 때문이다. 예를 들어 대표적인 이유는 자신감 부족이다. 책을 쓰고 싶지만 과연 할 수 있을까? 과연 사람들이 읽어줄까? 글이 형편없다고 욕먹지는 않을까? 자기 의심이 우리를 가로막는다. 스티븐 킹Stephen King이나 토니 모리슨Toni Morrison 같은 유명 작가들조차도 자신감에 어려움을 겪었다. 다작 작가 톰 울프Tom Wolfe는 작가들이 흔히 겪는 글쓰기의 막힘에 이렇게 말했다. "자신이 할 수 있다고 다른 사람에게 말한 일을 할 수 없다는 두려움, 또는 그 일을 할 가치가 없다는 두려움이 있다."

심지어 우리는 만약 실패했을 때 능력이나 재능 부족이 아닌 다른 이유를 댈 수 있도록 무의식적으로 목표를 달성하려는 시도를 멈추기도 한다. 자존감을 보호하려는 이 전략을 자기불구화라고 한다.[3] 대표적인 예로는 미루기 행동이 있다. 충분한 시간이 있었음에도 마지막 순간까지 시작을 미룬다. 이렇게 하면 목표 지향적인 활동이 실패했을 때 자신의 능력 부족이 아니라 늦게 시작하는 바람에 최선을 다하지 못했기 때문이라고 생각하게 된다.

동기부여에 영향을 미치는 핵심 요인들은 그 밖에도 수없이 많다. 예를 들어 활동의 가치를 느끼지 못해서 동기부여에 어려움을 겪기도 한다. 즉, 어떤 일의 유용성을 느끼지 못하는 것이다. 만약 돈을 벌지 못할 것 같다면 과연 책을 써야 할 이유가 있을까?

책을 쓰는 것이 강제로 느껴질 수도 있다. 출판사가 원래 의도한 주제가 아닌 다른 주제로 책을 쓰라고 강요한다면 우리는 선택권이 없다고 느끼고 출판사가 창작 과정을 통제한다고 생각할 수 있다. 글쓰기 과정에 대해 소속감을 느끼지 못할 수도 있다. 이를테면 "나는 예술적이고 창의적인 작가들과 어울리지 않아"라고 생각하는 것이다. 소속감을 느끼지 못하면 처음부터 동기가 떨어질 수 있다. 한편 책을 쓰고 싶지만 어떻게 시작해야 하는지 모를 수도 있다. 제안서를 어떻게 쓸지, 출판사는 어떻게 찾을지 알고 있는가? 책을 쓰는 것은 개인이 모를 수도 있는 단계가 많이 포함된 어려운 과정이다.

이렇게 복잡하고 해결책도 다양한 동기이기에 동기부여를 시작하고 유지하는 데 어려움을 겪는 것은 당연하다. 게다가 잘못된 지식까지 더해져 있으니 더욱 그러하다. 하지만 이 책을 제대로 활용하면 롤러코스터와 같은 동기를 제어하고 기복을 줄이고 스스로 조작할 수 있게 될 것이다. 이 책이 그 길로 나아가는 데 동반자가 되길 바란다.

고정관념이 탄생하는 과정과 벗어나는 방법

신화는 사회 전반에 널리 퍼져 있다. 우리는 다양한 주제에 대해 완전히 잘못된 믿음을 지니고 있는 경우가 많다. 신화의 내용은 유니콘이 존재한다고 믿는 것처럼 기상천외한 것부터 모든 유전자 변형 식품이 나쁘다는 현실적인 믿음까지(실제로 거의 모든 식품이 유전자 변형을 거쳤으며, 꼭 해롭다고 할 수는 없다) 다양하다. 사람들이 신화를 믿는 이유를 더 깊이 이해하고자 한다면 과학사 연구자 마이클 셔머Michael Shermer의 연구나[1] 칼 세이건Carl Sagan의 연구를[2] 참고해보자.

이 책에서는 신화 중에서도 특히 '심리 신화psychomyths'라고 불리는 특정 범주에 초점을 맞춘다. 심리 신화란 사람들이 학습하는 방식, 사고가 이루어지는 과정 그리고 동기를 얻고 유지하는 방법에 대해 지니고 있는 잘못된 믿음을 의미한다. 심리 신화는 매우 흔하다. 온라인에서 인간의 사고방식에 대해 검색만 해봐도 심리 신화를 사실로 포장해 파는 웹사이트를 쉽게 발견할 수 있다. 이 신화들은 무척 흔하고 많은 사람이 믿고 있어서 그만큼 더 위험하다.

흔한 심리 신화로 모든 인간은 좌뇌형 또는 우뇌형 중 하나에 속한다는 믿음이 있다. 이 신화에 따르면 좌뇌를 많이 사용하는 사람은 분석적이고, 우뇌를 많이 사용하는 사람은 예술적이다. 사람마다 뇌의 한

쪽을 더 많이 사용하며, 이것이 개인의 분석적·예술적 능력과 성격을 결정한다는 것이다. 하지만 이는 완전히 잘못된 이야기다. 모든 인간은 전뇌형이다. 뇌의 모든 부분을 사용한다. 물론 사람마다 예술적 활동이나 분석적 활동을 더 선호할 수는 있다. 하지만 이것이 뇌의 한쪽 부분을 더 많이 사용하기 때문은 아니다. 뇌의 좌우 반구는 각각 고유한 기능을 갖고 있지만, 좌뇌와 우뇌를 연결하는 뇌량이 절단되지 않은 이상 두 반구는 항상 서로 소통하며 우리의 의식을 만들어낸다(궁금하다면 '뇌량 절단'에 대해 검색해보길).

많은 사람들이 믿는 또 다른 심리 신화는 개인마다 고유한 학습 스타일이 있다는 것이다. "나는 시각적 학습자야" 혹은 "나는 듣는 방법으로 더 잘 배워"와 같은 말을 들어본 적 있을 것이다. 과학에 따르면 학습 스타일은 고정관념에 불과하다. 시각적 학습자가 아니라, 시각적으로 배우는 방식을 더 선호할 뿐이다. 사람마다 특정한 학습 방식을 선호할 수는 있지만, 이것이 곧 우리의 뇌가 시각적 정보를 언어적 정보보다 더 잘 처리하도록 설계되었다는 뜻은 아니다. 둘은 별개의 문제다. 과학자들은 사람에 따라 시각적인 학습이나 언어적인 학습을 더 선호할 수는 있지만 뇌가 시각 정보와 언어 정보를 모두 처리할 수 있다는 사실을 발견했다. 실제로 정보를 가능한 한 다양한 방식으로 처리할수록 학습 효과가 더 좋아진다.

최신 과학적 개념에 근거하지 않은 생각이나 믿음을 심리학에서는 오개념misconception이라고 부른다.[3] 오개념은 여러 형태로 나타날 수 있다. 그 예로 완전히 잘못된 신화를 믿을 수도 있다. 혹은 복잡한 개념을 지나치게 단순화해 이해할 수도 있다. 이 두 가지 모두 과학적 이해와 완전히 일치하지 않으므로 오개념으로 간주된다.

확실히 짚고 넘어가자면 오개념은 두 가지 형태를 포함한다. 첫 번째는 처음부터 끝까지 완전히 틀린 개념을 믿는 경우이고, 다른 하나는 일부 진실은 포함되어 있지만 과학적으로 이해된 개념의 복잡성을 간과하고 불완전한 상태의 개념을 믿는 것이다.[4] 이 두 가지는 겉보기에는 다르게 보일 수 있다. 그러나 이 두 가지 오개념 모두 목표 달성에 방해가 되는 행동으로 이어질 수 있다. 심각성의 측면에서 분명히 다르지만 동기와 성과에 미치는 영향을 고려할 때 둘 다 교정이 필수적이다. 따라서 이 책에서는 두 유형의 차이를 인지하면서도 편의를 위해 따로 구분하지 않고 하나로 묶어서 신화로 지칭한다.

신화는 부지불식간에 우리를 잠식한다
:

동기라는 개념도 마찬가지다. 사람들은 동기에 대해 오개념을 지닐 수 있다. 예를 들어 동기를 개인적인 특성으로 여기고, 어떤 사람은 동기가 있고 또 어떤 사람은 동기가 없다고 믿는 것이다. 혹은 보상이 동기를 높인다고 믿는 식으로 동기의 복잡한 측면을 지나치게 단순화할 수도 있다. 이 믿음이 완전히 틀린 것은 아니지만 보상이 동기에 미치는 영향은 훨씬 더 미묘하고 복잡하다. 알다시피 보상이 동기를 높이는 경우도 있지만 어떤 상황에서는 오히려 동기를 손상하고 감소시킬 수 있기 때문이다. 이러한 신화들은 각기 다른 수준의 오개념을 포함하고 있지만 모두가 동기에 부정적인 영향을 미칠 수 있다.

신화를 믿는다고 어리석거나 순진하다는 뜻은 아니다. 사람은 누구나 신화를 믿는다. 살다 보면 누구나 자신의 세계관과 잘 맞아 보이거나 직관적으로 타당하다고 느껴지는 부정확한 정보를 접하게 된다. 특히 심리 신화가 그렇다. 심리 신화는 많은 사람들이 믿으며 개인의 현실과 잘 맞아떨어지는 경우가 많아서 더욱 사실처럼 느껴지고 쉽게 믿게 된다. 예를 들어 우리는 보상이 동기를 높이는 경험을 일상에서 자주 한다. 매달 월급을 받지 못한다면 누가 일하러 가겠는가? 게다가 "보상이 동기를 높인다"라는 신화의 진짜 문제는 그 세부적인 내용에 숨어 있다. 그러니 내재적 동기와 외재적 동기 그리고 단기적 동기와 장기적 동기에 보상이 미치는 복잡 미묘한 영향을 이해하는 과학자가 아닌 이상, 이 단순한 신화를 믿는 것은 어쩌면 자연스러운 일이다. 따라서 이 책에서 다루는 일부 또는 다수의 신화를 믿는다고 자신을 탓할 필요는 없다. 당신에게 문제가 있다는 뜻이 절대 아니니까.

신화는 부지불식간에 우리를 잠식한다. 우리는 동기가 무엇인지 누구나 알고 있다. 동기는 우리가 일상에서 매일 경험하는 것이기 때문이다. 아침에 침대에서 일어나는 것도 동기의 한 형태다. 동기는 분명히 느낄 수 있는 실체적인 것이다. 동기가 생길 때 우리는 그것을 분명히 느낄 수 있다. 이를테면 흥분감을 느끼거나 깊이 집중하게 되거나 어떤 일에 너무 몰입한 나머지 시간 가는 줄 모를 때가 그렇다. 하지만 심리학자들이 동기를 과학적으로 정의하고 측정하는 방법을 실제로 이해하는 사람은 거의 없다. 이렇게 생각할지도 모른다. "매일 동기를 경험하는데, 굳이 흰 가운을 입은 실험실의 연구자들한테 동기부여 방법에 대한 조언을 들을 필요가 있을까?" 매일 동기를 느끼며 살아가고 있는데 굳이 동기에 대한 복잡한 조언을 더구나 과학자에게 듣는 것보다 유튜브에서 동기부여 강연을 보는 게 더 낫지 않냐는 것이다.

그런데 만약 당신이 느끼거나 사람들이 경험하는 동기라는 감정이 실제로는 작동법을 잘못 이해하게 만들고 있다면 어떻게 할 것인가? 당신이 보는 동기부여 영상이 의도치 않게 잘못된 정보를 전달하고 있다면? 사실 우리가 동기에 대해 알고 있다고 생각하는 것의 대부분은 틀렸거나 지나치게 단순화되어 있다. 이런 믿음은 결국 자신과 타인의 동기를 약화시키는 결과를 가져온다.

예를 들어 매일 출근하면서 월급을 기대하고 "이 일을 끝내면 와인 한 잔 마셔야지"라고 스스로에게 약속한다. 2주 동안 매주 5일 운동을 하면 맛있는 피자를 먹는 '치팅 데이'로 자신에게 상을 준다. 우리의 경험은 분명 보상이 효과적이라고 말한다. 하지만 동기 연구는 완전히 다른 이야기를 전해준다. 보상이 오히려 내재적 동기를 완전히 약화시킬 수 있다는 것이다. 연구에 따르면 사람들은 보상에 의존하게 되어 보상이 없으면 그 행동에 참여하지 않으려 할 수 있다.

동기를 잘못 이해하게 만드는 또 다른 예를 살펴보자. 잘못된 정보를 받을 때다. 예를 들어 매달 10달러를 내고 유튜브에서 동기부여 연사의 영상을 구독한다고 해보자. 그는 꿈을 시각화하라고 말한다. 눈을 감고 직장에서 승진하는 모습을 상상하라고 한다. 매일 아침 이것을 반복하면 결국 꿈이 현실이 된다고 말이다.

안타깝게도 그 유튜버는 동기부여 과학자가 아니며 동기가 실제로 어떻게 작용하는지에 대해 잘 알지 못한다. 꿈을 시각화하는 것은 목표를 달성하는 효과적인 전략이 아니다. 게다가 승진처럼 중요한 것을 목표로 할 때면 소중한 시간을 낭비할 가능성까지 있다. 그 동기부여 연사는 아마도 당신을 잘못 이끌려는 의도는 없을 것이다. 단지 동기부여 과학의 미묘하고 복잡한 측면을 이해하지 못하는 것일 뿐. 어쨌든 오개념을 퍼뜨리고 있는 셈이다.

승진을 원한다면 그 목표를 달성하기 위해 어떤 단계를 밟아야 할까? 이를테면 매일 제시간에 출근하고, 회의에서 적극적으로 아이디어를 내고, 리더십 능력을 보여주고, 시키지 않아도 알아서 일을 끝내며, 필요할 때 도움을 구하거나 일을 위임하는 방법을 배워야 할 것이다. 그다음에는 이러한 단계를 달성하기 위한 전략을 세워야 한다. 마지막으로 전략을 실행에 옮기고 효과를 평가한 후 필요하면 수정한다. 이것이 바로 과학적 연구에 따른 자기 조절 과정이며, 성공적인 목표 달성 방법이다.[5] 동기부여의 과학을 이해하면 승진의 목표를 달성할 가능성이 높아진다. 동기부여 강연 구독료 10달러도 아낄 수 있었을 것이다.

틀렸다는 사실은 받아들이기 어렵다
:

우리가 믿는 신화는 변화에 매우 저항적이다. 누군가가 우리가 틀렸다고 단호하게 말할 때 그것만큼 불쾌한 일이 없다. 보통 우리는 그럴 때 본능적인 신체 반응을 보인다. 피부가 붉어지고, 심장이 빠르게 뛰기 시작하고, 이마에 땀이 맺히기도 한다. 그다음에는 화가 나고, 귀 기울이고 배우기보다는 자신의 입장을 고수하며 방어적인 태도를 취하게 된다. 왜 이런 일이 일어날까?

방금 설명한 과정은 인지 부조화라고 불리는 아주 일반적인 반응이다.[6] 우리가 무언가를 매우 확고하게 믿고 있을 때 그와 상반되는 정보를 듣고 자신이 틀릴 수 있다는 사실을 깨닫게 되면 정신적으로 불일치 상태에 빠진다. 이것을 불균형disequilibrium 상태라고 한다. 불균형은 우리가 믿고 있던 것과 새로운 정보가 일치하지 않는다는 것을 어느 정도 인식하는 상태를 의미한다. 이 불일치는 불쾌하게 느껴진다. 우리의 뇌는 생각과 인식이 일치하는 것을 선호한다는 점에서 당연히 불편함을 느낀다. 이것이 바로 인지 부조화이다.

뇌는 인지 부조화를 매우 싫어한다. 우리는 가능한 한 빨리 인지 부조화를 해소하려는 강한 동기를 느낀다. 이 불안한 불균형 상태에서 벗어나 다시 편안한 균형 상태로 돌아가고 싶어 한다. 균형 상태란 우리의 생각과 감정이 일치하는 편안한 상태로 돌아가는 것을 의미한다.

우리가 가진 인식과 일치하지 않는 정보를 만났을 때 인지 부조화의 불균형 상태에서 벗어나려면 두 가지 선택이 있다. 첫 번째는 자신이 알고 있는 정보를 바꾸고 새로운 정보를 익히는 것이다. 두 번째는 현재의 입장을 고수하고 새로운 정보를 거부하는 것이다. 두 가지 방법 모두 인지 부조화를 해소하는 데 도움이 된다. 하지만 보통 두 번째 선택이 더 쉽다. 새 정보를 익히기 위해 기존의 지식을 바꾸는 어려운 과정을 거칠 필요 없이 그저 새로운 정보를 거부하면 되기 때문이다. 지식을 바꾸는 것보다는 그냥 무시하는 것이 더 간편한 방법이니 "모르는 게 약"이라는 말이 맞는 셈이다.

첫 번째 선택지, 즉 기존의 지식을 바꾸는 것은 훨씬 더 어려운 일이다. 인지 부조화를 받아들이고 불균형 상태에서 편안함을 느끼는 법을 배워야 하기 때문이다. 자신이 아는 현실이 완전히 맞지 않다는 사실을 직시해야 한다. 게다가 지식을 바꾸는 정신적으로 힘든 과정까지 거쳐야 한다. 우리의 지식은 서로 연결되어 있기 때문이다. 하나의 정보를 바꾼다고 끝나는 게 아니다. 지식 하나를 바꾸면 그와 연결된 다른 많은 지식도 영향을 받게 된다. 예를 들어 진화론을 받아들인다면 동물이 적응하고 진화한다는 생각만 바꾸는 것이 아니다. 종들이 어떻게 서로 연결되어 있는지, 자연이 생존에 유리한 특성을 어떻게 선택하는지, 퍼그가 한때는 사나운 늑대였다는 개념까지 이해해야 한다.

지식을 바꾸는 어려움 외에도 우리가 기존의 이해와 일치하지 않는 정보를 거부하는 데는 다른 이유도 있다. 그중 하나는 자신의 신념과 깊이 얽혀 있기 때문이다. 특히 정보가 자신에게 도덕적으로 중요한 세계관과 연결될 때 그 경향이 더 강하다. 예를 들어 우리는 정치적이거나 종교적인 관점에 관련된 정보를 강하게 믿는 경향이 있다. 만약 그와 상충되는 정보가 들어오면 정치적 또는 종교적 세계관에 대한 믿음이 강하기 때문에 우리는 새 정보를 거부할 것이다.

실제로 유타 대학교에서 진행된 연구를 살펴보자. 연구진은 종교적으로 독실한 학생들에게 진화론에 대해 가르쳤다.[7] 진화론은 많은 종교적 신념과 직접적으로 충돌한다. 수업이 끝난 후 학생들은 진화론의 사실 정보를 기억할 수 있다고 말했지만, 동시에 그 이론을 신화로 거부했다.

이것은 세계관에 대한 믿음의 강도가 우리가 지식을 바꿀지 말지를 결정하는 데 영향을 끼칠 수 있음을 보여주는 예다. 추수감사절 식탁에서 일어나는 열띤 논쟁을 생각해보라. 모두가 논쟁을 벌이지만 생각을 바꾸는 사람은 한 명도 없다.

지식을 바꾸는 데 방해가 되는 또 다른 요인은 사회적 관계다. 우리는 인간관계를 유지하고 소속감을 느끼고자 하는 동기가 있다. 만약 자신이 속한 집단이 어떤 믿음을 강하게 지니고 있고, 그 신념과 상반되는 정보를 받게 된다면 우리는 그 정보를 아예 거부하려 할 수 있다. 예를 들어 〈비하인드 더 커브_Behind the Curve〉라는 넷플릭스 프로그램이 있다. '평평한 지구론자들Flat Earthers'이라는 집단을 다룬 다큐멘터리다. 평평한 지구론자들은 그 이름이 말해주듯, 지구가 우주에서 돌고 있는 푸른 구체가 아니라 평평한 평면이라고 믿는 사람들이다. 좀 이상하게 들릴지 모르지만 의외로 많은 사람들이 지구가 평평하다고 믿고 있다. 이 집단은 NBA 슈퍼스타 카이리 어빙Kyrie Irving과 힙합 아티스트 B.o.B 같은 유명인들까지 동참시켜 지구의 모양에 의문을 제기하는 집단의 신념을 널리 퍼뜨리고 있다.

〈비하인드 더 커브〉 다큐멘터리에서 그들은 평평한 지구 이론을 입증하려고 실험을 진행하지만 매번 그들의 이론을 뒷받침하는 데 실패한다. 몇 차례 실험에서는 오히려 지구가 둥글다는 결과가 나오기도 한다. 그런데도 그들은 눈앞의 혼란스러운 증거를 무시하고 결국 다시 지구가 평평하다는 주장으로 돌아간다. 스스로 설계하고 진행한 연구 결과가 믿음과 반대되는 증거를 보여주는데 왜 결과를 받아들이지 않는 것일까? 가장 그럴듯한 대답은 소속감의 욕구가 진실을 추구하려는 욕구보다 더 강하기 때문이다. 즉, 그들은 모순되는 데이터와 마주했을 때 진실을 거부하고 자신의 믿음을 고수하는 것이 자신이 속한 사회적 집단을 잃는 것보다 더 낫다고 생각하는 것이다. 우리가 종종 또래 압력의 영향으로 평소와 다른 행동을 하는 것도 그 예다.

잘못된 믿음을 깨부수는 5단계

사람들이 신화를 믿고 있다면 신화에 대한 그들의 지식을 어떻게 바꿀 수 있을까? 이 지식 수정 과정을 과학자들은 '개념 변화'라고 부른다.

개념 변화란 잘못된 생각에서 과학적으로 인정받은 새로운 개념으로 사람들이 지식을 바꾸는 과정을 의미한다. 연구자들은 개념 변화 과정이 위에서 설명한 이유들 때문에 어렵다는 것을 발견했다. 하지만 학습 환경이 효과적으로 설정되면 변화가 일어날 가능성이 높아진다는 사실도 알아냈다. 잘못된 믿음을 깨는 데 필요한 요소들은 다음과 같다.

[1단계] 현재의 믿음(신화)에 대해 불만을 느끼게 한다.

[2단계] 올바른 개념을 이해하기 쉽게 가르친다.

[3단계] 새로운 개념이 그럴듯하게 느껴지도록 한다.

[4단계] 새로운 개념이 어떻게 유익한지 보여준다.

[5단계] 학습이 개인적으로 관련 있고 흥미롭게 느껴지도록 한다.

이 방법을 사용하면 신화를 깰 수 있다. 복잡하게 느껴질 수 있지만 각 요소를 예시와 함께 하나씩 풀어서 과정을 쉽게 설명하겠다.

1단계는 사람들이 잘못 알고 있음을 알려주는 것이다. 이렇게 하면 그들이 지니고 있는 신화에 대한 불만이 생기게 된다. 인지 심리학자 조지 포스너George Posner와 케네스 스트라이크Kenneth Strike는 학습자가 지식을 바꾸려면 먼저 현재의 지식에 불만을 가져야 한다고 했다.[8] 만약 지금 가진 지식에 만족하고 있다면 바꿀 필요가 있을까? 예를 들어 유니콘을 믿는 것이 행복하다면 왜 바꿔야 할까? 사람들에게 틀렸다고 말하는 것 말고도 그들의 지식이 틀렸다는 증거를 제시해야 한다. 사람들은 자신이 틀렸다는 말을 듣고 그에 대한 증거도 제시받으면 불균형 상태에 놓이게 된다. 불편함을 느끼게 되고 인지 부조화를 해소하려는 강한 동기가 생긴다. 이렇게 되면 균형 상태로 돌아가려는 동기로 인해 새로운 정보에 더 열린 마음을 갖게 될 가능성이 크다.

하지만 이것은 사람들의 신화를 깨는 데 있어 가장 어려운 부분 중 하나다. 사람들은 틀렸다는 말을 들으면 보통 방어적인 태도를 보이고 말을 들으려 하지 않으며 현재의 믿음을 고수하고 대화에 참여하려 하지 않는다. 따라서 단순히 틀렸다고 말하는 것으로는 충분하지 않다. 대신 스스로 틀렸다는 결론에 도달하도록 도와주어야 한다. 즉, 그들이 틀렸다는 사실을 보여줘야 한다.

예를 들어보자. 대학에 다니지 않는다는 이유로 부모가 당신의 형제 또는 자매를 동기가 약한 사람이라고 말한다고 해보자. 이때 당신은 형제의 동기가 강하다는 발언을 함으로써 부모의 현재 믿음에 불만을 일으킬 수 있다. 그다음으로 형제가 강한 동기를 보여준 예를 들 수 있다. 저녁 준비를 도왔는가? 책을 읽었는가? 소프트볼 리그에서 활동하는가? 이 질문에 대한 답이 "그렇다"라는 사실을 부모가 깨닫는다면 그때 당신은 형제가 실제로 강한 동기를 지니고 있다는 점을 지적할 수 있다. 모든 사람이 동기를 지니고 있고 형제 역시 마찬가지지만, 형제의 동기가 부모가 생각하는 '생산적인' 일에 사용되지 않을 뿐이라고 말이다.

이 예시에서 당신은 부모에게 그들이 지닌 신념에 반하는 사례들을 제시했다. 이것은 자녀가 동기가 없는 사람이라는 부모의 생각을 돌아보게 만들 수 있다. 가장 중요한 것은 이렇게 함으로써 그들의 믿음에 불만을 일으킬 수 있다는 점이다. 결론적으로 당신의 목표는 부모가 스스로 틀렸음을 직접 경험하게 하는 것이다.

이제 부모는 그들의 믿음에 불만을 느끼게 되었다. 그다음은 무엇일까? 2단계는 기존의 믿음을 새로운 믿음으로 대체할 수 있도록 도와주는 것이다. 올바른 개념을 이해하기 쉽게 가르쳐주어야 한다. 이제 진실을 터뜨릴 기회가 온 것이다. 동기에 대한 증거를 논리적이고 타당하게 느껴지도록 설명해야 한다. 메시지는 명확하고 일관적으로 전달되어야 한다. 이 예시에서 부모는 당신의 형제자매가 동기가 없는 사람이라고 믿고 있으므로 누구나 동기를 지니고 있다는 사실을 부모에게 알려주어야 할 것이다. 모든 사람은 동기의 자원을 지니고 있으며, 여기에 형제자매도 포함된다고 설명한다. 동기가 강하지만 부모가 원하는 대학이라는 방향으로 사용하고 있지 않을 뿐이라고.

3단계에서는 그 개념이 그럴듯하게 들리도록 해야 한다. 즉, 실제로 있을 법한 이야기처럼 느껴져야 한다는 뜻이다. 예를 들어 유니콘의 개념은 아마도 탐험가들이 코뿔소를 발견하면서 생겨났을 가능성이 크다고 할 수 있다. 당시 탐험가들은 코뿔소라는 개념을 갖고 있지 않았기 때문에 그들이 본 새로운 동물을 설명하기 위해 자신들이 이미 알고 있는 개념인 '말'을 사용했을 것이다. 그래서 코뿔소를 '하나의 뿔을 가진 강하고 큰 말'로 묘사했을 것이다. 이 '뿔 달린 말'에 대한 이야기가 사람들의 입을 거쳐 전달되는 과정에서 변형되고 왜곡되어 유니콘 신화가 만들어졌다고 볼 수 있다. 이 이야기는 그럴듯하고 실제로 일어날 법하게 들리므로, 듣는 사람이 쉽게 믿을 가능성이 크다.

이 책과 관련된 예시를 들자면 "모든 사람은 동기가 있다"라는 생각도 많은 사람들의 반대에 부딪힌다. 어떤 사람들은 이것이 동기의 의미를 약화시키고 희석시켜 덜 중요한 것으로 만든다고 생각한다. 하지만 필자들은 그 말에 전혀 동의하지 않는다. "모든 사람은 동기가 있다"라는 말은 오히려 동기부여의 목표 자체를 변화시킨다. 동기가 없는 사람에게 동기를 부여하려고 애쓰는 대신, 이미 지닌 동기를 생산적인 방향으로 돌릴 수 있도록 환경을 설정해주는 데 중점을 맞출 수 있기 때문이다. 대부분 사람이 매일 아침 일어나 하루를 살아간다고 설명하면, 거의 모든 사람이 동기가 있다는 생각은 그럴듯하게 들린다. 당연히 여기에는 아까 예시로 든 당신의 형제도 포함된다. 이렇게 설명하면 부모도 결국 당신의 형제나 자매가 동기를 지니고 있지만, 그 동기를 부모가 생각하는 생산적인 방향으로 쓰지 않고 있을 뿐이라는 사실을 이해할 수 있을 것이다.

네 번째 단계는 새로운 지식을 유익하다고 느끼도록 가르치는 것이다. 신화를 과학적인 지식으로 대체하려면 그 지식이 자신에게 어떤 식으로든 유용하다고 인식해야 한다. 예를 들어 새로운 지식은 친구와 어떤 주제에 대해 지적인 대화를 나누는 데 유용할 수 있다. 시험을 잘 보거나 직장에서 더 나은 성과를 내도록 도와주기도 한다. 어떤 방식으로든 유용하다고 느끼게 되면 사람들은 새로운 정보를 받아들이고 신화에서 벗어나 믿음을 새로운 지식으로 대체할 가능성이 커진다.

부모와 형제의 예시로 돌아가 설명해보면, 동기에 대한 지식이 생기면 형제가 직업적인 목표를 향해 나아갈 수 있도록 도와주는 방법을 떠올릴 수 있을 것이다. 형제의 관심사는 무엇인가? 어떤 일에 흥미를 느끼는가? 미래에 대한 목표가 무엇인가? 소속감을 느끼는가? 강제로 하는 것처럼 느끼는지 아니면 스스로 선택한 것처럼 느끼는가? 시도하면 성공할 수 있다고 믿는가? 이는 모두 부모가 형제의 동기를 촉진하는 데 활용할 수 있는 구체적인 요소들이다.

앞에서 언급한 네 단계는 전통적인 개념 변화 모델이다. 하지만 연구자들은 이 전통적인 모델에 몇 가지 요소가 빠져 있다는 것을 발견했다.[9] 이 모델에는 동기, 감정, 흥미가 빠져 있다. 그래서 마지막 단계인

5단계가 추가되었는데, 이는 새로운 정보가 흥미롭고 동기를 부여해야 한다는 내용이다. 연구에 따르면 가르치는 내용을 사람들의 목표와 흥미에 재미있는 방식으로 연결하면 그들이 지식 변화에 적극적으로 참여할 가능성이 높아진다. 실제로 교육심리학과 교수들인 헤디Heddy와 시나트라Sinatra는, 교사가 진화 개념을 가르칠 때 학생들의 일상생활 경험과 연결하도록 설계한 후 변화를 관찰했다. 그 결과, 학생들은 진화 지식이 개인적으로 관련이 있다고 느낄 때 비교 그룹보다 지식 변화에 더 적극적으로 참여했다.

다시 형제의 동기 예시로 돌아가보자. 만약 형제가 가족을 위해 맛있는 저녁을 요리할 때 보여준 강한 동기가 있다면 형제는 일반 대학에 갈 필요가 있을까? 어쩌면 요리에 관심이 있어서 요리 학교를 선호할지도 모른다. 가족 중에 전문 셰프가 생기면 얼마나 좋은가? 매주 온 가족이 함께하는 저녁 식사가 농장에서 직접 배달 온 재료를 이용한 고급 레스토랑 요리로 바뀔지도 모르는 일이다.

지금까지 동기에 대한 사람들의 잘못된 신화를 깨는 방법을 살펴보았다. 이제 당신에게는 끈질긴 신화를 깨부수고 자신과 주변 사람들의 인생을 바꿀 수 있는 도구가 손에 쥐어졌다.

· 감사의 말 ·

이 책을 쓰는 과정은 무척이나 즐겁고 동기부여가 되는 경험이었다. 특히 두 공동 저자이자 훌륭한 동료인 벤저민 헤디와 프랭크 워렐과 함께 일할 수 있어서 더욱 그러했다. 우선 자기결정이론과 관련 있는 이들에게 감사를 전하고 싶다. 동기부여 연구의 세계로 나를 처음 이끈 리처드 라이언과 에드워드 데시에게 감사드린다. 리처드 라이언은 이 책의 일부를 읽고 유익한 피드백을 주었다. 바쁜 일상에서도 경험을 나누어주고 제목과 표지에 대한 의견을 내고 물심양면으로 도와준 남편과 딸들, 사위 제이 키멜, 레베카 키멜, 앨리 제닝스, 션 제닝스에게 감사한다. 그 외에도 가까운 가족과 친척들이 도움을 주었다. 산책하거나 커피를 마실 때 책 이야기를 들어주고 유익한 의견을 내준 친구들에게도 감사한다. 마지막으로 이 책에 무한한 신뢰를 보내준 스티비 다발과 훌륭한 아이디어를 내주고 편집을 도와준 수잔 허먼을 포함해 미국 심리학회APA 관계자들에게도 감사의 말을 전한다.

_웬디 그롤닉

이 책이 탄생하기까지 많은 이들이 생각에 도움을 주었다. 먼저 훌륭한 공동 저자 웬디 그롤닉과 프랭크 워렐에게 감사를 전한다. 다음으로 동기부여와 개념 변화에 대한 흥미를 자극해 준 게일 시나트라와 케빈 퓨에게 감사한다. 제프 그린, 칼튼 퐁, 안토니오 구티에레스, 데이비드 노먼 등 내용을 검토해준 이들에게도 특별한 감사를 전한다. 내 이야기를 들어주고 글 쓰느라 항상 바쁜 나를 이해해준 아내와 아이들, 앨리슨, 헨드릭스, 브룩, 잭에게도 고맙다. 그리고 나를 대학에 보내준 우리 어머니 모린 트렌트에게도 감사하고 싶다. 만약 대학에 가지 않았다면 이 책을 쓸 수 없었을 테니까. 마지막으로 MOVE 연구소, 학교 및 교육 심리학 연합, 미국심리학회 제15부, 미국 교육 연구 협회의 동기부여 SIG, 국가 교육 및 인지 컨소시엄, 혁신적 교육심리학 학술 협회의 관계자 등 오랜 세월 동안 내가 이 분야의 지식을 쌓을 수 있도록 도와준 모든 이들에게 감사를 전한다. 이 책을 읽어준 독자들에게도 감사하다! 이 책이 모두에게 유용하고 흥미롭기를 바란다.

_벤저민 헤디

개인적으로 나의 동기부여 네트워크에 속한 부모님, 형제자매, 친구들에게 감사드린다. 지금까지 살아오면서 많은 영감을 준 중학교 때 음악 선생님 린디 앤 리치와 그 밖의 많은 선생님, 조언자들, 멘토들, 동료들, 학생들에게도 감사한다. 이 책의 일부를 읽고 피드백을 해준 엔리케 알리, 알프레드 올리비에라, 마리아 풀로프에게도 감사하다. 마지막으로 내 생각을 넓혀주고 함께 즐겁게 일할 수 있도록 해준 공동 저자 웬디 그놀닉과 벤저민 헤디에게 감사의 말을 전한다.

_프랭크 워렐

주석

들어가며

1 Deci, E. L., & Ryan, R. M. (1985). Intrinsic motivation and self-determination in human behavior. Springer. https://doi.org/10.1007/978-1-4899-2271-7

2 Deci, E. L., & Ryan, R. M. (2008). Facilitating optimal motivation and psychological well-being across life's domains. Canadian Psychology, 49(1), 14–23. https://doi.org/10.1037/0708-5591.49.1.14

3 Bandura, A. (2002). Social cognitive theory in cultural context. Applied Psychology: An International Review, 51(2), 269–290. https://doi.org/10.1111/1464-0597.00092

4 Bronfenbrenner, U. (1992). Ecological systems theory. In Making human beings human: Bioecological perspectives on human development(pp. 106–173). Sage Publications.

5 Kim, J., & Kendeou, P. (2021). Knowledge transfer in the context of refutation texts. Contemporary Educational Psychology, 67, Article 102002. https://doi.org/10.1016/j.cedpsych.2021.102002

6 Grolnick, W. S., Heddy, B. C., & Worrell, F. C. (2022). How prevalent are misconceptions about motivation? https://doi.org/10.6084/m9.figshare.

1장

1 Grolnick, W. S., Heddy, B. C., & Worrell, F. C. (2022). How prevalent are misconceptions about motivation? https://doi.org/10.6084/m9.figshare.

2 Weiner, B. (1985). An attributional theory of achievement motivation and emotion. Psychological Review, 92(4), 548–573.
https://doi.org/10.1037/0033-295X.92.4.548

3 Ross, L. (1977). The intuitive psychologist and his shortcomings: Distortions in the attribution process. In L. Berkowitz (Ed.), Advances in experimental social psychology (Vol. 10, pp. 173–220). Academic Press.
https://doi.org/10.1016/S0065-2601(08)60357-3

4 Merton, R. K. (1948). The self-fulfilling prophecy. The Antioch Review, 8(2), 193–210.
https://doi.org/10.2307/4609267

5 Vallerand, R. J. (1997). Toward a hierarchical model of intrinsic and extrinsic motivation. Advances in Experimental Social Psychology (Vol. 29, pp. 271–360). Academic Press.
https://doi.org/10.1016/S0065-2601(08)60019-2

6 Vallerand, R. J. (1997). Toward a hierarchical model of intrinsic and extrinsic motivation. Advances in Experimental Social Psychology (Vol. 29, pp. 271–360). Academic Press.
https://doi.org/10.1016/S0065-2601(08)60019-2

7 Milyavskaya, M., Philippe, F. L., & Koestner, R. (2013). Psychological need satisfaction across levels of experience: Their organization and contribution to general well-being. Journal of Research in Personality, 47(1), 41–51.
https://doi.org/10.1016/j.jrp.2012.10.013

8 Duckworth, A. L., Peterson, C., Matthews, M. D., & Kelly, D. R. (2007). Grit: Perseverance and passion for long-term goals. Journal of Personality and Social Psychology, 92(6), 1087–1101.
https://doi.org/10.1037/0022-3514.92.6.1087

9 Duckworth, A. (2016). Grit: The power of passion and perseverance. Scribner.

10 Morell, M., Yang, J. S., Gladstone, J. R., Turci Faust, L., Ponnock, A. R., Lim, H. J., & Wigfield, A. (2021). Grit: The long and short of it. Journal of Educational Psychology, 113(5), 1038–1058.
https://doi.org/10.1037/edu0000594

11 Cormier, D. L., Dunn, J. G. H., & Causgrove Dunn, J. C. (2019). Examining the domain specificity of grit. Personality and Individual Differences, 139, 349–354.
https://doi.org/10.1016/j.paid.2018.11.026

12 Gorski, P. (2016). Poverty and the ideological imperative: A call to unhook from deficit and grit ideology and to strive for structural ideology in teacher education. Journal of Education for Teaching, 42(4), 378–386. https://doi.org/10.1080/02607476.2016.1215546

13 Parrisius, C., Gaspard, H., Zitzmann, S., Trautwein, U., & Nagengast, B. (2022). The "situative nature" of competence and value beliefs and the predictive power of autonomy support: A multilevel investigation of repeated observations. Journal of Educational Psychology, 114(4), 791–814. https://doi.org/10.1037/edu0000680

14 Tsai, Y.-M., Kunter, M., Ludtke, O., Trautwein, U., & Ryan, R. M. (2008). What makes lessons interesting? The role of situational and individual factors in three school subjects. Journal of Educational Psychology, 100(2), 460–472. https://doi.org/10.1037/0022-0663.100.2.460

15 Krapp, A. (1999). Interest, motivation and learning: An educationalpsychological perspective. European Journal of Psychology of Education, 14(1), 23–40. https://doi.org/10.1007/BF03173109

16 Hidi, S., & Renninger, K. A. (2006). The four-phase model of interest development. Educational Psychologist, 41(2), 111–127. https://doi.org/10.1207/s15326985ep4102_4

17 Eccles, J. S., & Wigfield, A. (2002). Motivational beliefs, values, and goals. Annual Review of Psychology, 53(1), 109–132. https://doi.org/10.1146/annurev.psych.53.100901.135153

18 Wigfield, A., Eccles, J. S., Yoon, K. S., Harold, R. D., Arbreton, A. J. A., Freedman-Doan, C., & Blumenfeld, P. C. (1997). Change in children's competence beliefs and subjective task values across the elementary school years: A 3-year study. Journal of Educational Psychology, 89(3), 451–469. https://doi.org/10.1037/0022-0663.89.3.451

19 Gorges, J., & Kandler, C. (2012). Adults' learning motivation: Expectancy of success, value, and the role of affective memories. Learning and Individual Differences, 22(5), 610–617. https://doi.org/10.1016/j.lindif.2011.09.016

20 Linnenbrink-Garcia, L., Patall, E. A., & Messersmith, E. E. (2013). Antecedents and consequences of situational interest. British Journal of Educational Psychology, 83(Pt. 4), 591–614. https://doi.org/10.1111/j.2044-8279.2012.02080.x

21 Sansone, C., Weir, C., Harpster, L., & Morgan, C. (1992). Once a boring task always a boring task? Interest as a self-regulatory mechanism. Journal of Personality and Social Psychology, 63(3), 379–390.
https://doi.org/10.1037/0022-3514.63.3.379

22 Durik, A. M., & Harackiewicz, J. M. (2007). Different strokes for different folks: How individual interest moderates the effects of situational factors on task interest. Journal of Educational Psychology, 99(3), 597–610.
https://doi.org/10.1037/0022-0663.99.3.597

23 Tibbetts, Y., Canning, E. A., & Harackiewicz, J. M. (2015). Academic motivation and performance: Task value interventions. In J. D. Wright (Ed.), International encyclopedia of the social and behavioral sciences (2nd ed., Vol. 1, pp. 37–42). Elsevier.
https://doi.org/10.1016/B978-0-08-097086-8.26078-9

2장

1 Grolnick, W. S., Heddy, B. C., & Worrell, F. C. (2022). How prevalent are misconceptions about motivation?
https://doi.org/10.6084/m9.figshare.24100329

2 Ryan, R. M., & Deci, E. L. (2017). Self-determination theory: Basic psychological needs in motivation, development, and wellness. Guilford Publications.
https://doi.org/10.1521/978.14625/28806

3 Boggiano, A. K., Barrett, M., Weiher, A. W., McClelland, G. H., & Lusk, C. M. (1987). Use of the maximal-operant principle to motivate children's intrinsic interest. Journal of Personality and Social Psychology, 53(5), 866–879.
https://doi.org/10.1037/0022-3514.53.5.866

4 Murayama, K., Kitagami, S., Tanaka, A., & Raw, J. A. L. (2016). People's naivete about how extrinsic rewards influence intrinsic motivation. Motivation Science, 2(3), 138–142.
https://doi.org/10.1037/mot0000040

5 Skinner, B. F. (1953). Science and human behavior. Macmillan.

6 Nissen, H. W. (1930). A study of exploratory behavior in the white rat by means of the obstruction method. The Pedagogical Seminary and Journal of Genetic Psychology, 37(3), 361–376.
https://doi.org/10.1080/08856559.1930.9944162

7 Butler, R. A. (1953). Discrimination learning by rhesus monkeys to visualexploration motivation. Journal of Comparative and Physiological Psychology, 46(2), 95–98. https://doi.org/10.1037/h0061616

8   Harlow, H. F. (1950). Learning and satiation of response in intrinsically motivated complex puzzle performance by monkeys. Journal of Comparative and Physiological Psychology, 43(4), 289–294.
https://doi.org/10.1037/h0058114

9   Deci, E. L., & Ryan, R. M. (1985). Intrinsic motivation and self-determination in human behavior. Springer.
https://doi.org/10.1007/978-1-4899-2271-7

10   Csikszentmihalyi, M. (1990). Flow: The psychology of optimal experience. Harper & Row.

11   Csikszentmihalyi, M. (1990). Flow: The psychology of optimal experience. Harper & Row.

12   Shernoff, D. J., Csikszentmihalyi, M., Shneider, B., & Shernoff, E. S. (2003). Student engagement in high school classrooms from the perspective of flow theory. School Psychology Quarterly, 18(2), 158–176.
https://doi.org/10.1521/scpq.18.2.158.21860

13   Ryan, R. M., & Connell, J. P. (1989). Perceived locus of causality and internalization: Examining reasons for acting in two domains. Journal of Personality and Social Psychology, 57(5), 749–761.
https://doi.org/10.1037/0022-3514.57.5.749

14   Ntoumanis, N., Healy, L. C., Sedikides, C., Duda, J., Stewart, B., Smith, A.,& Bond, J. (2014). When the going gets tough: The "why" of goal striving matters. Journal of Personality, 82(3), 225–236.
https://doi.org/10.1111/jopy.12047

15   Pelletier, L. G. (2002). A motivational analysis of self-determination for pro-environmental behaviors. In E. L. Deci & R. M. Ryan (Eds.), Handbook of self-determination research (pp. 205–232). University of Rochester Press.

16   Williams, G. C., Rodin, G. C., Ryan, R. M., Grolnick, W. S., & Deci, E. L. (1998). Autonomous regulation and long-term medication adherence in adult outpatients. Health Psychology, 17(3), 269–276.
https://doi.org/10.1037/0278-6133.17.3.269

17   Grolnick, W. S., Deci, E. L., & Ryan, R. M. (1997). Internalization within the family: The self-determination theory perspective. In J. E. Grusec & L. Kuczynski (Eds.), Parenting and children's internalization of values (pp. 135–161). John Wiley & Sons.

18 Deci, E. L. (1971). Effects of externally mediated rewards on intrinsic motivation. Journal of Personality and Social Psychology, 18(1), 105–115. https://doi.org/10.1037/h0030644

19 Lepper, M. R., Greene, D., & Nisbett, R. E. (1973). Undermining children's intrinsic interest with extrinsic reward: A test of the "overjustification" hypothesis. Journal of Personality and Social Psychology, 28(1), 129–137. https://doi.org/10.1037/h0035519

20 Grolnick, W. S., & Ryan, R. M. (1987). Autonomy in children's learning: An experimental and individual difference investigation. Journal of Personality and Social Psychology, 52(5), 890–898. https://doi.org/10.1037/0022-3514.52.5.890

21 Amabile, T. M. (1982). Children's artistic creativity: Detrimental effects of competition in a field setting. Personality and Social Psychology Bulletin, 8(3), 573–578. https://doi.org/10.1177/0146167282083027 8(3), 573–578. https://doi.org/10.1177/0146167282083027

22 Gubler, T., Larkin, I., & Pierce, L. (2016). Motivational spillovers from awards: Crowding out in a multi-tasking environment. Organization Science, 27(2), 286–303. https://doi.org/10.1287/orsc.2016.1047

23 Kuvaas, B., Buch, R., Gagne, M., Dysvik, A., & Forest, J. (2016). Do you get what you pay for? Sales incentives and implications for motivation and changes in turnover intention and work effort. Motivation and Emotion, 40(5), 667–680. https://doi.org/10.1007/s11031-016-9574-6

24 Glassdoor. (2019). Glassdoor's Mission & Culture Survey 2019. https://about-content.glassdoor.com//app/uploads/sites/2/2019/07/Mission-Culture-SurveySupplement.pdf ?_gl=1*mjgpks*_ga*MTg5NTI2OTk4OS4xNjU1M zAxOTA4*_ga_RC95PMVB3H* MTY1NTMwMTkwNy4xLjEuMTY1NTMwMT k5Ni40Mg

25 Deci, E. L., Eghrari, H., Patrick, B. C., & Leone, D. R. (1994). Facilitating internalization: The self-determination theory perspective. Journal of Personality, 62(1), 119–142. https://doi.org/10.1111/j.1467-6494.1994.tb00797.x

26 Warneken, F., & Tomasello, M. (2008). Extrinsic rewards undermine altruistic tendencies in 20-month-olds. Developmental Psychology, 44(6), 1785–1788. https://doi.org/10.1037/a0013860

27 Martela, F., & Ryan, R. M. (2016). Prosocial behavior increases well-being and vitality even without contact with the beneficiary: Causal and behavioral evidence. Motivation and Emotion, 40(3), 351–357. https://doi.org/10.1007/s11031-016-9552-z

28 Weinstein, N., & Ryan, R. M. (2010). When helping helps: Autonomous motivation for prosocial behavior and its influence on well-being for the helper and recipient. Journal of Personality and Social Psychology, 98(2), 222–244. https://doi.org/10.1037/a0016984

29 Grolnick, W. S., & Ryan, R. M. (1989). Parent styles associated with children's self-regulation and competence in school. Journal of Educational Psychology, 81(2), 143–154. https://doi.org/10.1037/0022-0663.81.2.143

30 Chirkov, V. I., & Ryan, R. M. (2001). Parent and teacher autonomy–support in Russian and U.S. adolescents: Common effects on well-being and academic motivation. Journal of Cross-Cultural Psychology, 32(5), 618–635. https://doi.org/10.1177/0022022101032005006

31 Wang, Q., Pomerantz, E. M., & Chen, H. (2007). The role of parents' control in early adolescents' psychological functioning: A longitudinal investigation in the United States and China. Child Development, 78(5), 1592–1610. https://doi.org/10.1111/j.1467-8624.2007.01085.x

32 Marbell, K. N., & Grolnick, W. S. (2013). Correlates of parental control and autonomy support in an interdependent culture: A look at Ghana. Motivation and Emotion, 37(1), 79–92. https://doi.org/10.1007/s11031-012-9289-2

33 Green, S., Caplan, B., & Baker, B. (2014). Maternal supportive and interfering control as predictors of adaptive and social development in children with and without developmental delays. Journal of Intellectual Disability Research, 58(8), 691–703. https://doi.org/10.1111/jir.12064

34 LLerner, R. E., & Grolnick, W. S. (2023). Motivation in children with ADHD: Relations with parenting style and academic performance [Unpublished manuscript]. Department of Psychology, Clark University, Worcester, MA.

35 Reeve, J., & Jang, H. (2006). What teachers say and do to support students' autonomy during a learning activity. Journal of Educational Psychology, 98(1), 209–218. https://doi.org/10.1037/0022-0663.98.1.209

36 Vansteenkiste, M., Simons, J., Lens, W., Sheldon, K. M., & Deci, E. L. (2004). Motivating learning, performance, and persistence: The synergistic effects of intrinsic goal contents and autonomy-supportive contexts. Journal of Personality and Social Psychology, 87(2), 246–260.

https://doi.org/10.1037/0022-3514.87.2.246

37 Coatsworth, J. D., & Conroy, D. E. (2009). The effects of autonomy-supportivecoaching, need satisfaction, and self-perceptions on initiative and identity in youth swimmers. Developmental Psychology, 45(2), 320–328.

https://doi.org/10.1037/a0014027

38 Gillet, N., Vallerand, R. J., Amoura, S., & Baldes, B. (2010). Influence of coaches' autonomy support on athletes' motivation and sport performance: A test of the hierarchical model of intrinsic and extrinsic motivation. Psychology of Sport and Exercise, 11(2), 155–161.

https://doi.org/10.1016/j.psychsport.2009.10.004

39 Patall, E. A., Cooper, H., & Robinson, J. C. (2008). The effects of choice on intrinsic motivation and related outcomes: A meta-analysis of research findings. Psychological Bulletin, 134(2), 270–300. https://doi.org/10.1037/0033-2909.134.2.270

40 Deci, E. L., Eghrari, H., Patrick, B. C., & Leone, D. R. (1994). Facilitating internalization: The self-determination theory perspective. Journal of Personality, 62(1), 119–142.

https://doi.org/10.1111/j.1467-6494.1994.tb00797.x

41 Reeve, J., Jang, H., Hardre, P., & Omura, M. (2002). Providing a rationale in an autonomy-supportive way as a strategy to motivate others during an uninteresting activity. Motivation and Emotion, 26(3), 183–207.

https://doi.org/10.1023/A:1021711629417

42 Sanders, S. (2000). Champions are raised, not born: How my parents made me a success. Dell.

43 Baumeister, R. F., & Leary, M. R. (1995). The need to belong: Desire for interpersonal attachments as a fundamental human motivation. Psychological Bulletin, 117(3), 497–529.

https://doi.org/10.1037/0033-2909.117.3.497

44 La Guardia, J. G., & Patrick, H. (2008). Self-determination theory as a fundamental theory of close relationships. Canadian Psychology, 49(3), 201–209.

https://doi.org/10.1037/a0012760

45 Grolnick, W. S., & Slowiaczek, M. L. (1994). Parents' involvement in children's schooling: A multidimensional conceptualization and motivational model. Child Development, 65(1), 237–252.

https://doi.org/10.2307/1131378

46 De Meyer, J., Soenens, B., Vansteenkiste, M., Aelterman, N., Van Petegem, S., & Haerens, L. (2016). Do students with different motives for physical education respond differently to autonomy-supportive and controlling teaching? Psychology of Sport and Exercise, 22, 72–82.
https://doi.org/10.1016/j.psychsport.2015.06.001

3장

1 Grolnick, W. S., Heddy, B. C., & Worrell, F. C. (2022). How prevalent are misconceptions about motivation?
https://doi.org/10.6084/m9.figshare.

2 Deci, E. L., Betley, G., Kahle, J., Abrams, L., & Porac, J. (1981). When trying to win: Competition and intrinsic motivation. Personality and Social Psychology Bulletin, 7(1), 79–83.
https://doi.org/10.1177/014616728171012

3 Worrell, F. C., Knotek, S. E., Plucker, J. A., Portenga, S., Simonton, D. K., Olszewski-Kubilius, P., Schultz, S. R., & Subotnik, R. F. (2016). Competition's role in developing psychological strength and outstanding performance. Review of General Psychology, 20(3), 259–271.
https://doi.org/10.1037/gpr0000079

4 Fülöp, M., & Orosz, G. (2015). State of the art in competition research. In R. Scott & S. Kosslyn (Eds.), Emerging trends in the social and behavioral sciences (pp. 1–15). John Wiley & Sons.
https://doi.org/10.1002/9781118900772.etrds0317

5 Langford, R. (2011, February 9). Kevin Garnett and the 50 most intense competitors in sports history. Bleacher Report.
https://bleacherreport.com/articles/602196-kevin-garnett-and-the-50-most-intense-competitorsinsports-history

6 Manfred, T. (2013, June 1). 15 examples of Serena Williams' insane competitiveness. Business Insider.
https://www.businessinsider.com/serenawilliamscompetitiveness-2013-5

7 Trapulionis, A. (2020, July 10). Steve Jobs's best trick: Demonizing his competitors. Better Marketing.
https://bettermarketing.pub/steve-jobssbesttrick-demonizing-his-competitors-f410fadb2a83

8 Deutsch, M. (1949b). A theory of co-operation and competition. Human Relations, 2(2), 129–152.
https://doi.org/10.1177/001872674900200204

9 Deutsch, M. (1949a). An experimental study of the effects of co-operation and competition upon group process. Human Relations, 2(3), 199–232.
https://doi.org/10.1177/001872674900200301

10 Johnson, D. W., Johnson, R. T., Roseth, C., & Shin, T. S. (2014). The relationship between motivation and achievement in interdependent situations. Journal of Applied Social Psychology, 44(9), 622–633.
https://doi.org/10.1111/jasp.12280

11 Lam, S.-F., Yim, P.-S., Law, J. S. F., & Cheung, R. W. Y. (2004). The effects of competition on achievement motivation in Chinese classrooms. British Journal of Educational Psychology, 74(Pt. 2), 281–296.
https://doi.org/10.1348/000709904773839888

12 Johnson, D. W., Johnson, R. T., Roseth, C., & Shin, T. S. (2014). The relationship between motivation and achievement in interdependent situations. Journal of Applied Social Psychology, 44(9), 622–633.
https://doi.org/10.1111/jasp.12280

13 Blau, P. M. (1954). Cooperation and competition in a bureaucracy. American Journal of Sociology, 59(6), 530–535.
https://doi.org/10.1086/221438

14 Lin, Y.-C., & Hou, H.-T. (2022). The evaluation of a scaffolding-based augmented reality educational board game with competitionoriented and collaboration-oriented mechanisms: Differences analysis of learning effectiveness, motivation, flow, and anxiety. Interactive Learning Environments, 1–20. Advance online publication.
https://doi.org/10.1080/10494820.2022.2091606

15 Qin, Z., Johnson, D. W., & Johnson, R. T. (1995). Cooperative versus competitive efforts and problem solving. Review of Educational Research, 65(2), 129–143.
https://doi.org/10.3102/00346543065002129

16 Reeve, J., & Deci, E. L. (1996). Elements of the competitive situation that affect intrinsic motivation. Personality and Social Psychology Bulletin, 22(1), 24–33.
https://doi.org/10.1177/0146167296221003

17 Du, Y.-C., Fan, S.-C., & Yang, L.-C. (2020). The impact of multi-person virtual reality competitive learning on anatomy education: A randomized controlled study. BMC Medical Education, 20(1), 343.

https://doi.org/10.1186/s12909-020-02155-9

18 Du, Y.-C., Fan, S.-C., & Yang, L.-C. (2020). The impact of multi-person virtual reality competitive learning on anatomy education: A randomized controlled study. BMC Medical Education, 20(1), 343.
https://doi.org/10.1186/s12909-020-02155-9

19 Ryckman, R. M., Hammer, M., Kaczor, L. M., & Gold, J. A. (1996). Construction of a personal development competitive attitude scale. Journal of Personality Assessment, 66(2), 374–385.
https://doi.org/10.1207/s15327752jpa6602_15

20 Orosz, G., Toth-Kiraly, I., Buki, N., Ivaskevics, K., Bothe, B., & Fülöp, M. (2018). Four faces of competition: The development of the Multidimensional Competitive Orientation Inventory. Frontiers in Psychology, 9, Article 779.
https://doi.org/10.3389/fpsyg.2018.00779

21 Orosz, G., Toth-Kiraly, I., Buki, N., Ivaskevics, K., Bothe, B., & Fülöp, M. (2018). Four faces of competition: The development of the Multidimensional Competitive Orientation Inventory. Frontiers in Psychology, 9, Article 779.
https://doi.org/10.3389/fpsyg.2018.00779

22 Song, H., Kim, J., Tenzek, K. E., & Lee, K. M. (2013). The effect of competition and competitiveness upon intrinsic motivation in exergames. Computers in Human Behavior, 29(4), 1702–1708.
https://doi.org/

23 Conti, R., Collins, M. A., & Picariello, M. L. (2001). The impact of competition on intrinsic motivation and creativity: Considering gender, gender segregation, and gender role orientation. Personality and Individual Differences, 30(8), 1273–1289.
https://doi.org/10.1016/S0191-8869(00)00217-8

24 DiMenichi, B. C., & Tricomi, E. (2015). The power of competition: Effects of social motivation on attention, sustained physical effort, and learning. Frontiers in Psychology, 6, Article 1282. Advance online publication.
https://doi.org/10.3389/fpsyg.2015.01282

25 Fülöp, M., Ross, A., Kuscer, M. P., & Pucko, C. R. (2007). Competition and cooperation in schools: An English, Hungarian, and Slovenian comparison. In F. Salili & R. Hoosain (Eds.), Culture, motivation, and learning: A multicultural perspective (pp. 235–284). Information Age.

26 Fülöp, M., Ross, A., Kuscer, M. P., & Pucko, C. R. (2007). Competition and cooperation in schools: An English, Hungarian, and Slovenian comparison. In F. Salili

& R. Hoosain (Eds.), Culture, motivation, and learning: A multicultural perspective (pp. 278–279). Information Age.

27 Fülöp, M. (2004). Competition as a culturally constructed concept. In C. Baillie, E. Dunn, & Y. Zheng (Eds.), Travelling facts. The social construction, distribution, and accumulation of knowledge (pp. 124–148). Campus.

28 Fülöp, M. (2004). Competition as a culturally constructed concept. In C. Baillie, E. Dunn, & Y. Zheng (Eds.), Travelling facts. The social construction, distribution, and accumulation of knowledge (p. 149).

29 Watkins, D. (2007). The nature of competition: The views of students from three regions of the People's Republic of China. In F. Salili & R. Hoosain (Eds.), Culture, motivation, and learning: A multicultural perspective (pp. 217–233). Information Age Publishing.

30 King, R. B., McInerney, D. M., & Watkins, D. A. (2012). Competitiveness is not that bad . . . at least in the East: Testing the hierarchical model of achievement motivation in the Asian setting. International Journal of Intercultural Relations, 36(3), 446–457. https://doi.org/10.1016/j.ijintrel.2011.10.003

31 Fülöp, M. (2009). Happy and unhappy competitors: What makes the difference? Psihologijske Teme, 18(2), 345–367.

32 Halvari, H. (1989). The relations between competitive experiences in midchildhood and achievement motives among male wrestlers. Psychological Reports, 65(3), 979–988. https://doi.org/10.2466/pr0.1989.65.3.979

33 Brown, J. (2011). Quitters never win: The (adverse) incentive effects of competing with superstars. Journal of Political Economy, 119(5), 982–1013. https://doi.org/10.1086/663306

34 Fong, C. J., Patall, E. A., Vasquez, A. C., & Stautberg, S. (2019). A metaanalysis of negative feedback on intrinsic motivation. Educational Psychology Review, 31(1), 121–162.
https://doi.org/10.1007/s10648-018-9446-6

35 Vallerand, R. J., & Reid, G. (1984). On the causal effects of perceived competence on intrinsic motivation: A test of cognitive evaluation theory. Journal of Sport Psychology, 6(1), 94–102.
https://doi.org/10.1123/jsp.6.1.94

36 Reeve, J., & Deci, E. L. (1996). Elements of the competitive situation that affect intrinsic motivation. Personality and Social Psychology Bulletin, 22(1), 24–33. https://doi.org/10.1177/0146167296221003

37 Donnachie, C., Wyke, S., Mutrie, N., & Hunt, K. (2017). 'It's like a personal motivator that you carried around wi' you': Utilising self-determination theory to understand men's experiences of using pedometers to increase physical activity in a weight management programme. International Journal of Behavioral Nutrition and Physical Activity, 14, Article 61.
https://doi.org/10.1186/s12966-017-0505-z

38 Fogliati, V. J., & Bussey, K. (2013). Stereotype threat reduced motivation to improve: Effects of stereotype threat and feedback on women's intentions to improve mathematical ability. Psychology of Women Quarterly, 37(3), 310–324.
https://doi.org/10.1177/0361684313480045

39 Carpentier, J., & Mageau, G. A. (2013). When change-oriented feedback enhances motivation, well-being, and performance: A look at autonomysupportive feedback in sport. Psychology of Sport and Exercise, 14(3), 423–435.
https://doi.org/10.1016/j.psychsport.2013.01.003

40 Fülöp, M., & Takacs, S. (2013). The cooperative competitive citizen: What does it take? Citizenship Teaching & Learning, 8(2), 131–156.
https://doi.org/10.1386/ctl.8.2.131_1

4장

1 Grolnick, W. S., Heddy, B. C., & Worrell, F. C. (2022). How prevalent are misconceptions about motivation?
https://doi.org/10.6084/m9.figshare.24100329

2 Baddeley, A. D., & Hitch, G. (1993). The recency effect: Implicit learning with explicit retrieval? Memory & Cognition, 21(2), 146–155.
https://doi.org/10.3758/BF03202726

3 Fiorella, L., & Mayer, R. E. (2016). Eight ways to promote generative learning. Educational Psychology Review, 28(4), 717–741.
https://doi.org/10.1007/s10648-015-9348-9

4 Bandura, A. (1982). Self-efficacy mechanism in human agency. American Psychologist, 37(2), 122–147.
https://doi.org/10.1037/0003-066X.37.2.122

5 Usher, E. L., & Schunk, D. H. (2018). Social cognitive theoretical perspective of self-regulation. In D. H. Schunk & J. A. Greene (Eds.), Handbook of self-regulation of learning and performance (2nd ed., pp. 19–35). Routledge.
https://doi.org/10.4324/9781315697048-2

6 Maier, S. F., & Seligman, M. E. (1976). Learned helplessness: Theory and evidence. Journal of Experimental Psychology: General, 105(1), 3–46.
https://doi.org/10.1037/0096-3445.105.1.3

7 Wolters, C. A., & Benzon, M. B. (2013). Assessing and predicting college students' use of strategies for the self-regulation of motivation. Journal of Experimental Education, 81(2), 199–221.
https://doi.org/10.1080/00220973.2012.699901

8 Bandura, A. (1991). Social cognitive theory of self-regulation. Organizational Behavior and Human Decision Processes, 50(2), 248–287.
https://doi.org/10.1016/0749-5978(91)90022-L

9 Zimmerman, B. J. (2000). Attainment of self-regulation: A social cognitive perspective. In M. Boekaerts, P. R. Pintrich, & M. Zeidner (Eds.), Handbook of self-regulation (pp. 13–39). Academic Press.
https://doi.org/10.1016/B978-012109890-2/50031-7

10 Zimmerman, B. J., & Moylan, A. R. (2009). Self-regulation: Where metacognition and motivation intersect. In D. J. Hacker, J. Dunlosky, & A. C. Graesser (Eds.), Handbook of metacognition in education (pp. 299–315). Routledge.

11 Schunk, D. H. (2001, August). Self-regulation through goal setting. ERIC Digests, 2001, Article CG-01-08.
https://files.eric.ed.gov/fulltext/ED462671.pdf

12 Zimmerman, B. J. (2004). Sociocultural influence and students' development of academic self-regulation: A social-cognitive perspective. In D. M. McInerney & S. Van Etten (Eds.), Big theories revisited (pp. 139–164). Information Age.

13 Luszczynska, A., Diehl, M., Gutierrez-Dona, B., Kuusinen, P., & Schwarzer, R. (2004). Measuring one component of dispositional self-regulation: Attention control in goal pursuit. Personality and Individual Differences, 37(3), 555–566.
https://doi.org/10.1016/j.paid.2003.09.026

14 Harris, K. R. (1990). Developing self-regulated learners: The role of private speech and self-instructions. Educational Psychologist, 25(1), 35–49.
https://doi.org/10.1207/s15326985ep2501_4

15 Claessens, B. J. C., van Eerde, W., Rutte, C. G., & Roe, R. A. (2007). A review of time management literature. Personnel Review, 36(2), 255–276.
https://doi.org/10.1108/00483480710726136

16 Senecal, C., Koestner, R., & Vallerand, R. J. (1995). Self-regulation and academic procrastination. The Journal of Social Psychology, 135(5), 607–619.

https://doi.org/10.1080/00224545.1995.9712234

17 van Eerde, W. (2003). Procrastination at work and time management training. The Journal of Psychology, 137(5), 421–434.
https://doi.org/10.1080/00223980309600625

18 Xie, K., Heddy, B. C., & Vongkulluksn, V. W. (2019). Examining engagement in context using experience-sampling method with mobile technology. Contemporary Educational Psychology, 59, 101788.
https://doi.org/10.1016/j.cedpsych.2019.101788

19 Newman, R. S. (2008). The motivational role of adaptive help seeking in self-regulated learning. In D. H. Schunk & B. J. Zimmerman (Eds.), Motivation and self-regulated learning: Theory, research, and applications (pp. 315–338). Lawrence Erlbaum Associates.

20 Karabenick, S. A., & Dembo, M. H. (2011). Understanding and facilitating self-regulated help seeking. New Directions for Teaching and Learning, 2011(126), 33–43.
https://doi.org/10.1002/tl.442

21 Hehir, J. (Director). (2020). The last dance: A 10-part documentary event, Episode 1. ESPN Films. 22:47–23:38

22 Veenman, M. V., Van Hout-Wolters, B. H. A. M., & Afflerbach, P. (2006). Metacognition and learning: Conceptual and methodological considerations. Metacognition and Learning, 1(1), 3–14.
https://doi.org/10.1007/s11409-006-6893-0

23 **1)** Schmitz, B., & Perels, F. (2011). Self-monitoring of self-regulation during math homework behaviour using standardized diaries. Metacognition and Learning, 6(3), 255–273.
https://doi.org/10.1007/s11409-011-9076-6
2) Schraw, G. (2009). Measuring metacognitive judgments. In D. J. Hacker, J. Dunlosky, & A. C. Graesser (Eds.), Handbook of metacognition in education (pp. 415–429). Erlbaum.

24 Panadero, E., Broadbent, J., Boud, D., & Lodge, J. M. (2019). Using formative assessment to influence self- and co-regulated learning: The role of evaluative judgement. European Journal of Psychology of Education, 34(3), 535–557.
https://doi.org/10.1007/s10212-018-0407-8

25 Panadero, E., Alonso-Tapia, J., & Reche, E. (2013). Rubrics vs. self-assessment scripts effect on self-regulation, performance and self-efficacy in preservice teachers. Studies

in Educational Evaluation, 39(3), 125–132.
https://doi.org/10.1016/j.stueduc.2013.04.001

26 Allal, L. (2020). Assessment and the co-regulation of learning in the classroom. Assessment in Education: Principles, Policy & Practice, 27(4), 332–349.
https://doi.org/10.1080/0969594X.2019.1609411

27 Zimmerman, B. J. (2002). Becoming a self-regulated learner: An overview. Theory Into Practice, 41(2), 64–70.
https://doi.org/10.1207/s15430421tip4102_2

28 Schunk, D. H. (2001, August). Self-regulation through goal setting. ERIC Digests, 2001, Article CG-01-08.
https://files.eric.ed.gov/fulltext/ED462671.pdf

29 Greene, J. A. (2018). Self-regulation in education. Routledge.

30 Frisch, J. K., & Saunders, G. (2008). Using stories in an introductory college biology course. Journal of Biological Education, 42(4), 164–169.
https://doi.org/10.1080/00219266.2008.9656135

5장

1 Taylor, S. E., & Schneider, S. K. (1989). Coping and the simulation of events. Social Cognition, 7(2), 174–194. https://doi.org/10.1521/soco.1989.7.2.174

2 Grolnick, W. S., Heddy, B. C., & Worrell, F. C. (2022). How prevalent are misconceptions about motivation?
https://doi.org/10.6084/m9.figshare.24100329

3 Mayberry, M. (2015). The extraordinary power of visualizing success. Entrepreneur.
https://www.entrepreneur.com/leadership/the-extraordinarypowerof-visualizing-success/242373

4 Tabaka, M. (2012). Visualize your way to success (really). Inc.
https://www.inc.com/marla-tabaka/visualization-can-help-you-succeed.html

5 Peale, N. V. (1982). Positive imaging: The powerful way to change your life. Fawcett Crest.

6 Tversky, A., & Kahneman, D. (1973). Availability: A heuristic for judging frequency and probability. Cognitive Psychology, 5(2), 207–232.
https://doi.org/10.1016/0010-0285(73)90033-9

7 Taylor, S. E., Pham, L. B., Rivkin, I. D., & Armor, D. A. (1998). Harnessing the imagination: Mental simulation, self-regulation, and coping. American Psychologist, 53(4), 429–439.

https://doi.org/10.1037/0003-066X.53.4.429

8   Taylor, S. E., & Pham, L. B. (1999). The effect of mental simulation on goaldirected performance. Imagination, Cognition and Personality, 18(4), 253–268. https://doi.org/10.2190/VG7L-T6HK-264H-7XJY

9   Taylor, S. E., & Pham, L. B. (1999). The effect of mental simulation on goaldirected performance. Imagination, Cognition and Personality, 18(4), 253–268. https://doi.org/10.2190/VG7L-T6HK-264H-7XJY

10   Kappes, H. B., & Oettingen, G. (2011). Positive fantasies about idealized futures sap energy. Journal of Experimental Social Psychology, 47(4), 719–729. https://doi.org/10.1016/j.jesp.2011.02.003

11   Gollwitzer, P. M. (1993). Goal achievement: The role of intentions. European Review of Social Psychology, 4(1), 141–185. https://doi.org/10.1080/14792779343000059

12   Gollwitzer, P. M. (1993). Goal achievement: The role of intentions. European Review of Social Psychology, 4(1), 141–185. https://doi.org/10.1080/14792779343000059

13   Gollwitzer, P. M., & Brandstatter, V. (1997). Implementation intentions and effective goal pursuit. Journal of Personality and Social Psychology, 73(1), 186–199. https://doi.org/10.1037/0022-3514.73.1.186

14   Gollwitzer, P. M., & Brandstatter, V. (1997). Implementation intentions and effective goal pursuit. Journal of Personality and Social Psychology, 73(1), 186–199. https://doi.org/10.1037/0022-3514.73.1.186

15   Gollwitzer, P. M., & Schaal, B. (1998). Metacognition in action: The importance of implementation intentions. Personality and Social Psychology Review, 2(2), 124–136. https://doi.org/10.1207/s15327957pspr0202_5

16   Parks-Stamm, E. J., Oettingen, G., & Gollwitzer, P. M. (2010). Making sense of one's actions in an explanatory vacuum: The interpretation of nonconscious goal striving. Journal of Experimental Social Psychology, 46(3), 531–542. https://doi.org/10.1016/j.jesp.2010.02.004

17   Wieber, F., von Suchodoletz, A., Heikamp, T., Trommsdorff, G., & Gollwitzer, P. M. (2011). If-then planning helps school-aged children to ignore attractive distractions. Social Psychology, 42(1), 39–47. https://doi.org/10.1027/1864-9335/a000041

18   Oettingen, G. (2000). Expectancy effects on behavior depend on selfregulatory thought. Social Cognition, 18(2), 101–129.

https://doi.org/10.1521/soco.2000.18.2.101

19 1) Oettingen, G., Pak, H., & Schnetter, K. (2001). Self-regulation of goal setting: Turning free fantasies about the future into binding goals. Journal of Personality and Social Psychology, 80(5), 736–753.
https://doi.org/10.1037/0022-3514.80.5.736
2) Oettingen, G., Mayer, D., Thorpe, J. S., Janetzke, H., & Lorenz, S. (2005). Turning fantasies about positive and negative futures into self-improvement goals. Motivation and Emotion, 29(4), 237–267.
https://doi.org/10.1007/s11031-006-9016-y

20 Oettingen, G., Pak, H., & Schnetter, K. (2001). Self-regulation of goal setting: Turning free fantasies about the future into binding goals. Journal of Personality and Social Psychology, 80(5), 736–753.
https://doi.org/10.1037/0022-3514.80.5.736

21 Oettingen, G., Mayer, D., Thorpe, J. S., Janetzke, H., & Lorenz, S. (2005). Turning fantasies about positive and negative futures into self-improvement goals. Motivation and Emotion, 29(4), 237–267.
https://doi.org/10.1007/s11031-006-9016-y

22 Duckworth, A. L., Kirby, T., Gollwitzer, A., & Oettingen, G. (2013). From fantasy to action: Mental contrasting with implementation intentions (MCII) improves academic performance in children. Social Psychological and Personality Science, 4(6), 745–753.
https://doi.org/10.1177/1948550613476307

23 Stadler, G., Oettingen, G., & Gollwitzer, P. M. (2009). Physical activity in women: Effects of a self-regulation intervention. American Journal of Preventive Medicine, 36(1), 29–34.
https://doi.org/10.1016/j.amepre.2008.09.021

24 Adriaanse, M. A., Oettingen, G., Gollwitzer, P. M., Hennes, E. P., De Ridder, D. T. D., & De Wit, J. B. F. (2010). When planning is not enough: Fighting unhealthy snacking habits by mental contrasting with implementation intentions (MCII). European Journal of Social Psychology, 40(7), 1277–1293.
https://doi.org/10.1002/ejsp.730

25 Valshtein, T. J., Oettingen, G., & Gollwitzer, P. M. (2020). Using mental contrasting with implementation intentions to reduce bedtime procrastination: Two randomised trials. Psychology & Health: Interdisciplinary and Applied, 35(3), 275–301.
https://doi.org/10.1080/08870446.2019.1652753

주석

26 Flavell, J. H. (1987). Speculations about the nature and development of metacognition. In F. E. Weinert & R. Kluwe (Eds.), Metacognition, motivation, and understanding (pp. 21–29). Lawrence Erlbaum Associates.

27 Schraw, G., & Dennison, R. S. (1994). Assessing metacognitive awareness. Contemporary Educational Psychology, 19(4), 460–475. https://doi.org/10.1006/ceps.1994.1033

28 Brown, A. L., & Palincsar, A. S. (1989). Guided, cooperative learning and individual knowledge acquisition. In L. B. Resnick (Ed.), Knowing, learning, and instruction: Essays in honor of Robert Glaser (pp. 393–451). Lawrence Erlbaum Associates. https://doi.org/10.4324/9781315044408-13

29 Ohtani, K., & Hisasaka, T. (2018). Beyond intelligence: A meta-analytic review of the relationship among metacognition, intelligence, and academic performance. Metacognition and Learning, 13(2), 179–212. https://doi.org/10.1007/s11409-018-9183-8

30 Burke, L. E., Wang, J., & Sevick, M. A. (2011). Self-monitoring in weight loss: A systematic review of the literature. Journal of the American Dietetic Association, 111(1), 92–102. https://doi.org/10.1016/j.jada.2010.10.008

31 Kiaei, Y. A., & Reio, T. G., Jr. (2014). Goal pursuit and eudaimonic well-being among university students: Metacognition as the mediator. Behavioral Development Bulletin, 19(4), 91–104. https://doi.org/10.1037/h0101085

32 Young, A. E., & Worrell, F. C. (2018). Comparing metacognition assessments of mathematics in academically talented students. Gifted Child Quarterly, 62(3), 259–275. https://doi.org/10.1177/0016986218755915

33 Fyfe, E. R., Byers, C., & Nelson, L. J. (2022). The benefits of a metacognitive lesson on children's understanding of mathematical equivalence, arithmetic, and place value. Journal of Educational Psychology, 114(6), 1292–1306. https://doi.org/10.1037/edu0000715

34 Burke, L. E., Conroy, M. B., Sereika, S. M., Elci, O. U., Styn, M. A., Acharya, S. D., Sevick, M. A., Ewing, L. J., & Glanz, K. (2011). The effect of electronic selfmonitoring on weight loss and dietary intake: A randomized behavioral weight loss trial. Obesity, 19(2), 338–344. https://doi.org/10.1038/oby.2010.208

35 Chen, P., Powers, J. T., Katragadda, K. R., Cohen, G. L., & Dweck, C. S. (2020). A strategic mindset: An orientation toward strategic behavior during goal pursuit. Proceedings of the National Academy of Sciences of the United States of America, 117(25), 14066–14072.
https://doi.org/10.1073/pnas.2002529117

36 Chen, P., Powers, J. T., Katragadda, K. R., Cohen, G. L., & Dweck, C. S. (2020). A strategic mindset: An orientation toward strategic behavior during goal pursuit. Proceedings of the National Academy of Sciences of the United States of America, 117(25), 14066–14072.
https://doi.org/10.1073/pnas.2002529117

37 Chen, P., Powers, J. T., Katragadda, K. R., Cohen, G. L., & Dweck, C. S. (2020). A strategic mindset: An orientation toward strategic behavior during goal pursuit. Proceedings of the National Academy of Sciences of the United States of America, 117(25), 14066–14072.
https://doi.org/10.1073/pnas.2002529117

6장

1 Grolnick, W. S., Heddy, B. C., & Worrell, F. C. (2022). How prevalent are misconceptions about motivation?
https://doi.org/10.6084/m9.figshare.24100329

2 Kuratomi, K., Johnsen, L., Kitagami, S., Hatano, A., & Murayama, K. (2023). People underestimate their capability to motivate themselves without performance-based extrinsic incentives. Motivation and Emotion, 47(4), 509–523.
https://doi.org/10.1007/s11031-022-09996-5

3 Burt, C. D., & Kemp, S. (1994). Construction of activity duration and time management potential. Applied Cognitive Psychology, 8(2), 155–168.
https://doi.org/10.1002/acp.2350080206

4 Miller, G. A., Galanter, E., & Pribram, K. H. (1960). Plans and the structure of behavior. Henry Holt & Company.
https://doi.org/10.1037/10039-000

5 Locke, E. A., & Latham, G. P. (1990). A theory of goal setting & task performance. Prentice-Hall.

6 Locke, E. A., & Latham, G. P. (1990). A theory of goal setting & task performance. Prentice-Hall.

7 Locke, E. A., & Bryan, J. F. (1966). Cognitive aspects of psychomotor performance:

The effects of performance goals on level of performance. Journal of Applied Psychology, 50(4), 286–291.
https://doi.org/10.1037/h0023550

8   Winters, D., & Latham, G. P. (1996). The effect of learning versus outcome goals on a simple versus a complex task. Group & Organization Management, 21(2), 236–250.
https://doi.org/10.1177/1059601196212007

9   Boyce, B. A. (1990). Effects of goal specificity and goal difficulty upon skill acquisition of a selected shooting task. Perceptual and Motor Skills, 70(3), 1031–1039.
https://doi.org/10.2466/pms.1990.70.3.1031

10 Doran, G. T. (1981). There's a S.M.A.R.T. way to write management's goals and objectives. Journal of Management Review, 70, 35–36.

11 Dweck, C. S. (1986). Motivational processes affecting learning. American Psychologist, 41(10), 1040–1048.
https://doi.org/10.1037/0003-066X.41.10.1040

12 Elliott, E. S., & Dweck, C. S. (1988). Goals: An approach to motivation and achievement. Journal of Personality and Social Psychology, 54(1), 5–12.
https://doi.org/10.1037/0022-3514.54.1.5

13 Ames, C., & Archer, J. (1988). Achievement goals in the classroom: Students' learning strategies and motivation processes. Journal of Educational Psychology, 80(3), 260–267.
https://doi.org/10.1037/0022-0663.80.3.260

14 Michou, A., Mouratidis, A., Lens, W., & Vansteenkiste, M. (2013). Personal and contextual antecedents of achievement goals: Their direct and indirect relations to students' learning strategies. Learning and Individual Differences, 23, 187–194.
https://doi.org/10.1016/j.lindif.2012.09.005

15 Meece, J. L., Blumenfeld, P. C., & Hoyle, R. H. (1988). Students' goal orientations and cognitive engagement in classroom activities. Journal of Educational Psychology, 80(4), 514–523.
https://doi.org/10.1037/

16 Newman, R. S. (1991). Goals and self-regulated learning: What motivates children to seek academic help? In M. L. Maehr & P. R. Pintrich (Eds.), Advances in motivation and achievement (Vol. 7, pp. 151–183). JAI Publishers.

17 Anderman, E. M. (2007). The effects of personal, classroom, and school goal structures on academic cheating. In E. M. Anderman & T. B. Murdock (Eds.), Psychology of academic cheating (pp. 87–106). Elsevier Academic Press.

https://doi.org/10.1016/B978-012372541-7/50008-5

18 Janssen, O., & Van Yperen, N. W. (2004). Employees' goal orientations, the quality of leader-member exchange, and the outcomes of job performance and job satisfaction. Academy of Management Journal, 47(3), 368–384.

19 Harackiewicz, J. M., Barron, K. E., Carter, S. M., Lehto, A. T., & Elliot, A. J. (1997). Predictors and consequences of achievement goals in the college classroom: Maintaining interest and making the grade. Journal of Personality and Social Psychology, 73(6), 1284–1295.

https://doi.org/10.1037/0022-3514.73.6.1284

20 Harackiewicz, J. M., Barron, K. E., Carter, S. M., Lehto, A. T., & Elliot, A. J. (1997). Predictors and consequences of achievement goals in the college classroom: Maintaining interest and making the grade. Journal of Personality and Social Psychology, 73(6), 1284–1295.

https://doi.org/10.1037/0022-3514.73.6.1284

21 Pintrich, P. R. (2000b). Multiple goals, multiple pathways: The role of goal orientation in learning and achievement. Journal of Educational Psychology, 92(3), 544–555.

https://doi.org/10.1037/0022-0663.92.3.544

22 Elliot, A. J., & Church, M. A. (1997). A hierarchical model of approach and avoidance achievement motivation. Journal of Personality and Social Psychology, 72(1), 218–232.

https://doi.org/10.1037/0022-3514.72.1.218

23 Harackiewicz, J. M., Barron, K. E., Carter, S. M., Lehto, A. T., & Elliot, A. J. (1997). Predictors and consequences of achievement goals in the college classroom: Maintaining interest and making the grade. Journal of Personality and Social Psychology, 73(6), 1284–1295.

https://doi.org/10.1037/0022-3514.73.6.1284

24 Bardach, L., Oczlon, S., Pietschnig, J., & Luftenegger, M. (2020). Has achievement goal theory been right? A meta-analysis of the relation between goal structures and personal achievement goals. Journal of Educational Psychology, 112(6), 1197–1220.

https://doi.org/10.1037/edu0000419

25 Hamstra, M. R. W., Van Yperen, N. W., Wisse, B., & Sassenberg, K. (2014). Transformational and transactional leadership and followers' achievement goals. Journal of Business and Psychology, 29(3), 413–425.

https://doi.org/10.1007/s10869-013-9322-9

26 Dysvik, A., & Kuvaas, B. (2010). Exploring the relative and combined influence

of mastery-approach goals and work intrinsic motivation on employee turnover intention. Personnel Review, 39(5), 622–638.
https://doi.org/10.1108/00483481011064172

27 Sheldon, K. M., & Elliot, A. J. (1998). Not all personal goals are personal: Comparing autonomous and controlled reasons for goals as predictors of effort and attainment. Personality and Social Psychology Bulletin, 24(5), 546–557.
https://doi.org/10.1177/0146167298245010

28 Koestner, R., Otis, N., Powers, T. A., Pelletier, L., & Gagnon, H. (2008). Autonomous motivation, controlled motivation, and goal progress. Journal of Personality, 76(5), 1201–1230.
https://doi.org/10.1111/j.1467-6494.2008.00519.x

29 Sheldon, K. M., Ryan, R. M., Deci, E. L., & Kasser, T. (2004). The independent effects of goal contents and motives on well-being: It's both what you pursue and why you pursue it. Personality and Social Psychology Bulletin, 30(4), 475–486.
https://doi.org/10.1177/0146167203261883

30 Greenstein, A., & Koestner, R. (1996, August). Success in maintaining new year's resolutions: The value of self-determined reasons [Paper presentation]. International Congress of Psychology, Montreal, Quebec, Canada.

7장

1 Grolnick, W. S., Heddy, B. C., & Worrell, F. C. (2022). How prevalent are misconceptions about motivation?
https://doi.org/10.6084/m9.figshare.24100329

2 Johnson, R. E., Silverman, S. B., Shyamsunder, A., Swee, H. Y., Rodopman, O. B., Cho, E., & Bauer, J. (2010). Acting superior but actually inferior?: Correlates and consequences of workplace arrogance. Human Performance, 23(5), 403–427.
https://doi.org/10.1080/08959285.2010.515279

3 Allison, K. R., Dwyer, J. J., & Makin, S. (1999). Self-efficacy and participation in vigorous physical activity by high school students. Health Education & Behavior, 26(1), 12–24.
https://doi.org/10.1177/109019819902600103

4 Urdan, T., & Midgley, C. (2001). Academic self-handicapping: What we know, what more there is to learn. Educational Psychology Review, 13(2), 115–138.
https://doi.org/10.1023/A:1009061303214

5 Diener, C. I., & Dweck, C. S. (1980). An analysis of learned helplessness: II. The processing of success. Journal of Personality and Social Psychology, 39(5), 940–952. https://doi.org/10.1037/0022-3514.39.5.940

6 Schraw, G., & Dennison, R. S. (1994). Assessing metacognitive awareness. Contemporary Educational Psychology, 19(4), 460–475. https://doi.org/10.1006/ceps.1994.1033

7 Schraw, G. (2009). Measuring metacognitive judgments. In D. J. Hacker, J. Dunlosky, & A. C. Graesser (Eds.), Handbook of metacognition in education (pp. 415–429). Erlbaum.

8 Kruger, J., & Dunning, D. (1999). Unskilled and unaware of it: How difficulties in recognizing one's own incompetence lead to inflated self-assessments. Journal of Personality and Social Psychology, 77(6), 1121–1134. https://doi.org/10.1037/0022-3514.77.6.1121

9 Schlosser, T., Dunning, D., Johnson, K. L., & Kruger, J. (2013). How unaware are the unskilled? Empirical tests of the "signal extraction" counterexplanation for the Dunning–Kruger effect in self-evaluation of performance. Journal of Economic Psychology, 39, 85–100. https://doi.org/10.1016/j.joep.2013.07.004

10 Kruger, J., & Dunning, D. (1999). Unskilled and unaware of it: How difficulties in recognizing one's own incompetence lead to inflated self-assessments. Journal of Personality and Social Psychology, 77(6), 1121–1134. https://doi.org/10.1037/0022-3514.77.6.1121

11 Gutierrez de Blume, A. P. (2017). The effects of strategy training and an extrinsic incentive on fourth-and fifth-grade students' performance, confidence, and calibration accuracy. Cogent Education, 4(1), 1314652. https://doi.org/10.1080/2331186X.2017.1314652

12 Callender, A. A., Franco-Watkins, A. M., & Roberts, A. S. (2016). Improving metacognition in the classroom through instruction, training, and feedback. Metacognition and Learning, 11(2), 215–235. https://doi.org/10.1007/s11409-015-9142-6

13 Usher, E. L., Li, C. R., Butz, A. R., & Rojas, J. P. (2019). Perseverant grit and self-efficacy: Are both essential for children's academic success? Journal of Educational Psychology, 111(5), 877–902. https://doi.org/10.1037/edu0000324

14 Bandura, A. (1977). Self-efficacy: Toward a unifying theory of behavioral change. Psychological Review, 84(2), 191–215.

https://doi.org/10.1037/0033-295X.84.2.191

15 Usher, E. L., & Pajares, F. (2008). Sources of self-efficacy in school: Critical review of the literature and future directions. Review of Educational Research, 78(4), 751–796. https://doi.org/10.3102/0034654308321456

16 Joet, G., Usher, E. L., & Bressoux, P. (2011). Sources of self-efficacy: An investigation of elementary school students in France. Journal of Educational Psychology, 103(3), 649–663. https://doi.org/10.1037/a0024048

17 Zeldin, A. L., & Pajares, F. (2000). Against the odds: Self-efficacy beliefs of women in mathematical, scientific, and technological careers. American Educational Research Journal, 37(1), 215–246. https://doi.org/10.3102/00028312037001215

18 Koenka, A. C. (2022). Grade expectations: The motivational consequences of performance feedback on a summative assessment. Journal of Experimental Education, 90(1), 88–111. https://doi.org/10.1080/00220973.2020.1777069

19 Pajares, F., & Kranzler, J. (1995). Self-efficacy beliefs and general mental ability in mathematical problem-solving. Contemporary Educational Psychology, 20(4), 426–443. https://doi.org/10.1006/ceps.1995.1029

20 Bautista, N. U. (2011). Investigating the use of vicarious and mastery experiences in influencing early childhood education majors' self-efficacy beliefs. Journal of Science Teacher Education, 22(4), 333–349. https://doi.org/10.1007/s10972-011-9232-5

21 Schunk, D. H., & Swartz, C. W. (1993). Writing strategy instruction with gifted students: Effects of goals and feedback on self-efficacy and skills. Roeper Review, 15(4), 225–230. https://doi.org/10.1080/02783199309553512

22 Hidi, S., Berndorff, D., & Ainley, M. (2002). Children's argument writing, interest and self-efficacy: An intervention study. Learning and Instruction, 12(4), 429–446. https://doi.org/10.1016/S0959-4752(01)00009-3

8장

1 Grolnick, W. S., Heddy, B. C., & Worrell, F. C. (2022). How prevalent are misconceptions about motivation?

https://doi.org/10.6084/m9.figshare.24100329

2 Farkas, M. S., & Grolnick, W. S. (2010). Examining the components and concomitants of parental structure in the academic domain. Motivation and Emotion, 34(3), 266–279.
https://doi.org/10.1007/s11031-010-9176-7

3 Gulati, R. (2018, May–June). Structure that's not stifling. Harvard Business Review, 96, 68–79.

4 Ryan, R. M., & Deci, E. L. (2017). Self-determination theory: Basic psychological needs in motivation, development, and wellness. Guilford Publications.
https://doi.org/10.1521/978.14625/28806

5 Farkas, M. S., & Grolnick, W. S. (2010). Examining the components and concomitants of parental structure in the academic domain. Motivation and Emotion, 34(3), 266–279.
https://doi.org/10.1007/s11031-010-9176-7

6 Ratelle, C. F., Duchesne, S., Guay, F., & Châteauvert, G. B. (2018). Comparing the contribution of overall structure and its specific dimensions for competence-related constructs: A bifactor model. Contemporary Educational Psychology, 54, 89–98.
https://doi.org/10.1016/j.cedpsych.2018.05.005

7 Jang, H., Reeve, J., & Deci, E. L. (2010). Engaging students in learning activities: It is not autonomy support or structure but autonomy support and structure. Journal of Educational Psychology, 102(3), 588–600.
https://doi.org/10.1037/a0019682

8 Mouratidis, A., Michou, A., Telli, S., Maulana, R., & Helms-Lorenz, M. (2022). No aspect of structure should be left behind in relation to student autonomous motivation. British Journal of Educational Psychology, 92(3), 1086–1108.
https://doi.org/10.1111/bjep.12489

9 Jang, H., Reeve, J., & Deci, E. L. (2010). Engaging students in learning activities: It is not autonomy support or structure but autonomy support and structure. Journal of Educational Psychology, 102(3), 588–600.
https://doi.org/10.1037/a0019682

10 Mouratidis, A., Michou, A., Telli, S., Maulana, R., & Helms-Lorenz, M. (2022). No aspect of structure should be left behind in relation to student autonomous motivation. British Journal of Educational Psychology, 92(3), 1086–1108.
https://doi.org/10.1111/bjep.12489

11 Grolnick, W. S., Raftery-Helmer, J. N., Marbell, K. N., Flamm, E. S., Cardemil, E. V.,

& Sanchez, M. (2014). Parental provision of structure: Implementation and correlates in three domains. Merrill-Palmer Quarterly, 60(3), 355–384. https://doi.org/10.13110/merrpalmquar1982.60.3.0355

12 Sierens, E., Vansteenkiste, M., Goossens, L., Soenens, B., & Dochy, F. (2009). The synergistic relationship of perceived autonomy support and structure in the prediction of self-regulated learning. British Journal of Educational Psychology, 79(Pt. 1), 57–68. https://doi.org/10.1348/000709908X304398

13 Eckes, A., Grobmann, N., & Wilde, M. (2018). Studies on the effects of structure in the context of autonomy-supportive or controlling teacher behavior on students' intrinsic motivation. Learning and Individual Differences, 62, 69–78. https://doi.org/10.1016/j.lindif.2018.01.011

14 Burgess, M., Enzle, M. E., & Schmaltz, R. (2004). Defeating the potentially deleterious effects of externally imposed deadlines: Practitioners' rules-of-thumb. Personality and Social Psychology Bulletin, 30(7), 868–877. https://doi.org/10.1177/0146167204264089

15 Koestner, R., Ryan, R. M., Bernieri, F., & Holt, K. (1984). Setting limits on children's behavior: The differential effects of controlling vs. informational styles on intrinsic motivation and creativity. Journal of Personality, 52(3), 233–248. https://doi.org/10.1111/j.1467-6494.1984.tb00879.x

16 Ginott, H. G. (1959). The theory and practice of therapeutic intervention in child treatment. Journal of Consulting Psychology, 23(2), 160–166. https://doi.org/10.1037/h0046805

17 Gulati, R. (2018, May–June). Structure that's not stifling. Harvard Business Review, 96, 68–79.

9장

1 Grolnick, W. S., Heddy, B. C., & Worrell, F. C. (2022). How prevalent are misconceptions about motivation? https://doi.org/10.6084/m9.figshare.24100329

2 Mueller, C. M., & Dweck, C. S. (1996, April). Implicit theories of intelligence: Relation of parental beliefs to children's expectations [Poster presentation]. Head Start Third National Research Conference, Washington, DC, United States.

3 Merton, R. K. (1948). The self-fulfilling prophecy. The Antioch Review, 8(2), 193–210. https://doi.org/10.2307/4609267

4 Marsh, H. W., & Parker, J. W. (1984). Determinants of student self-concept: Is it better to be a relatively large fish in a small pond even if you don't learn to swim as well? Journal of Personality and Social Psychology, 47(1), 213–231.

https://doi.org/10.1037/0022-3514.47.1.213

5 Heider, F. (1958). The psychology of interpersonal relations. John Wiley & Sons.

https://doi.org/10.1037/10628-000

6 Weiner, B. (1986). Attribution, emotion, and action. In R. M. Sorrentino & E. T. Higgins (Eds.), Handbook of motivation and cognition: Foundations of social behavior (pp. 281–312). Guilford Press.

7 Graham, S. (2020). An attributional theory of motivation. Contemporary Educational Psychology, 61, 101861.

https://doi.org/10.1016/j.cedpsych.2020.101861

8 Diener, C. I., & Dweck, C. S. (1978). An analysis of learned helplessness: Continuous changes in performance, strategy, and achievement cognitions following failure. Journal of Personality and Social Psychology, 36(5), 451–462.

https://doi.org/10.1037/0022-3514.36.5.451

9 Ames, C., & Archer, J. (1988). Achievement goals in the classroom: Students' learning strategies and motivation processes. Journal of Educational Psychology, 80(3), 260–267.

https://doi.org/10.1037/0022-0663.80.3.260

10 Mueller, C. M., & Dweck, C. S. (1998). Praise for intelligence can undermine children's motivation and performance. Journal of Personality and Social Psychology, 75(1), 33–52.

https://doi.org/10.1037/0022-3514.75.1.33

11 Mueller, C. M., & Dweck, C. S. (1998). Praise for intelligence can undermine children's motivation and performance. Journal of Personality and Social Psychology, 75(1), 33–52.

https://doi.org/10.1037/0022-3514.75.1.33

12 Mueller, C. M., & Dweck, C. S. (1998). Praise for intelligence can undermine children's motivation and performance. Journal of Personality and Social Psychology, 75(1), 33–52.

https://doi.org/10.1037/0022-3514.75.1.33,

13 Kamins, M. L., & Dweck, C. S. (1999). Person versus process praise and criticism: Implications for contingent self-worth and coping. Developmental Psychology, 35(3), 835–847.

https://doi.org/10.1037/0012-1649.35.3.835

14 Haimovitz, K., & Corpus, J. H. (2011). Effects of person versus process praise on student motivation: Stability and change in emerging adulthood. Educational Psychology, 31(5), 595–609.
https://doi.org/10.1080/01443410.2011.585950

15 Harber, K. D., Gorman, J. L., Gengaro, F. P., Butisingh, S., Tsang, W., & Ouellette, R. (2012). Students' race and teachers' social support affect the positive feedback bias in public schools. Journal of Educational Psychology, 104(4), 1149–1161.
https://doi.org/10.1037/a0028110

16 Dweck, C. S. (1999). Self-theories: Their role in motivation, personality, and development. Psychology Press.

17 Dweck, C. S., & Molden, D. C. (2017). Self-theories: Their impact on competence motivation and acquisition. In A. J. Elliot, C. S. Dweck, & D. S. Yeager (Eds.), Handbook of competence and motivation (2nd ed., pp. 135–154). Guilford Press.

18 Dweck, C. S., & Leggett, E. L. (1988). A social-cognitive approach to motivation and personality. Psychological Review, 95(2), 256–273.
https://doi.org/10.1037/0033-295X.95.2.256

19 Henderson, V. L., & Dweck, C. S. (1990). Motivation and achievement. In S. S. Feldman & G. R. Elliott (Eds.), At the threshold: The developing adolescent (pp. 308–329). Harvard University Press.

20 1) Blackwell, L. S., Trzesniewski, K. H., & Dweck, C. S. (2007). Implicit theories of intelligence predict achievement across an adolescent transition: A longitudinal study and an intervention. Child Development, 78(1), 246–263.
https://doi.org/10.1111/j.1467-8624.2007.00995.x
2) Yeager, D. S., Johnson, R., Spitzer, B. J., Trzesniewski, K. H., Powers, J., & Dweck, C. S. (2014). The far-reaching effects of believing people can change: Implicit theories of personality shape stress, health, and achievement during adolescence. Journal of Personality and Social Psychology, 106(6), 867–884.
https://doi.org/10.1037/a0036335

21 Sarrazin, P., Biddle, S., Famose, J. P., Cury, F., Fox, K., & Durand, M. (1996). Goal orientations and conceptions of the nature of sport ability in children: A social cognitive approach. British Journal of Social Psychology, 35(3), 399–414.
https://doi.org/10.1111/j.2044-8309.1996.tb01104.x

22 Smith, B. P. (2005). Goal orientation, implicit theory of ability, and collegiate instrumental music practice. Psychology of Music, 33(1), 36–57.

https://doi.org/10.1177/0305735605048013

23 Dweck, C. S., Tenney, Y., & Dinces, N. (1982). Implicit theories of intelligence as determinants of achievement goal choice. Unpublished manuscript, Cambridge, MA.

24 Gunderson, E. A., Gripshover, S. J., Romero, C., Dweck, C. S., Goldin-Meadow, S., & Levine, S. C. (2013). Parent praise to 1- to 3-yearolds predicts children's motivational frameworks 5 years later. Child Development, 84(5), 1526–1541. https://doi.org/10.1111/cdev.12064

25 Pomerantz, E. M., & Kempner, S. G. (2013). Mothers' daily person and process praise: Implications for children's theory of intelligence and motivation. Developmental Psychology, 49(11), 2040–2046. https://doi.org/10.1037/a0031840

26 Kapur, M. (2008). Productive failure. Cognition and Instruction, 26(3), 379–424. https://doi.org/10.1080/07370000802212669

27 Haimovitz, K., & Dweck, C. S. (2017). The origins of children's growth and fixed mindsets: New research and a new proposal. Child Development, 88(6), 1849–1859. https://doi.org/10.1111/cdev.12955

28 Heslin, P. A., Vandewalle, D., & Latham, G. P. (2006). Keen to help? Managers' implicit person theories and their subsequent employee coaching. Personnel Psychology, 59(4), 871–902. https://doi.org/10.1111/j.1744-6570.2006.00057.x

29 Yeager, D. S., & Dweck, C. S. (2020). What can be learned from growth mindset controversies? American Psychologist, 75(9), 1269–1284. https://doi.org/10.1037/amp0000794

30 Blackwell, L. S., Trzesniewski, K. H., & Dweck, C. S. (2007). Implicit theories of intelligence predict achievement across an adolescent transition: A longitudinal study and an intervention. Child Development, 78(1), 246–263. https://doi.org/10.1111/j.1467-8624.2007.00995.x

31 Aronson, J., Fried, C. B., & Good, C. (2002). Reducing the effects of stereotype threat on African American college students by shaping theories of intelligence. Journal of Experimental Social Psychology, 38(2), 113–125. https://doi.org/10.1006/jesp.2001.1491

32 Grolnick, W. S., Farkas, M. S., Sohmer, R., Michaels, S., & Valsiner, J. (2007). Facilitating motivation in young adolescents: Effects of an after-school program. Journal of Applied Developmental Psychology, 28(4), 332–344. https://doi.org/10.1016/j.appdev.2007.04.004

33 Park, D., Gunderson, E. A., Tsukayama, E., Levine, S. C., & Beilock, S. L. (2016). Young children's motivational frameworks and math achievement: Relation to teacher-reported instructional practices, but not teacher theory of intelligence. Journal of Educational Psychology, 108(3), 300–313.
https://doi.org/10.1037/edu0000064

34 Sun, K. L. (2015). There's no limit: Mathematics teaching for a growth mindset (Publication No. 2812061) [Doctoral dissertation, Stanford University].
https://stacks.stanford.edu/file/druid:xf479cc2194/Sun-Dissertation-Upload-augmented.pdf

10장

1 Taylor, S. E., & Fiske, S. T. (1975). Point of view and perceptions of causality. Journal of Personality and Social Psychology, 32(3), 439–445.
https://doi.org/10.1037/h0077095

2 Barone, A. (2022, August 1). What is the American Dream? Examples and how to measure it. Investopedia.
https://www.investopedia.com/terms/a/american-dream.asp

3 Goldin, C., & Rouse, C. (1997). Orchestrating impartiality: The impact of "blind" auditions on female musicians (Working Paper 5903). National Bureau of Economic Research.
https://www.nber.org/papers/w5903

4 Tommasini, A. (2021, August 6). To make orchestras more diverse, end blind auditions. The New York Times.
https://www.nytimes.com/2020/07/16/arts/music/blind-auditions-orchestras-race.html

5 Goldin, C., & Rouse, C. (1997). Orchestrating impartiality: The impact of "blind" auditions on female musicians (Working Paper 5903). National Bureau of Economic Research.
https://www.nber.org/papers/w5903

6 Tommasini, A. (2021, August 6). To make orchestras more diverse, end blind auditions. The New York Times.
https://www.nytimes.com/2020/07/16/arts/music/blind-auditions-orchestras-race.html

7 Glynn, S. J., & Boesch, D. (2022, March 14). Connecting the dots: "Women's work" and the wage gap. U.S. Department of Labor Blog.

https://blog.dol.gov/2022/03/15/connecting-the-dots-womens-work-andthewage-gap

8 Lamble, L. (2019, March 1). Only six countries in the word give women and men equal legal work rights. The Guardian.
https://www.theguardian.com/global-development/2019/mar/01/only-six-countries-in-theworldgive-women-and-men-equal-legal-rights

9 Bronfenbrenner, U. (1977). Toward an experimental ecology of human development. American Psychologist, 32(7), 513–531.
https://doi.org/10.1037/0003-066X.32.7.513

10 1) Ogbu, J. U. (1978). Minority education and caste: The American education system in cross-cultural perspective. Academic Press.
2) Ogbu, J. U., & Simons, H. D. (1998). Voluntary and involuntary minorities: A cultural-ecological theory of school performance with some implications for education. Anthropology & Education Quarterly, 29(2), 155–188.
https://doi.org/10.1525/aeq.1998.29.2.155

11 Ogbu, J. U. (1974). The next generation: An ethnography of education in an urban neighborhood. Academic Press.

12 Ogbu, J. U. (1974). The next generation: An ethnography of education in an urban neighborhood. Academic Press.

13 Fordham, S., & Ogbu, J. U. (1986). Black students' school success: Coping with the burden of "acting White." The Urban Review, 18(3), 176–206.
https://doi.org/10.1007/BF01112192

14 Fordham, S., & Ogbu, J. U. (1986). Black students' school success: Coping with the burden of "acting White." The Urban Review, 18(3), 176–206.
https://doi.org/10.1007/BF01112192

15 Fordham, S., & Ogbu, J. U. (1986). Black students' school success: Coping with the burden of "acting White." The Urban Review, 18(3), 176–206.
https://doi.org/10.1007/BF01112192

16 Fordham, S., & Ogbu, J. U. (1986). Black students' school success: Coping with the burden of "acting White." The Urban Review, 18(3), 176–206.
https://doi.org/10.1007/BF01112192

17 Carter, P. L. (2006). Straddling boundaries: Identity, culture, and school. Sociology of Education, 79(4), 304–328.
https://doi.org/10.1177/003804070607900402

18 Ogbu, J. U., & Simons, H. D. (1998). Voluntary and involuntary minorities: A cultural-ecological theory of school performance with some implications for education. Anthropology & Education Quarterly, 29(2), 155–188. https://doi.org/10.1525/aeq.1998.29.2.155

19 Ladson-Billings, G. (1994). The dream-keepers: Successful teachers of African American children. Jossey-Bass.

20 Cohen, G. L., Steele, C. M., & Ross, L. D. (1999). The mentor's dilemma: Providing critical feedback across the racial divide. Personality and Social Psychology Bulletin, 25(10), 1302–1318. https://doi.org/10.1177/0146167299258011

21 1) Steele, C. M. (2010). Whistling Vivaldi and other clues to how stereotypes affect us. Norton.
2) Steele, C. M., & Aronson, J. (1995). Stereotype threat and the intellectual test performance of African Americans. Journal of Personality and Social Psychology, 69(5), 797–811. https://doi.org/10.1037/0022-3514.69.5.797

22 Steele, C. M. (2003). Stereotype threat and African-American student achievement. In T. Perry, C. Steele, & A. G. Hilliard, III (Eds.), Young, gifted, and Black: Promoting high achievement among African-American students (pp. 109–130). Beacon Press. p. 111

23 Steele, C. M., & Aronson, J. (1995). Stereotype threat and the intellectual test performance of African Americans. Journal of Personality and Social Psychology, 69(5), 797–811. https://doi.org/10.1037/0022-3514.69.5.797

24 Steele, C. M., & Aronson, J. (1995). Stereotype threat and the intellectual test performance of African Americans. Journal of Personality and Social Psychology, 69(5), 797–811. https://doi.org/10.1037/0022-3514.69.5.797

25 1) Mallett, R. K., Mello, Z. R., Wagner, D. E., Worrell, F., Burrow, R. N., & Andretta, J. R. (2011). Do I belong? It depends on when you ask. Cultural Diversity and Ethnic Minority Psychology, 17(4), 432–436. https://doi.org/10.1037/a0025455
2) Mello, Z. R., Mallett, R. K., Andretta, J. R., & Worrell, F. C. (2012). Stereotype threat and school belonging in adolescents from diverse racial/ ethnic backgrounds. Journal of At-Risk Issues, 17(1), 9–14.

26 Appel, M., Kronberger, N., & Aronson, J. (2011). Stereotype threat impairs ability building: Effects on test preparation among women in science and technology. European Journal of Social Psychology, 41(7), 904–913. https://doi.org/10.1002/ejsp.835

27 Croizet, J.-C., & Claire, T. (1998). Extending the concept of stereotype threat to social class: The intellectual underperformance of students from low socioeconomic backgrounds. Personality and Social Psychology Bulletin, 24(6), 588–594. https://doi.org/10.1177/0146167298246003

28 Desombre, C., Anegmar, S., & Delelis, G. (2018). Stereotype threat among students with disabilities: The importance of the evaluative context on their cognitive performance. European Journal of Psychology of Education, 33(2), 201–214. https://doi.org/10.1007/s10212-016-0327-4

29 Stone, J., Lynch, C. I., Sjomeling, M., & Darley, J. M. (1999). Stereotype threat effects on Black and White athletic performance. Journal of Personality and Social Psychology, 77(6), 1213–1227. https://doi.org/10.1037/0022-3514.77.6.1213

30 Manzi, C., Sorgente, A., Reverberi, E., Tagliabue, S., & Gorli, M. (2021). Double jeopardy—Analyzing the combined effect of age and gender stereotype threat on older workers. Frontiers in Psychology, 11, Article 606690. https://doi.org/10.3389/fpsyg.2020.606690

31 Shih, M., Pittinsky, T. L., & Ambady, N. (1999). Stereotype susceptibility: Identity salience and shifts in quantitative performance. Psychological Science, 10(1), 80–83. https://doi.org/10.1111/1467-9280.00111

32 Croizet, J.-C., Dutrevis, M., & Desert, M. (2002). Why do students holding non-prestigious high school degrees underachieve at the university? Swiss Journal of Psychology, 61(3), 167–175. https://doi.org/10.1024//1421-0185.61.3.167

33 Fogliati, V. J., & Bussey, K. (2013). Stereotype threat reduced motivation to improve: Effects of stereotype threat and feedback on women's intentions to improve mathematical ability. Psychology of Women Quarterly, 37(3), 310–324. https://doi.org/10.1177/0361684313480045

34 Mallett, R. K., Mello, Z. R., Wagner, D. E., Worrell, F., Burrow, R. N., & Andretta, J. R. (2011). Do I belong? It depends on when you ask. Cultural Diversity and Ethnic Minority Psychology, 17(4), 432–436. https://doi.org/10.1037/a0025455

35 Phinney, J. S. (1992). The Multigroup Ethnic Identity Measure: A new scale for use

with diverse groups. Journal of Adolescent Research, 7(2), 156–176.
https://doi.org/10.1177/074355489272003

36 Derricks, D., & Sekaquaptewa, D. (2021). They're comparing me to her: Social comparison perceptions reduce belonging and STEM engagement among women with token status. Psychology of Women Quarterly, 45(3), 325–350.
https://doi.org/10.1177/03616843211005447

37 Woodcock, A., Hernandez, P. R., Estrada, M., & Schultz, P. W. (2012). The consequences of chronic stereotype threat: Domain disidentification and abandonment. Journal of Personality and Social Psychology, 103(4), 635–646.
https://doi.org/10.1037/a0029120

38 McKown, C., & Weinstein, R. S. (2003). The development and consequences of stereotype consciousness in middle childhood. Child Development, 74(2), 498–515.
https://doi.org/10.1111/1467-8624.7402012

39 Mallett, R. K., Mello, Z. R., Wagner, D. E., Worrell, F., Burrow, R. N., & Andretta, J. R. (2011). Do I belong? It depends on when you ask. Cultural Diversity and Ethnic Minority Psychology, 17(4), 432–436.
https://doi.org/10.1037/a0025455

40 Steele, C. M. (1997). A threat in the air. How stereotypes shape intellectual identity and performance. American Psychologist, 52(6), 613–629.
https://doi.org/10.1037/0003-066X.52.6.613

41 1) Appel, M., Kronberger, N., & Aronson, J. (2011). Stereotype threat impairs ability building: Effects on test preparation among women in science and technology. European Journal of Social Psychology, 41(7), 904–913.
https://doi.org/10.1002/ejsp.835
2) Mallett, R. K., Mello, Z. R., Wagner, D. E., Worrell, F., Burrow, R. N., & Andretta, J. R. (2011). Do I belong? It depends on when you ask. Cultural Diversity and Ethnic Minority Psychology, 17(4), 432–436.
https://doi.org/10.1037/a0025455

42 Cohen, G. L., Steele, C. M., & Ross, L. D. (1999). The mentor's dilemma: Providing critical feedback across the racial divide. Personality and Social Psychology Bulletin, 25(10), 1302–1318.
https://doi.org/10.1177/0146167299258011

43 Cohen, G. L., Steele, C. M., & Ross, L. D. (1999). The mentor's dilemma: Providing critical feedback across the racial divide. Personality and Social Psychology Bulletin, 25(10), 1302–1318.

https://doi.org/10.1177/0146167299258011

44 Yeager, D. S., Purdie-Vaughns, V., Garcia, J., Apfel, N., Brzustoski, P., Master, A., Hessert, W. T., Williams, M. E., & Cohen, G. L. (2014). Breaking the cycle of mistrust: Wise interventions to provide critical feedback across the racial divide. Journal of Experimental Psychology: General, 143(2), 804–824. https://doi.org/10.1037/a0033906

45 Yeager, D. S., & Walton, G. M. (2011). Social-psychological interventions in education: They're not magic. Review of Educational Research, 81(2), 267–301. https://doi.org/10.3102/0034654311405999

46 Chavez-Korell, S., & Vandiver, B. J. (2012). Are CRIS cluster patterns differentially associated with African American enculturation and social distance? The Counseling Psychologist, 40(5), 755–788. https://doi.org/10.1177/0011000011418839

47 Watson, P. W. St. J., Alansari, M., Worrell, F. C., & Rubie-Davies, C. M. (2020). Ethnic-racial identity, relatedness, and school belonging for adolescent New Zealanders: Does student gender make a difference? Social Psychology of Education: An International Journal, 23(4), 979–1002. https://doi.org/10.1007/s11218-020-09563-1

48 Oyserman, D., Kemmelmeier, M., Fryberg, S., Brosh, H., & Hart-Johnson, T. (2003). Racial-ethnic self-schemas. Social Psychology Quarterly, 66(4), 333–347. https://doi.org/10.2307/1519833

49 Gilliam, D. (1982, February 15). Success. The Washington Post. https://www.washingtonpost.com/archive/local/1982/02/15/success/8f4408f2-4027-4703-83f6-161e25c70bba/

50 Rosenthal, R., & Jacobson, L. (1968). Pygmalion in the classroom: Teacher expectation and pupils' intellectual development. Holt, Rinehart, and Winston. https://doi.org/10.1007/BF02322211

51 Jussim, L., & Harber, K. D. (2005). Teacher expectations and self-fulfilling prophecies: Knowns and unknowns, resolved and unresolved controversies. Personality and Social Psychology Review, 9(2), 131–155. https://doi.org/10.1207/s15327957pspr0902_3

52 Weinstein, R. S., Marshall, H. H., Sharp, L., & Botkin, M. (1987). Pygmalion and the student: Age and classroom differences in children's awareness of teacher expectations. Child Development, 58(4), 1079–1093. https://doi.org/10.2307/1130548

53 Rubie-Davies, C. M. (2007). Classroom interactions: Exploring the practices of high- and low-expectation teachers. British Journal of Educational Psychology, 77(Pt. 2), 289–306.
https://doi.org/10.1348/000709906X101601

54 Rubie-Davies, C. M. (2010). Teacher expectations and perceptions of student attributes: Is there a relationship? British Journal of Educational Psychology, 80(Pt. 1), 121–135.
https://doi.org/10.1348/000709909X466334

55 Peterson, E. R., Rubie–Davies, C. M., Osborne, D., & Sibley, C. (2016). Teachers' explicit expectations and implicit prejudiced attitudes to educational achievement: Relations with student achievement and the ethnic achievement gap. Learning and Instruction, 42, 123–140.
https://doi.org/10.1016/j.learninstruc.2016.01.010

56 Rubie-Davies, C. M., Weinstein, R. S., Huang, F. L., Gregory, A., Cowan, P. A., & Cowan, C. P. (2014). Successive teacher expectation effects across the early school years. Journal of Applied Developmental Psychology, 35(3), 181–191.
https://doi.org/10.1016/j.appdev.2014.03.006

57 Anderson-Clark, T. N., Green, R. J., & Henley, T. B. (2008). The relationship between first names and teacher expectations for achievement motivation. Journal of Language and Social Psychology, 27(1), 94–99.
https://doi.org/10.1177/0261927X07309514

58 Inan-Kaya, G., & Rubie-Davies, C. M. (2022). Teacher classroom interactions and behaviours: Indications of bias. Learning and Instruction, 78, Article 101516.
https://doi.org/10.1016/j.learninstruc.2021.101516

59 Inan-Kaya, G., & Rubie-Davies, C. M. (2022). Teacher classroom interactions and behaviours: Indications of bias. Learning and Instruction, 78, Article 101516.
https://doi.org/10.1016/j.learninstruc.2021.
101516

60 Denessen, E., Hornstra, L., van den Bergh, L., & Bijlstra, G. (2022). Implicit measures of teachers' attitudes and stereotypes, and their effects on teacher practice and student outcomes: A review. Learning and Instruction, 78, Article 101437.
https://doi.org/10.1016/j.learninstruc.2020.
101437

61 Sarrazin, P. G., Tessier, D., Pelletier, L., Trouilloud, D., & Chanal, D. (2006). The effects of teachers' expectations about student motivation on teachers' autonomy-

supportive and controlling behaviors. International Journal of Sport and Exercise Psychology, 4(3), 283–301.
https://doi.org/10.1080/1612197X.2006.9671799

62 Hornstra, L., Mansfield, C., Van der Veen, I., Peetsma, T., & Volman, M. (2015). Motivational teacher strategies: The role of beliefs and contextual factors. Learning Environments Research, 18(3), 363–392.
https://doi.org/10.1007/s10984-015-9189-y

63 Jussim, L., & Harber, K. D. (2005). Teacher expectations and self-fulfilling prophecies: Knowns and unknowns, resolved and unresolved controversies. Personality and Social Psychology Review, 9(2), 131–155.
https://doi.org/10.1207/s15327957pspr0902_3

64 Hornstra, L., Stroet, K., van Eijden, E., Goudsblom, E., & Roskamp, C. (2018). Teacher expectation effects on need-supportive teaching, student motivation, and engagement: A self-determination perspective. Educational Research and Evaluation, 24(3–5), 324–345.
https://doi.org/10.1080/13803611.2018.1550841

65 Rubie-Davies, C. M. (2007). Classroom interactions: Exploring the practices of high- and low-expectation teachers. British Journal of Educational Psychology, 77(Pt. 2), 289–306.
https://doi.org/10.1348/000709906X101601

66 Rubie-Davies, C. M., & Rosenthal, R. (2016). Intervening in teachers' expectations: A random effects meta-analytic approach to examining the effectiveness of an intervention. Learning and Individual Differences, 50, 83–92.
https://doi.org/10.1016/j.lindif.2016.07.014

67 Ding, H., & Rubie-Davies, C. M. (2019). Teacher expectation intervention: Is it effective for all students? Learning and Individual Differences, 74, Article 101751.
https://doi.org/10.1016/j.lindif.2019.06.005

보너스 챕터 A

1 Tomic, W. (1993). Behaviorism and cognitivism in education. Psychology, 30(3/4), 38–46.

2 Graham, S., & Hudley, C. (2005). Race and ethnicity in the study of motivation and competence. In A. Elliot & C. Dweck (Eds.), Handbook of competence and motivation (pp. 392–413). Guilford Press.

3 Urdan, T., & Midgley, C. (2001). Academic self-handicapping: What we know, what

more there is to learn. Educational Psychology Review, 13(2), 115–138.
https://doi.org/10.1023/A:1009061303214

보너스 챕터 B

1 Shermer, M. (2011). The believing brain: From ghosts and gods to politics and conspiracies—How we construct beliefs and reinforce them as truths. Henry Holt. https://doi.org/10.1126/science.1209161

2 Sagan, C., & Druyan, A. (1995). Demon-haunted world: Science as a candle in the dark. Random House.

3 Leonard, M. J., Kalinowski, S. T., & Andrews, T. C. (2014). Misconceptions yesterday, today, and tomorrow. CBE Life Sciences Education, 13(2), 179–186. https://doi.org/10.1187/cbe.13-12-0244

4 Vosniadou, S. (2007). Conceptual change and education. Human Development, 50(1), 47–54. https://doi.org/10.1159/000097684

5 Schunk, D. H., & Zimmerman, B. J. (2003). Self-regulation and learning. In W. M. Reynolds & G. E. Miller (Eds.), Handbook of psychology: Vol. 7. Educational psychology (pp. 59–78). John Wiley & Sons.

6 Festinger, L. (1962). Cognitive dissonance. Scientific American, 207(4), 93–107. https://doi.org/10.1038/scientificamerican1062-93

7 Southerland, S. A., & Sinatra, G. M. (2003). Learning about biological evolution: A special case of intentional conceptual change. In G. M. Sinatra & P. R. Pintrich (Eds.), Intentional conceptual change (pp. 317–345). Lawrence Erlbaum Associates.

8 Posner, G. J., Strike, K. A., Hewson, P. W., & Gertzog, W. A. (1982). Accommodation of a scientific conception: Toward a theory of conceptual change. Science Education, 66(2), 211–227. https://doi.org/10.1002/sce.3730660207

9 Sinatra, G. M. (2005). The "warming trend" in conceptual change research: The legacy of Paul R. Pintrich. Educational Psychologist, 40(2), 107–115. https://doi.org/10.1207/s15326985ep4002_5

도표 출처

그림 1.1 "Trajectories of Subject-Interests Development and Influence Factors in Higher Education"에서 수정, S. Wild, 2023, Current Psychology, 42, p. 12881 (https://doi.org/10.1007/s12144-021-02691-7). 저작권 2023, Steffen Wild. CC BY 4.0.

그림 2.1 Self-Determination Theory, Center for Community Health & Prevention, 2019
(https://www.urmc.rochester.edu/communityhealth/patient-care/self-determination-theory.aspx). 저작권 2019, Center for Self-Determination Theory. 허가를 받아 재인쇄됨.

그림 2.2 "Self-Determination Theory and the Facilitation of Intrinsic Motivation, Social Development, and Well-Being"에서 수정, R. M. Ryan and E. L. Deci, 2000, American Psychologist, 55(1), p.72(https://doi.org/10.1037/0003-066X.55.1.68). 저작권 2000, American Psychological Association.

그림 4.1 "Motivating Self-Regulated Problem Solvers," B. J. Zimmerman, M. Campillo, J. E. Davidson, R. J. Sternberg (Eds.), The Psychology of Problem Solving(p. 239), 2003, Cambridge University Press에서 수정. 저작권 2003, Cambridge University Press. 허가를 받아 변형함.

그림 6.1 "Motivational Processes Affecting Learning," C. Dweck, 1986, American Psychologist, 41(10), p. 1041(https://doi.org/10.1037/0003-066X.41.10.1040)에서 수정. 저작권 1986, American Psychological Association.

그림 7.1 "Self-efficacy: Toward a Unifying Theory of Behavioral Change," A. Bandura, 1977, Psychological Review, 84(2), p. 195 (https://doi.org/10.1037/0033-295X.84.2.191)에서 수정. 저작권 1977, American Psychological Association.

그림 9.1 "An Attribution Theory of Motivation," by B. Weiner, in P. A. M. Van Lange, A. W. Kruglanski, and E. T. Higgins (Eds.), Handbook of Theories of Social Psychology (Vol. 1, p. 140), 2012, Sage Publications (https://doi.org/10.4135/9781446249215). 2012, Sage Publications. 허가를 받아 수정됨.

옮긴이 **정지현**

스무 살 때 남동생의 부탁으로 두툼한 신디사이저 사용설명서를 번역해준 것을 계기로 번역의 매력과 재미에 빠졌다. 대학 졸업 후 출판번역 에이전시 베네트랜스 전속 번역가로 활동 중이며 현재는 미국에 거주하면서 일하고 있다. 옮긴 책으로는 『행동하지 않으면 인생은 바뀌지 않는다』, 『그레이트 마인드셋』, 『학습의 재발견』 등이 있다.

끝까지 해내는 마음은
어떻게 탄생하는가

1판 1쇄 발행 2026년 4월 7일
1판 2쇄 발행 2026년 4월 30일

지은이 웬디 그롤닉·벤저민 헤디·프랭크 워렐
옮긴이 정지현
발행인 박명곤 **CEO** 박지성 **CFO** 김영은
기획편집1팀 채대광, 백환희, 이상지, 김진호
기획편집2팀 박일귀, 이은빈, 강민형, 박고은
기획편집3팀 이승미, 김윤아, 김수진
디자인팀 구경표, 유채민, 윤신혜, 권지혜
마케팅팀 임우열, 김은지, 전상미, 이호, 최고은

펴낸곳 (주)현대지성
출판등록 제406-2014-000124호
전화 070-7791-2136 **팩스** 0303-3444-2136
주소 서울시 강서구 마곡중앙6로 40, 장흥빌딩 10층
홈페이지 www.hdjisung.com **이메일(문의/제휴)** support@hdjisung.com
제작처 영신사

© 현대지성 2026

"Create Curious Contents"
현대지성은 호기심 어린 마음으로 작가님의 원고를 기다리고 있습니다.
원고 투고는 togo@hdjisung.com으로 보내주시면, 정성껏 검토 후 연락드리겠습니다.

이 책을 만든 사람들
기획 박지성 **편집** 이승미 **디자인** 구경표